翻开这一页

携手 12 位"灵魂生香，生命有光"的诗词偶像

一起跨越千年

向阳而生，踏歌而行

不以山海为远

不以日月为限

特别鸣谢

《千古风流人物》受访嘉宾

（排名不分先后）

陕西师范大学教授　于赓哲

郑州大学教授　王士祥

长江大学教授　李征宇

《孟浩然研究文集》主编　刘阳

襄阳市孟浩然研究会顾问　姜家林

襄阳市孟浩然研究会原会长　孟凡

连州刘禹锡纪念馆馆长　曹春生

跨山海Ⅱ

12位古代诗词偶像图鉴

《千古风流人物》项目组 著

中原出版传媒集团
中原传媒股份公司

河南文艺出版社

河南教育电子音像出版社

图书在版编目（CIP）数据

跨山海.Ⅱ,12位古代诗词偶像图鉴／《千古风流人物》项目组著. --郑州：河南文艺出版社，2025.2.
ISBN 978-7-5559-1806-6

Ⅰ.K825.6

中国国家版本馆 CIP 数据核字第 2025PE8444 号

出 品 人　　许华伟
策　　划　　张瑞芳　梅化南
责任编辑　　张　阳　魏中华　刘翘楚
责任校对　　殷现堂　梁　晓　樊亚星
营销编辑　　张　楠

出版发行　　河南文艺出版社
社　　址　　郑州市郑东新区祥盛街 27 号 C 座 5 楼
承印单位　　北京盛通印刷股份有限公司
经销单位　　新华书店
开　　本　　700 毫米 × 1000 毫米　1/16
印　　张　　20.5
字　　数　　303 000
版　　次　　2025 年 2 月第 1 版
印　　次　　2025 年 2 月第 1 次印刷
定　　价　　78.00 元

印厂地址　北京市北京经济技术开发区经海三路 18 号
电　　话　010-52249888

《千古风流人物》（第四季、第五季）纪录片主创人员名单

出 品 人： 张彩红

总 策 划： 张瑞芳

总 监 制： 翟永勇

制 片 人： 王子龙

总 导 演： 海金星

艺术总监： 冯德海　王遥远

导　　演： 崔向忠　黄　鑫　李曼曼　房　倩　赖高升　徐法运
　　　　　　王遥远　刘哲磊　杜路遥

摄　　影： 岳　川　赛　明　魏振东　毋增辉　王堂威　卢遇林

责任编辑： 魏中华　冯德海　苏合伟

技术编辑： 高　帅　李蒙蒙　时松江

校　　对： 赵振华　梁贝贝　黄　敏

美术编辑： 武　爽

其他演职人员信息详见纪录片各分集片尾信息

出　　品

中原出版传媒集团

中原传媒股份公司

河南教育电子音像出版社

联合摄制

河南教育电子音像出版社

河南华之杰文化传播有限公司

感谢所有提供支持的机构和个人

《千古风流人物》纪录片推广合作

咨询电话：0371-66315835

手机：13939005577

序言

王士祥

　　《跨山海Ⅱ》出版在即，纪录片的录制单位河南教育电子音像出版社总编张瑞芳师姐邀我作序。我想起了恩师陈飞先生在拙作《唐代试赋研究》书后写的两句话——"人微言轻，不足增其重；学识有限，不足扬其美"。恩师尚且如此，我又何德何能敢为此书作序？但考虑到自己参与了一些人物的录制，对节目和书稿有一定的了解；同时节目播出效果很好，或能借机成托骥之蝇，遂应允下来，粗浅谈一下节目和书稿给我的感受。

　　第一个感受，这是一部有深度的作品。从导演所设置的问题可以明显地感觉到，这不是随随便便应付了事的创作态度。"命题者"显然是认真搜集、分析了这些历史人物的史料和作品，所以设置的问题能够直击"要害"，而不是浮于表面。以柳宗元为例，这也是我参与录制的书中人物之一。有一个问题是"河东柳氏在柳宗元父亲时期的家族状况如何"，这是一个看似简单实则需要花费些气力的问题。毕竟，只有专门研究柳宗元的人才会关注其家族。而即便关注之后，也不会记得像《江雪》那样深刻，所以回答这个问题是需要有文献支撑的。还有这样一个问题："柳宗元'利安元元'的思想内核是什么"。"利安元元"出自柳宗元的《寄许京兆孟容书》，如果没有关注过这篇文章，不了解柳宗元的思想背景，解答起来很容易含混不清。此类问题的设置，不仅加深了观众对柳宗元的了解，也让他们产生了熟悉的陌生感，从而提升了节目和书稿的吸引力。

第二个感受，这是一部有高度的作品。根据我参与录制的经历，这些人物都有这样的特点。我们先以屈原为例。屈原遭受流放的时候，虽然内心对是否离开犹豫过，但最终依旧坚持以死来祭奠故国。这是对楚国命运的无奈，也是对自己初心的坚守。也是因为此，屈原的爱国精神被人们推崇至今。再比如刘禹锡和柳宗元，二人是"永贞革新"的积极参与者，也是运动失败后屡次遭受打击的"倒霉蛋"。二人何以如此？我们的传统文化赋予了中国文人很强的社会责任感，对刘禹锡和柳宗元而言，为国、为民是刻在骨子里的本能，这也是他们义无反顾投身改革运动的初衷。但是革新的失败让他们遭受了命运的磨难，一贬再贬，他们却依旧没有低下高贵的头颅。尤其是刘禹锡，虽然在"巴山楚水凄凉地"经历了"二十三年弃置身"的遭遇，但依旧能高唱"前度刘郎今又来"，看似不成熟的政治品质中流露出亘古不灭的文人良心，让我们的敬意油然而生！

第三个感受，这是一部有温度的作品。记得在接受访谈时，导演和我说到她去柳州走访柳宗元文化遗迹时，天下着蒙蒙细雨，采访一结束，她竟然再也止不住眼泪，号啕大哭了起来。其实，我听到这里眼眶也是湿湿的。我常到文学的发生地去感受，确实与只看文字有不一样的感觉，总有一种与某位诗人进行心灵对话的触动。所以，我能够理解导演伤感的情绪。导演能够将自己的情感投入节目中，无论是纪录片还是书稿，自然也有了情感的温度。

关于温度我想说的还有作家、作品本身，这是打动人的根本。韩愈对自己侄子的感情在《祭十二郎文》中表现得淋漓尽致，就像叔侄二人面对面交流，边哭边说，令人悲痛。刘、柳的友情无论放在当时还是今天，都是值得赞叹的。柳宗元情愿以自己的被贬地与刘禹锡交换，为了照顾刘禹锡年迈的母亲；柳宗元在弥留之际一声声地喊着刘禹锡的名字，把自己的孩子托付给他，这是多么刻骨铭心的友情！也难怪刘禹锡在悼文中说自己"惊号大哭，如得狂病"。任谁读了这样的文字，内心也久久不能平静！

当然，例子总有以点带面的嫌疑。不过需要指出的是，节目和书中的每一个历史人物都是经典化的存在，通过导演的深度提问和学者们的解析，这些历史人物仿佛从文字中活了过来，在和我们进行跨越时空的对话。看着这些历史人物，甚至会和自己关联起来，这大约就是看古人见自己吧。我有屈原的精神吗？我能做到韩愈的直言敢谏吗？如果我是柳宗元，遭受如此委屈会如何？如果我遇到鱼玄机，会如何待她？如果……

其实，哪有那么多"如果"，一书在手，或许自然就有了答案。

（王士祥，郑州大学文学院教授、硕士生导师，中央广播电视总台《百家讲坛》《百家说故事》《人文课堂》主讲嘉宾，全国优秀社会科学普及专家，河南省教学标兵，河南省社科年度人物，河南省学术技术带头人，河南省教学名师。主持国家社科项目 1 项、博士后特别资助项目 1 项、博士后面上资助项目 1 项、省社科项目 2 项、国家级课程 4 门次，出版专著 21 部，发表文章 50 余篇，多次获奖。）

听着滔滔江水声，屈原面向西北，那是郢都的方向，也是家乡的方向。这个一生为理想而战的殉道者，最终踏上先贤彭咸的道路，正如他曾在诗中许下的承诺一样。浩浩苍穹，星光几点，香草灵均，人间几何。

第一章　屈原

香草灵均，人间几何

第一节　后皇嘉树

　　约公元前 340 年的正月初七，这天恰巧是寅年、寅月、寅日的"三寅之日"，是得天地之正气的良辰吉时。楚国丹阳的一个没落贵族之家，正因为一个男婴的诞生而洋溢着欢乐。人们相信在这一天降生的孩子，将会拥有上天的一切恩赐。

　　先秦时期，公卿世家若是添了男婴，便会在门口挂上玉，分享喜悦。这个诞生于吉祥之日的男婴，为家族带来了无限的喜悦与美好的愿景。因此，他的父亲伯庸便给他取名叫"平"，字"原"，希望他能够胸怀"正则"，性情"灵均"。

　　屈原家原本应该是芈姓，但是为什么后来又是屈氏了呢？一个家族发展壮大了之后，怎么区别？一般以封邑、官职作为氏。不过，有一个细节，《史记》当中对屈原的身世，没有过多的交代，而且在叙述他的事迹的时候，可知他的家族对他的事业帮助不大。由此，我们合理推测，屈原的家族极有可能是屈氏当中的一个小分支。

　　（陕西师范大学教授　于赓哲）

　　人们愿将伟大的人与一切美好的事物联系在一起，自然，屈原也不例外。尚处孩童时期的他，就有着同龄人所不具备的沉稳。当同龄的孩子们还聚在一起打闹的时候，安静的屈原总是独坐一隅，静静地读着父亲的藏书。少年老成，似乎最能概括童年的屈原。《诗经》中的优美文字，流淌在他的灵魂里。

屈原出生时的楚国，在当时的中华大地上，已经是一个繁盛的国家。只是，这个当时经济、文化都比较发达的国度，在政治上已经出现了腐朽的味道。

而此时的屈原，也只是个懵懂的幼童，对于当时局势，浑然不知。

楚国的贵族势力相当强大。在屈原之前，楚国曾经有一场著名的变法——吴起变法。吴起变法的一个核心，就是加强王权、削弱贵族势力，结果，吴起被射死在楚王的灵堂之上，这就是贵族的反扑。所以贵族势力的强大，也是导致屈原悲剧的一个很重要的原因。

（陕西师范大学教授 于赓哲）

到了弱冠之年，屈原早已满腹经纶，对天下大势也有了自己的见解。大争之世，不争，则无立足之地。楚国西邻强秦，东接富齐，北望三晋。当国力强盛时一切都还好，倘若国力衰退，则必成列国蚕食的对象。

高贵的血统和不凡的资质，让屈原生来就有一份骄傲。这份骄傲来自他所认定的属于他的一份使命：要与楚国的命运紧紧联系在一起。每当置身在家乡幽静的橘林中时，屈原都兴致勃发，在他眼里，这片枝繁叶茂、苍翠欲滴的橘林，就是和他一起守护着楚国的朋友。

为了朋友，屈原想写诗了，但是他觉得端庄的"诗经体"已经承载不了他的感情，所以就开辟了一种新的文体，于是，《橘颂》诞生了。

后皇嘉树，橘徕服兮。受命不迁，生南国兮。深固难徙，更壹志兮。

——屈原《九章·橘颂》节选

橘树有一个天性，就是只适应于南方的土地，倘若移植到淮北去，叶子虽然相似，果实的味道却截然不同了。橘树的这一特殊习性，在屈原的心目中显得十分宝贵。人也需要有根，需要适宜的土壤，才能在凛冽的风中屹立不倒，繁衍生息。屈原如树，只愿在楚国的土地上生根发芽，开花结果。

楚怀王熊槐已经深刻感受到了来自强秦的压力以及国内的政治弊端，

他迫切需要那些有才能的人来改变这一状况。于是，久负盛名的屈原在楚怀王的征召下来到了郢都，走进了兰台。屈原期待已久的人生画卷就此展开。

看着面前这位身材修长、面容俊美、气宇轩昂的年轻人，楚怀王甚是欣喜，单从举止来看，屈原就是自己理想中的贤臣。

作为楚国年青一代的政治家，屈原虽然年纪不大，却对当时的国际形势了然于胸。他最大的愿望，就是楚国能够富强，在胜则称霸、败则灭亡的战国天下能够牢牢地站稳脚跟，成为真正的霸主。他认为他和楚怀王一样，对楚国的安危荣辱负有完全的责任。

楚国是楚怀王的楚国，同样也是屈原和所有楚国人的楚国。

在严格的贵族教育下成长起来的楚怀王，性格宽厚，他有着楚国国君一贯的爱国心和责任感。屈原用他出色的才华和对楚国忠诚的理念得到了楚怀王的青睐，而这时的楚怀王也像一棵大树，能承载屈原致君尧舜的信念。就这样，初次见面的君臣二人，在共同的理想下成了亲密的朋友。

《史记》中关于屈原的记载不多，但是有几句话非常关键，"博闻强志，明于治乱，娴于辞令。入则与王图议国事，以出号令；出则接遇宾客，应对诸侯"。在常人眼中，屈原更多时候是个文学家，但是从这几句话来看，他是一个拥有治国能力和外交能力的政治家。

（郑州大学教授　王士祥）

这次的兰台召见，屈原与楚怀王促膝长谈。对于楚国的内政和外交，屈原有着自己独特的看法：楚国内政积弊已久，改革之事不宜操之过急，必须在有一个稳定的外部环境后，才能徐徐图之。所以楚国要有一个强有力的盟友，那便是东方的齐国。

当时天下大势，秦国兵戈最盛，楚国国土最广，齐国最为富裕。秦国自商鞅变法后，俨然成了一架战争机器，与之联盟虽然可以短时间获利，但日后定会成为其刀下亡魂。只有齐楚一心才能让三晋归附，六国合纵方可抵御秦国的东出。如此联盟形成后，楚国便可以获得一个相对稳定的国际环境，以便对内部进行调整。

熊槐自即位以来，一直在亲齐和亲秦这两大政策之间徘徊。屈原的一

番见解，将左右摇摆的他争取到坚定的联齐合纵抗秦的路线上来。就这样，年轻的屈原被楚怀王授予外交重任，出使齐国。楚怀王此举一方面是迫于合纵抗秦的需要，另一方面则是为了让屈原积累声望，为改革做准备。

公元前318年，韩、赵、魏、燕等诸侯国与楚国正式结盟，并公推楚怀王为纵约长。六国联盟与强秦如同身处天平的两端，互相制衡。屈原，这个年轻人一时间名耀诸国。秦国见此形势，自是不敢东出，只能密谋分裂联盟国，实施连横的计划。不久后，屈原和楚国将会面临他们最痛恨的敌人——张仪。

攻秦计划是六国联军攻打函谷关，此其一；其二是策动秦国西部的少数民族义渠，来夹攻秦国。这样东西夹击，胜算应该很大。但没想到，秦国的战斗力远超联军。秦国先并力东向，打赢了函谷关战役，然后再挥师西攻义渠，秦国取得了彻底的胜利。当然了，这个胜负关系当中，最大的一个决定因素，就是六国之间的貌合神离。

（陕西师范大学教授　于赓哲）

攻秦的失利让楚怀王看到，只有自身的强大才是根本，对于变法他已经迫不及待了。公元前317年，在秦国与三晋纠缠时，二十多岁的屈原被楚怀王任命为左徒，这个相当于副相的官职让年轻的屈原走进了楚国的权力中心。在楚怀王的支持下，屈原开始着手变法改革事宜。此时的屈原正如那秋天的橘树，准备用自己的果实来回报这片土地。

这时的楚国，各级官僚由世袭贵族轮流担任，大批有才华的贤能之士报国无门。几十年前吴起变法失败后，楚国政坛更是死气沉沉。

而此时，距离楚国灭亡还有约一百年。对当权的贵族们来说，一百年很长，而对一个国家来说，一百年又实在太过短暂。如此情况下，变法改革，仿佛一辆在泥泞中缓慢前进的牛车，步履维艰。

当然，这所有的一切在当时的屈原看来都不是问题，只要君臣一心，必定无往不利。之后，两人就变法事宜进行了多次密谈，他们深知此事关系重大，一切务必秘密行事。在楚怀王的嘱托下，屈原开始起草《宪令》，作为变法的纲领。

楚怀王的信任让屈原充满了希望，此时正值屈原一生中最为温暖也最为激动的时期，这成了他日后最难忘的记忆。

> 惜往日之曾信兮，受命诏以昭时。
> 奉先功以照下兮，明法度之嫌疑。
> 国富强而法立兮，属贞臣而日娭。
> 秘密事之载心兮，虽过失犹弗治。
>
> ——屈原《九章·惜往日》节选

屈原坚信只要法律完备，国家就能够富强，自己追求的美政就会实现。为了让更多的人认可新的法律，他专门研究了楚国以往的法典，为新法寻找更多的理论依据。他不记得有多少个不眠之夜，只有摇曳的烛光相伴，那身影落寞而坚毅。

> 那个时代各个国家变法都具有共通性。第一，奖励耕战。就是让老百姓种地有盼头，让打了胜仗、立了功的士兵有奖励。第二，重用人才。第三，反壅蔽。壅蔽就是老百姓跟上面的人情感沟通不畅，上面的命令下不来，下面要表达的情感上不去，需要把这个通道给打通。第四，禁朋党。一个国家一旦形成了个人小利益集团，一定会结党营私损害国家利益。
>
> （郑州大学教授　王士祥）

然而，正全身心投入新法草拟、为变法激情所包裹的屈原，还全然不知危险正在悄悄降临。

当贵族们得知屈原开始起草变法条例时，也终于回想起来几十年前，自己的父辈们被吴起支配的恐惧。虽然当时变法以楚悼王的去世而告终，但是权贵阶层却遭受到了空前的打击，吴起变法使楚国迎来了短暂的崛起。然而，随着时间流逝，到了楚怀王的时代，贵族势力又迎来了一次空前膨胀。

由于楚怀王和屈原的保密政策，新法的内容并未被公开，贵族们不知具体事宜，只能暗中积蓄力量，伺机而发。几个月后，随着新法的逐一出台，楚国举国震惊，各阶层人们的反应与态度大不相同。民众自然是欢喜若狂，奔走相告；而那些已经等不及的权贵阶层，觉得该行动了。

另一边，楚国的动作也让西面的秦国感受到了压力，通过变法强大起来的秦国深知其中的利害。为了破局，秦国命张仪为使者出使楚国。

张仪这类人出现于战国时期，我们普遍称之为"士"。他们毫无政治道德可言，才干高，人品低，张仪就是个典型代表。他曾经在楚国当过官，游走于各国这一点并不奇怪，这在"士"当中是很普遍的一种现象。游走于各国对他来说能够了解各国的内部情况，从而有针对性地制定政策。

（陕西师范大学教授　于赓哲）

随着变法初见成效，屈原也成了楚怀王最为信任的大臣。楚怀王将越来越多的政务交给屈原，命他全权负责。可是，这世间之事，有甜必有苦。楚怀王的信任是屈原最坚实的铠甲，可这信任一旦消失，屈原也将无依无靠。

第二节　其修远兮

公元前 314 年，张仪带着重金秘密来到了楚国，强秦弱楚的计划在他心中已悄然展开。屈原是变法的关键，六国合纵也是屈原的主张，只要楚怀王不再重用屈原，变法自然终止，六国联盟瓦解指日可待。

这次回到楚国，张仪算是故地重游了。他对楚国朝堂上上下下的人物都很熟悉，因此很快买通了楚国权贵阶层的重臣，如上官大夫、靳尚等人，还有楚怀王的小儿子子兰，更厉害的是他还买通了楚怀王最为宠信的夫人郑袖。

可以说，当时楚怀王的身侧，已经布满了张仪的线人，楚怀王的一举一动都已经在张仪的掌握之中。张仪与楚国的权贵阶层虽然利益不同，但目标一致，那就是将屈原从变法的高位上拉下来。

上官大夫就是唯利是图的典型代表。屈原给楚怀王起草政令，他看到了草稿，就想把草稿夺过来据为己有。于是，上官大夫到处散播谣言，尤其在楚王面前，说屈原平时起草政令，整天得意扬扬，经常跟别人说，要是没有我的话，楚国哪能写得出这种政令来。

（陕西师范大学教授　于赓哲）

上官大夫故意闯入屈原书房偷看新法的草稿，这是不是和张仪密谋的结果，后世不得而知，但可以确定的是，他们想要的效果已经初步达到了。

楚怀王虽有一腔强国富民的热情，但也有一个致命的弱点：容易被他人的意见左右。这个礼乐文明培养起来的君王，符合大多数人心目中贤君的形象，然而却缺少在那个残酷时代生存所必需的智慧和城府。

随着越来越多的谣言出现在楚怀王的耳边，他从开始的立场坚定，慢慢地开始动摇：这么多人都在控诉屈原，难道屈原真的有问题吗？

此时，一门心思扑在变法上的屈原虽对朝中言语略有耳闻，却也没有放在心上，他相信楚怀王是他的知己，是和他一样，会为美好理想坚持到底的人。屈原相信清者自清，不愿把精力放在这无谓的辩解上，在朝中没有政治力量的他，就像是被楚怀王放飞的风筝，两人之间的联系也只有那根细细的线。

在楚国变法期间，燕国发生了一件事，燕王哙把自己的权力让给大臣子之，全力支持他变法，结果燕国内乱了，齐宣王趁机发兵攻击燕国，燕王哙被杀。楚怀王得知后，变法的决心开始动摇。

（郑州大学教授　王士祥）

在新法逐步实施的过程中，各级贵族的敷衍和阻挠，让楚怀王体会到了强烈的无力感。以前楚怀王之所以对内对外能够取得功绩，自是离不开贵族们的帮助，然而当其拿起屠刀挥向自己曾经的盟友们时，他害怕了，对方是那么强大。

这时的楚怀王发现，自己如果不能代表贵族们的利益，他们不介意换个代言人，毕竟在楚国历史上弑君是一贯的传统。谁能让他们开心，谁就能做他们的王。无奈之下楚怀王只好弃车保帅，情愿做一个听信谗言的昏君，至少这样他能活着。

这是历史的进步潮流与保守潮流之间的斗争，但是楚怀王看不到。这意味着屈原的失败是必然的。原因很简单，任何变革，得不到王的信任，都难逃失败的命运。商鞅变法之所以能成功，就是因为商鞅背后有一个非常支持他的秦孝公。

（陕西师范大学教授　于赓哲）

信任是两个人手中的橡皮筋，双方都在用力拉扯。如果有一个人放手了，那另一个人便会受到伤害，之前越信任，放手之后的伤害就越深。虽然屈原的理想是当一个政治家，但其骨子里，还是一个纯粹的诗人。他的性格也是单纯的，离政治家应该有的城府似乎太过遥远。

屈原再次被召见时，楚怀王的态度发生了转变。提及新法，楚怀王也没有了之前斩钉截铁的气势，取而代之的是犹豫不决。在这种压抑的朝堂氛围之下，屈原感到了丝丝凉意。最初的信任已悄然消失，当他还要再说些什么时，迎来的却是楚怀王的斥责，一番言语仿佛支支利箭插在他的胸口。在贵族们狂热的目光下，楚怀王将屈原降职为三闾大夫，变法之事也就此搁置。

三闾大夫就是管理楚王宗族事务的一个闲差。楚王是芈姓，姓下有屈、景、昭三个氏，所谓的三闾大夫主要是管他们的宗庙祭祀、贵族子弟教育等问题。

（陕西师范大学教授 于赓哲）

屈原回到府中，久久不能平静，他不知道自己错在了哪里，要遭受这些谣言的中伤，自始至终他都一心为国为民，如今换来的却是这个结果。无论屈原如何哀求，楚怀王始终没有再次召见他。在强敌环伺的境况下，楚怀王选择把耳朵堵上，把眼睛蒙上，屈原为他描绘的蓝图也许再也不会实现了。荆棘洪流之中，一场改变楚国命运的变革终于在言语的诡辩中被阴谋瓦解，再无机会重启。

屈原在悲愤之余，只能通过诗歌来宣泄内心的不甘，他希望楚怀王能够看到，并明悉自己的真心。

所非忠而言之兮，指苍天以为正。
令五帝以折中兮，戒六神与向服。
俾山川以备御兮，命咎繇使听直。

——屈原《九章·惜诵》节选

屈原让苍天为证，他所说皆是忠言，并且希望五方神帝和六宗神祇对他来进行公平裁决。如果可以，他还希望能够请到上古时期最正直的法官皋陶来审判。可惜那些神明不过是世人虚构出来的，又怎能听到他的声音？

当苦闷化作诗篇，一字一句都令人动容。不知屈原究竟是应该痛恨那些陷害他的人，还是应该庆幸，正是因为他们的陷害，自己的诗篇才在千年之后依然在世间流传。

张仪暗中策划的第一轮政治进攻大获全胜，成功使楚怀王疏离了屈原，除去了他将要面临的最大对手；下一步就是要直面楚怀王，说服他与齐国断交，与秦国结盟。公元前 313 年，张仪正式以秦使的身份从暗处走到明处，开始了他的第二轮政治进攻。

为了能使楚怀王心动，张仪呈上地图，表示只要楚国不再与齐国交好，秦国愿意将过去从楚国手中夺走的六百里商於之地归还给楚国。看到这份地图，楚怀王心动了，这里可是楚国的祖地，收回此地已经成了历代楚王的执念。在亲秦派贵族们的恭贺下，犹豫的楚怀王终于决定放弃齐楚联盟，同秦国交好。

受过严格周礼教育的楚怀王，还信守着春秋时代贵族的诚信传统，他没有想到秦国早已把这个传统抛到了九霄云外。

所有的一切，屈原看在眼里，急在心上。他太了解张仪，也太了解秦国与楚国目前的形势了。以秦国之强悍，怎么可能轻易就将苦心经营的商於之地拱手送还楚国呢？

这时的楚怀王正在兴头上，说任何不合时宜的话，都只会让其厌烦。更何况，这时的屈原，已经不是当初那个被楚怀王深信不疑的左徒了，他连见楚怀王一面都很不容易，更不用说澄清利害关系，戳穿张仪的阴谋了。

与齐国绝交之后，楚国的使者就到咸阳去了，要求秦国履行诺言，割地给楚国。谁知张仪闭门谢客，对外说自己乘车摔伤了腿，不见楚国使者。楚怀王得知后就觉得，可能是秦认为楚国做得不够彻底，所以就又派使者跑去把齐王给骂了一通，这次把齐国给彻底得罪了。

（陕西师范大学教授　于赓哲）

秦人的言而无信让楚怀王深感受辱，一怒之下决定立刻出兵攻打秦国。

楚国匆忙出兵，秦军有备而待，丹阳之战，楚军大败。楚国不但没有拿回秦国所承诺的土地，还丧失了汉中的大量领土。丹阳之战后，楚国边境门户大开，秦国也打开了东向发展的通道。在之后的几年里，秦国接连换了两位国君，以致国内局势动荡。原本这是楚国翻身的最好机会，然而，国内亲秦派贵族们在利益的驱使下使楚国在错误的道路上越走越远。

公元前 305 年，在秦国宣太后的政治手腕下，秦楚两国互为姻亲，结为兄弟之国。秦国为表诚意还将之前占领的上庸之地归还楚国。这期间，远离朝堂的屈原即使有许多治国良策，都因无法面见楚怀王，只能上书进言，而最终都石沉大海，毫无波澜。

虽然此时的屈原人微言轻，但在权贵阶层的眼里，他依然是根刺。重复的力量是巨大的，天长日久的反复诬陷，也让楚怀王相信了他们为对付屈原所编造出来的种种故事。

公元前305年，屈原遭遇了人生中的第一次流放，离开郢都，来到汉北，度过了一段煎熬的岁月。在各国争相变法、日新月异的同时，楚国却沿着旧节奏缓慢地走下去。屈原痛恨权贵集团的惰性再一次断送了楚国自救的机会，同时也怨愤楚怀王对自己忠贞的猜疑。

被流放，心里都是极度难受的。毕竟原来在郢都的时候，有吃有喝，出门有车。被流放之后，这些物质上的条件自然就没了。更重要的是精神上的落差。被流放之前，是信任与倚重，他承载着这个国家的发展、希望和命运；被流放之后，这些东西和他都没有关系了。

（郑州大学教授　王士祥）

汉北，指的是汉水上游、郢都的北面，约在今天湖北襄阳、河南淅川一带。踏上放逐的路，屈原心如死灰。虽然没有被羁押用刑，但他再也感受不到自由了。

有鸟自南兮，来集汉北。

好姱佳丽兮，牉独处此异域。

既茕独而不群兮，又无良媒在其侧。

——屈原《九章·抽思》节选

屈原如一只飞鸟，从南方迁徙而来，即便拥有绚丽的羽毛，还有美妙的歌声，也只能孤独地在这异乡生存，没有一个知己，也没有人陪伴。

长太息以掩涕兮，哀民生之多艰。

…………

亦余心之所善兮，虽九死其犹未悔。

——屈原《离骚》节选

在痛苦与惆怅中，屈原写下了千古鸿篇《离骚》。这是他用热血和生命熔铸的伟大诗作，是他无悔的曾经，也是他逃脱不掉的命运。在这偏远的流放之地，他只能将这诗唱给山林鸟兽，希望这汉北的鸟能够飞到郢都，唱给楚怀王听，唱给战火中无辜的百姓听。人的信念到底有多强大，在《离骚》中便能得知一二。为了心中的理想，屈原愿付出生命，虽九死其犹未悔。

第三节　魂兮归来

屈原是位浪漫诗人，被放逐之后，来到了汉北的偏远之地。虽然远离了政治漩涡，但遥远的郢都还在动荡中喘息。他虽然牵挂，却也无能为力，只能日夜在孤寂中忍受煎熬。好在汉北也别有一番风景。屈原整理心情，开始每日游走，这山林仿佛有治愈伤痛的能力，滋润着他几近干涸的生命，沉寂许久的灵魂正在苏醒。

屈原数年忙于变法，后被张仪设计陷害，焦头烂额，不得安宁。如今周遭恢复平静，寄情于生活后他拥有了闲暇的时间，又重新开始了诗歌创作。只是每当战场上的消息传到这里，他又会忧伤。听着逃亡过来的百姓的诉说，屈原的心彷徨不安。屈原时时刻刻都在牵挂，却又在担忧：牵挂的是郢都的楚怀王，他每日被奸佞包围，不知处境如何；担忧的是楚国未来该去往何处。

在汉北期间，屈原的笔下，出现了大量的"香草""美人"元素。之前"香草""美人"都是被书写的主题，但是到了屈原这儿，它们有了情感的寄托，"美人"经常会被寓指为君王，"香草"常被寓指为有美好品德的臣子，拿"香草"献给"美人"表达爱意，其实也是表达忠心。

（郑州大学教授 王士祥）

为楚怀王创作的诗篇，犹如石沉大海，没有任何的回应。屈原不禁开始反思，或许是诗句中的感情不够真挚，只有更震撼的作品才能传到遥远的郢都。于是，他决心写一首涵盖他所有情感的诗歌，让天下人都能感受到他心中的澎湃之情。

这一次屈原要创作的，包含他前半生的所有，他的成长过程，他经历的世间冷暖，他遭遇的诽谤诬陷，他不能放弃的爱国之心，他心中惦念的楚国百姓，还有他一直牵挂的楚怀王。

屈原并没有进行简单的讲述，而是将生命映射在这个美丽的故事中。

不知否定了多少想法，他最终决定以"离骚"为名，也许正是因为只有"离骚"才能表达自己遭遇忧患和陷在此处的两难之境。

中国文学有两大传统：一个是《诗经》，是北方的传统；一个是《楚辞》，也就是《离骚》，是南方的传统。北方的传统是现实主义，南方的传统是浪漫主义。

（郑州大学教授　王士祥）

在《离骚》中，屈原回到了楚国的盛世，他希望楚怀王与自己一起聆听先贤们的教诲，好为楚国指引方向。但是楚怀王并没有跟上他的步伐，现实世界仍然污浊黑暗。屈原问女嬃，问巫咸，问灵氛……每一个人都是他心中犹豫不决的一念。有的劝他放弃幻想，远走他乡；有的劝他留下，回到楚怀王的身边等待机会。

在矛盾与纠结中，屈原决定抛却楚国远走他乡。为此他选择了良辰吉日，备齐了车马干粮，但终究还是迈不动脚步，所有的失望与沮丧只化作一句：算了吧。屈原决定留在楚国继续他的"美政"之路，就算付出生命也要坚持走下去。

随着屈原的娓娓道来，人们仿佛也随之进入了他的生命。

《离骚》中的屈原是鲜活的，既有对故土的衷情，又有一颗忧国忧民的大爱之心。当感性的文字出自性情中人之笔，浪漫就渗透了每一个笔画。好在现实没有抛弃他，在放逐中迷惘而孤独的屈原，仿佛听到了来自郢都的召唤。

此时此刻，在苦难中徘徊的不只屈原一人，还有他深爱的楚国。就在屈原被放逐期间，秦楚之间又发生了一系列变故。

公元前 303 年，齐、韩、魏以楚国背弃合纵盟约为由兴兵讨伐，楚国在走投无路之下向秦国求助，为表诚意还将太子熊横作为人质送到了秦国，秦出兵，三国联军才就此罢兵。

次年，作为人质的熊横，也就是日后的楚顷襄王，因为不堪在秦国受辱，卷入了一场咸阳街头的械斗中，并失手杀死了一位秦国大夫。案发后，熊横仓皇逃回楚国。就是这根导火索，让秦楚两国之间的短暂和平被彻底破坏，秦国再次找到了进攻楚国的理由。于是，秦、齐、韩、魏四国联军共同伐楚，楚国大将唐昧被杀，这就是历史上著名的"垂沙之战"。

> 以秦国为首的多国联军，竟反过来攻打楚国，导致"垂沙之战"。楚国丧失了大片的地盘，如具有战略价值的南阳盆地。一旦失去这一带，楚国就居于非常被动的局面，而且国家内部还有兵乱。楚国败亡的迹象已经相当明显了。楚国已经踏上了一条不归路。
>
> （陕西师范大学教授 于赓哲）

几乎陷入绝境的楚怀王又想起齐楚联盟的重要性了，而这时楚国的实力已与当年屈原游说六国之时天差地别。面对朝堂上的衮衮诸公，楚怀王却找不到那个曾经令他充满希望的身影。

一纸令下，屈原被召回郢都。重回故地，君臣再见恍如隔世。

一番寒暄之后，楚怀王决定将太子熊横送往齐国为质，以便缓解国际压力，但又怕之前自己的做法会导致齐国拒绝，所以此次希望屈原作为使臣护送太子出使齐国。只要能为楚国出力，屈原心甘情愿。于是在熊横仇恨的目光下，屈原顺利地完成了这次外交任务，为楚国赢得了一定的休养时间。

而另一面，为了更好地蚕食楚国，秦国软硬兼施。公元前299年，秦国再度伐楚，占领了楚国八座城池，可是如此强势之下，秦国却突然收兵，给楚怀王送去一封信。

> 信中说，我们两国原先有姻亲之好，也曾经举行过黄棘之盟，现在两国之间有一些矛盾，还是应该恢复当年的友好。所以我们两国再通婚，咱们到武关举行一个会盟。张仪等人行诡诈之计，尚在可接受的范围内，毕竟他是臣子，可是国君亲自出来当骗子，这就反映出战国后期的政治形势，政治道德已经堕落到了何等地步。
>
> （陕西师范大学教授 于赓哲）

接到这封信后，楚国朝堂争吵激烈。一派以公子子兰为首，坚决主张楚怀王亲自赴会；一派则以屈原为首，坚决反对楚怀王赴会。两派各持己见。楚怀王虽有很多缺点，也犯过很多错误，却是一个有担当的君王。在人生最重要的十字路口，他选择了以保全楚国的土地和人民为重，前去与秦王会晤。他相信作为贵族，秦王绝不会在天下诸国面前公然失信。

得知楚怀王的决定后，屈原急忙觐见，然而不等他开口，楚怀王便将内心的想法和盘托出：这是身为一国之君的责任。他还托付屈原，此行如有意外，一定要前往齐国迎回太子。之后的无数个夜里，每当回忆起此事，屈原都万分自责。

尽管做了多种假设，但楚怀王无论如何也没想到，赴秦的代价竟然是彻底失去自由。一入武关，秦军立即紧闭大门并将其控制，随后一路向西押解到了都城咸阳。王座之上，年轻的秦昭襄王嬴稷居高临下，楚怀王没有受到平等礼节的对待。秦王待他如藩臣，还要求其跪拜，目的只有一个：楚怀王要想重回楚国，那就割让楚国巫和黔中的郡县作为交换。

秦国以为把楚国国君抓到手里，就可以轻而易举地获得战场上得不到的利益。但无论怎么威胁，楚怀王就是毫不退让。从小生长在实用主义氛围下的秦王，怎么也不会理解楚怀王的宁死不屈。无奈之下，只好下令将其继续囚禁。

消息传回郢都，楚国上下一片愤恨之声，屈原也后悔那天自己没有拼死拦下楚怀王。国不可一日无君，为今之计只有速去齐国迎回太子登上大位，才能团结楚国的一切力量去营救楚怀王。然而，令屈原失望的是，熊横即位后，对搭救楚怀王一事并不上心。他以稳定国内外局势为由对朝中进行了"大清洗"，公子子兰被任命为令尹，屈原则又一次被排挤出了朝堂。

或许这时的楚顷襄王熊横与一千多年后的宋高宗赵构，可以"声气相投"吧。公元前296年，饱受摧残的楚怀王，在咸阳郁郁而终，他终究没能再次踏上楚国的土地。秦国最终也没有利用楚怀王得到任何好处，只好把他的遗体送回楚国。

在楚国人民的心目当中，国君纵有万般不是，也是一国之君，被秦国用如此卑鄙的手段拘禁，最后还客死于秦，史无先例。所以楚国对秦国从此就怀有刻骨的仇恨，后来喊出的那句著名的口号"楚虽三户，亡秦必楚"，也是秦国种下的一个恶果，只不过要到以后才反噬到秦国。

（陕西师范大学教授　于赓哲）

在乱世中，道德常常败于不义。这位生不逢时的君主，一生历经失败，但是最后关头，他用自己的生命捍卫了楚国的利益。楚怀王谥号之所以为"怀"，应该也是表达楚人对他的一种怀念和安慰吧。楚怀王客死他乡，留给屈原的是无穷无尽的悲恸。虽然遗体被运回楚国安葬，但魂魄依旧在外游荡。

这个经历了人生大喜大悲的君王终究归于尘土。尽管屈原曾经怨过楚怀王的反复无常，甚至恨过他的独断专行，然而他毕竟重用过自己、信任过自己，也曾经一度视自己为知己。

为了这份知遇之恩，屈原也愿意为楚怀王赴汤蹈火。而如今，君臣永诀。

每个人的生命都有逝去的一天，灵魂离开身体，便没有了归宿，犹如失去巢穴的飞鸟，没有了栖息的地方。于是屈原按照楚国的习俗，为楚怀王写下了《招魂》，假托神巫之口，希望通过发自肺腑的召唤，让楚怀王的灵魂安然回到故乡。

魂兮归来，君无上天些！……魂兮归来，君无下此幽都些！

——屈原《招魂》节选

东南西北，天庭地府，到处都隐藏着危险，只有楚国才是安身之所。屈原毫不吝惜笔墨，极尽言辞描摹楚国宫廷之美妙，希望将楚怀王的魂魄引入故乡。

《招魂》是谁写的？有的人说是屈原写的，招楚怀王之魂；有的人说是屈原弟子写的，招屈原之魂。与其说招的是楚怀王之魂，不如说是屈原看到了楚国日渐败落下去，为楚国招魂，希望曾经那个强大的楚国，还能够回到自己眼前。

（郑州大学教授　王士祥）

一声声"魂兮归来"极尽戚戚，叫人忍不住叹息。如果真有鬼神，那么看清世间百态的楚怀王一定会为屈原的一腔赤诚所动容吧？当屈原为楚怀王的悲剧而痛哭号呼的时候，他还没想到，就在不久之后，江南，竟然也成了自己最后的归宿。

第四节　沧浪之水

随着楚顷襄王熊横的即位，楚国朝堂也越发黑暗。屈原本以为熊横会为楚国着想，力救楚怀王，然而等来的却是自己的悲途。熊横放眼整个楚国宫廷，能与他为伍的只有弟弟子兰。虽然之前兄弟二人因王位有过短暂的隔阂，但是如今大权在握，已不足为虑，更何况两人有着共同的利益。

朝中目前剩下的阻力只有以屈原和昭雎为首的一帮旧臣，他们始终以营救楚怀王为己任，但从未想过假如事成，那作为新王的熊横该置于何地。为了坐稳这个位置，熊横任命弟弟子兰为令尹，全权负责朝中事务。兄弟二人一个在明处，一个在暗处；一个为了保住王位，一个为了保住权力，对前朝旧臣进行了"大清洗"。

公元前 296 年，楚顷襄王下令将屈原流放，没有王命宣召，永世不得踏入郢都。这个旨意像一道无形的墙。站在墙外的他虽看不到墙后的世界，但能听到刀剑的拼杀。屈原无数次想冲进去，和所有楚人并肩作战，然而纵使他拼尽全力，结局还是一样。绝望中屈原问苍天，却得不到他想要的答案。或许所有的一切，在他写《橘颂》诗篇的时候，就已经注定了。

　　就这样，在楚怀王尚未安息之际，屈原便被罢免官职，放逐至江南蛮荒之地，没有王诏，永世不得返回郢都。

　　我们现在说起江南，是江南烟雨，江南好，怎能不忆江南？这个江南其实指的是长江下游。但楚国这个时期，江南指的是我们现在所说的中南地区，也就是湖南、江西等地。此江南，在楚国是欠发达地区，所以才会把屈原流放到那个地方。

（陕西师范大学教授　于赓哲）

　　屈原明白，这一次放逐，等于宣告了自己政治生涯的终结。他深知熊横不是楚怀王，两人之间没有促膝密谈的知己之交，也没有患难与共的君臣之情。熊横在乎的只是手下人对自己的忠诚，容不下只在乎楚国的屈原。

　　从湖北荆州市往北行约五公里，便能看到一座芳草萋萋的古城遗址。这里便是楚纪南故城，即曾经的郢都。根据《史记》记载，从公元前689年楚文王"始都郢"，一直到公元前278年秦将白起"拔郢"，除了楚昭王因战乱迁都外，楚国在此地建都的时间长达四百年之久，是当时南方的第一大都会。如今低矮的断壁残垣，或许曾经是无数人日思夜想的政治舞台。

　　屈原自二十多岁进入郢都开始，已经在此停留了二十余年，这里早已成了他的第二故乡。如今郢都的繁华跟他再没有任何关系，他只是一介布衣，那曾经远大的抱负只能深埋在心底。

人们如果问屈原是否因为这一切而后悔过，那答案早已写在了他的诗句之间，"亦余心之所善兮，虽九死其犹未悔"。

屈原有两个特别符合儒家士大夫的道德理念：一个是忠君，忠心耿耿；另一个是为了忠君，矢志不渝，所以出淤泥而不染，他是淤泥当中的一朵白莲花。

（陕西师范大学教授 于赓哲）

世人总是纵情于山水，因为在旅途中，思考变成了一件简单的事。生活中总会被现实困扰，心灵堆积了太多的情感需要宣泄，所以，身体和心灵，总有一个要在路上。屈原在放逐生活中，虽然也在领略不同的风景，但是灵魂却没有得到真正的自由。

曾经在《离骚》中，屈原尝试着"离开"楚国这个伤心地，然而在升上天空准备远行之时，他看到楚国的大好河山就在脚下，对故乡的眷恋和热爱再次战胜了现实的残忍。屈原心中有太多的放不下，每一样都是他一生的执着。在放逐的道路上，屈原对郢都的牵挂随着时间的流逝，越久越浓郁。他也日渐苍老。郢都的消息时不时会随着逃难的百姓传到江南，然而一切还是那样，秦国的蚕食还在继续。

公元前280年，战败的楚国再一次割地求和，将汉北之地赠予秦国，以换得苟安。次年，秦国故技重施，出兵伐楚，再占鄢、邓两地，楚军连连败退。在得知熊横不顾家仇国恨，做出如此丧权辱国之事时，屈原只能暗自心痛，但对这现实却也无可奈何。本以为世间之事自有天神评判，可事到如今，天神从未现身。为什么会这样？屈原将这所有的不解汇聚成了《天问》一诗。

在诗中，他追本溯源，用理智的目光看待这个世界。那些已经深入每个人思维的观念，真的是对的吗？为何许多问题都找不到答案？他站在山巅，向天大声发问，希望上天能解答疑惑，然而却只换来山谷间的回响，一切又归于平静。

屈原作为个体，在苍茫宇宙间，在国家之间，在时代洪流之间，是非常渺小的。与其说屈原问老天应该干什么，不如说他自己内心已经有了一

个笃定的答案，他只是在寻求上天的一个应答，"我屈原是对的"。

（郑州大学教授　王士祥）

　　在不停的思考中，屈原对一切有了新的领悟。曾经以为天神能够看到世界的每个角落，能够权衡好每个人的结局，但看到楚国今日的处境，他对天神也有了怀疑。心神恍惚的他独自走在湖旁。不远处，一位渔父已经注意他好久了，便询问道：您可是曾经的三闾大夫？为何今日会落到这般田地？

　　屈原心碎不堪，只是独自低喃：举世皆浊我独清，众人皆醉我独醒，

故而被放逐至此。

自古以来，曲高和寡，因为与众不同，所以在世人眼中便是异类。

渔父宽慰道：如果这天下都浑浊了，那您何不随波逐流？如果世上的人都醉了，那您不如也狂饮大醉，何必独醒？先生为什么要把事情看得那么透彻，以致让自己落得如此下场？

屈原叹道：我听说，刚洗过头一定要掸去帽子上的灰尘，刚洗过澡一定要抖抖衣服，圣洁的身体怎能被俗世的尘埃污染？如果是这样，那我宁可葬身于江中。

渔父听罢，也不再回答，他知道已经不可能说服屈原。

沧浪之水清兮，可以濯吾缨；沧浪之水浊兮，可以濯吾足。

——屈原《渔父》节选

在理想与现实之间，渔父选择了退隐以求得自由，而屈原却做不到。也许《渔父》便是屈原自己内心的最后发问。

渔父是一类人的集体形象，我们可以认为他是个真实的存在，甚至他是个高人，对这个世界看得很透彻。被重用时，这个时代清明，就为国为民；不被重用时，这个时代看着没希望了，就先让自己好好活下去。渔父的形象，是文人士大夫在得不到重用的时候寻求的一个心理上的自我安慰，对自己尊严的保护。

（郑州大学教授　王士祥）

湖边的屈原宛如一个行至末路的侠客，虽然心力交瘁，却依然一身傲骨，不肯低头。同样的劝说，他已经听了太多。世间的清浊自有后人评说，理想即使陨落，他也至死不渝。

公元前278年，秦将白起攻破郢都，成功夺取了楚国西部的半壁江山，战火摧毁了华丽的宫殿和历代楚王的陵寝。顷襄王熊横无力抵抗，带领王公贵族仓皇出逃至陈城，并将这里改名为郢，史称陈郢。

郢都是屈原梦开始的地方，他希望能像先祖一样，成为家族的骄傲，能够在郢都助楚怀王成就天下霸业；直至被放逐后，日日夜夜，郢都都是他梦中最常回去的地方。一直以来，屈原都是为了信念而活，即使遭遇了再多的不公，他也依靠着这份坚持走了下来，如今这份信念已经不存在了。

在此绝望之际，屈原追怀郢之往昔，推见今之惨状，将这无限哀痛泄于笔端，写下万古悲愤之书《哀郢》，这是他最后的悲歌。

屈原用他的笔记录下了对楚国的爱，没有人理解他，没有人同情他，也没有人支持他，整个世界只有他站在一个独立的阵营，那种没有同伴的孤独，有时候比死亡还要寒冷。

美丽的汨罗江，发源于江西幕阜山，绵延二百多公里，最终归入洞庭湖。如果没有屈原，也许这里和其他的江河并无区别。屈原在这里度过了最后的几年时光，这里也是他为生命画上句号的地方。人们缅怀屈原，将这里作为寄托哀思之处。

公元前 278 年五月初五，注定会成为不平凡的一天。清晨，屈原一改往日的颓势，细心整理了着装，掸落身上的灰尘，挂上心爱的长剑。他从未像今天这样从容、这样坦然。听着滔滔江水声，屈原面向西北，那是郢都的方向，也是家乡的方向。在这里，他将对他终生挚爱的楚国作最后的朝拜；在这里，他将对他终生坚守的理想作最后的祭奠。

这个一生为理想而战的殉道者，最终踏上先贤彭咸的道路，正如他曾在诗中许下的承诺一样。浩浩苍穹，星光几点，香草灵均，人间几何。

端午节为什么演变为纪念屈原呢？因为屈原投江的时候正好是农历五月初五，有这么一个巧合。即便不是巧合，人们或许也会找个办法把这个事情与屈原联系起来，人们希望把美好的愿景，留给自己心中最敬佩的那个人。

（郑州大学教授　王士祥）

历史的车轮还在滚滚向前，不为任何人感到悲伤，也不为任何事停留。公元前 223 年，秦军攻下了楚国的最后一个都城——寿郢，俘虏了最后一任楚王负刍，楚国也在历史的舞台上惨淡落幕。这一年，距离屈原投江已过了五十五年。

屈原的悲剧是无解的，因为一旦给了他《橘颂》的思想，他就有了不被这个世界接受的理由。世人只能眼睁睁地看着他走向那个根本就不存在的世界，希望他在那个世界一切安好。

命运，像一只看不见的手，神奇的是，这只手总会导演出一幕幕精妙绝伦的戏。走在行刑的路上，王勃绝望了，他想不到自己竟会以这种方式结束一生，以后也将会以杀人犯的身份被世人鄙夷。就在一切已成定局时，一个小吏匆忙赶来，给王勃带来了一个起死回生的消息：唐高宗李治于当年（674年）八月改年号为上元，并大赦天下。这也许就是天意，唐高宗李治提拔了他，贬谪了他，又在冥冥之中救了他。

　　阳光洒在王勃的肩头，他感到一丝久违的暖意，一切还是这样美好。

翩若惊鸿，绝响千年

第一节　大成若缺

大唐麟德二年（665年），这是唐高宗李治执政的第十七年了。虽然李治的身体状态每况愈下，但是大唐的国力却蒸蒸日上。这年春天，由他下令营建的乾元殿落成。这是当时全国最大的单体建筑物，气势恢宏，无可比拟。

落成典礼前，一篇名叫《乾元殿颂》的文章送到了李治的面前。缓缓打开，李治逐渐被里面的内容吸引，其文势之大，吞吐万象，歌功颂德，华姿万千，令他爱不释手。就这样，李治不顾病体，一口气读完了这篇四千六百多字的长文，结尾处的"惟帝惟天，惟天惟帝"更是让他兴奋不已。

随后便询问此文的作者，在得知他叫王勃，且只有十六岁时，李治大为惊叹。就这样，王勃以天才少年的姿态，像习习晨风，在初唐宫廷及市井巷陌里被传扬。

时间回到永徽元年（650年），这一年发生了很多大事。唐高宗改元永徽，吐蕃赞普松赞干布去世……当然，也有在当时看来似乎毫不起眼的小事，比如，王勃在这一年出生。王勃出生在山西绛州龙门（今山西河津）。他所在的家庭，可以称得上是正宗的名门望族。

王勃的祖父叫王通，又称文中子。熟悉《三字经》的人都能马上想到"五子者，有荀扬，文中子，及老庄"，"五子"里面就有个文中子，文中子的主要贡献是在儒学方面。在孔庙里面，有文中子王通的一个塑像，就是说他配享孔庙，这个待遇是相当高的。

（郑州大学教授　王士祥）

王勃还有个叔祖父叫王绩，王绩是作五言诗的高手。后人说王勃的很多思想受他祖父的影响，那他的诗词功夫，有可能来自他的叔祖父。

（陕西师范大学教授　于赓哲）

王勃出生在这样一个文学世家，从小就受到良好教育，在幼年便显露出了非凡的才华。据说他六岁写诗，九岁出书，十二岁起就混迹于帝都长安，学医两年，可谓是精通各类学问。

许多人认为王勃的才华是天赋使然，可一句"神童"的背后，是夜以继日的读书和写作。刻苦是一方面，另一方面则是压力，对普通人来说，中个进士已经能光宗耀祖，可对王勃来说这不过是起点，他的家族对他有更大的期盼。

麟德元年（664年），十五岁的王勃听说新上任的宰相刘祥道来家乡一带视察，便立即写了一篇《上刘右相书》。

从《上刘右相书》中可以看出，王勃和别人不一样的地方，是他不落俗套。该夸的夸，该抬的抬。但是，这篇文章他想让对方看到自己的真正才能，于是把文章的笔锋转向对国家大事的关注，政治、经济、军事、文化，他都关注；社会上所存在的问题，他一一列出来，把他的态度说出来。所以通过这篇文章，可以看到一个少年天才对民生的关注以及思考。

（郑州大学教授　王士祥）

这篇长文气势宏大，引经据典，直中要害。刘祥道看后，大惊，直呼："隋儒王通之孙，乃神童也！"于是，他极力向朝廷举荐王勃。有了宰相的青睐，才有了一年多后的《乾元殿颂》直达天庭。这时的王勃已经站在了绝大部分人一辈子也无法达到的高度。现在，更有了皇帝的加持，前途可谓是一片光明。

此时的王勃心里有火，眼里有光。

麟德二年（665年），十六岁的王勃，手持幽素制科的"入场券"，轻松对策，登科及第，被授予朝散郎之职。

当时的科举分两类，一类是常科，一类是制科。所谓的常科是每年到那个时间点都考试，有点像我们今天的高考；所谓制科，就是朝廷根据需要，临时设科。在职务的任命上，常科的考试考上了未必马上就有岗位；制科的考试，因为是根据需求专门设置的，所以考上就有岗位。

（郑州大学教授 王士祥）

王勃如此年龄便被授予这般头衔，显然是唐高宗李治对他的刻意栽培，希望他在没有经济困扰的同时加倍努力学习，沉淀几年，磨磨心性，待时机成熟再给予重用。

但是，散阶除了可以享受相应的待遇外，没有特别具体的职事。这对有着远大政治理想、期望实现兼济天下志业的王勃来说，肯定是不会满足的。之后的两年里，他寓居长安，在这里结识了许多达官显贵和文人名士。结交王勃也成了上流社会攀比的资本。

在此期间，他认识了一位杜姓朋友，两人相谈甚欢，不久便成为知己。过了些时候，杜某被任命为蜀川少府。在临别这天，王勃一直把友人送到城外，并为其饯行。杜少府因自小长在京城，很少出远门，这次却要到千里之外的蜀地任职，更要与好友和家人分别，心中很是忧愁。他的伤感也让王勃想起了家乡，他到长安求取功名，何尝不是背井离乡？

为了纪念彼此的感情，为了鼓励友人乐观地看待人生，同时也为了给自己信心，王勃当即作了一首诗：

城阙辅三秦，风烟望五津。

与君离别意，同是宦游人。

海内存知己，天涯若比邻。

无为在歧路，儿女共沾巾。

——王勃《送杜少府之任蜀州》

离别总是一个痛苦的主题，不管是此前的"昔我往矣，杨柳依依"，还是之后的"多情自古伤离别，更那堪冷落清秋节"。离别的每一幕、每一刻，似乎都是一把钝刀，绞割着人们已经伤痕累累的心。

可是，王勃这首诗却一反常态。他改酸楚为豪放，变离愁为勉励，情意浓厚而别语不悲，气势浩大而波澜不惊，一股积极处世、昂扬乐观的精神直抵心间。这就是王勃的姿态，一个披荆斩棘、始终向前的少年。

乾封二年（667年），十八岁的王勃在沉淀中迎来了机会，唐高宗征召他进沛王李贤的府邸担任侍读兼修撰一职。侍读品级虽说不高，却因受皇帝、皇子的信赖，升之机格外多，前途无量。

而李贤就是后来的章怀太子，当时的他也只有十几岁，年龄与王勃相仿，除却明面上的君臣关系，私下里二人更是无话不谈的好友。

自身的惊世才华，加上统治者的青睐有加，无论从哪个角度看，历史都已经给王勃铺就了一条花团锦簇的大道。如果一切顺利，他很可能成为李贤的"房玄龄"或"魏征"，从而开创一番事业，名垂青史。

但是，接下来的王勃，用自己急转直下的人生际遇告诉所有人，福祸相依才是常态，这世间有太多的不确定性。而在人生的十字路口，一旦走错所要付出的代价，也许要用一生来偿还。

总章二年（669年）的春夏之交，五月的长安风暖云丽、春和景明，沛王李贤欲迎战英王李显提出的斗鸡角逐。王勃见他摩拳擦掌、跃跃满志的样子，觉得有点可爱，也为自己能遇到这样的"领导"感到庆幸。

斗鸡在中国历史上是一个源远流长的娱乐方式，后来斗鸡还牵扯到了赌博，所以当时出现了一个现象：很多人变卖房产，去买一只优良的斗鸡。只要这只斗鸡赢上几轮，基本上就可以回本甚至盈利。在整个唐王朝，斗鸡是社会各阶层都非常喜欢的一种娱乐方式。

（陕西师范大学教授　于赓哲）

随着时间的推移，斗鸡逐渐发展为一种具有成熟规则和仪式的竞技活动，在唐朝繁盛时期，斗鸡活动的热度也达到了巅峰。不知是李贤故作矫情，抑或是偶发兴趣，他让王勃为自己的鸡写一篇战斗檄文，为这只鸡造势。

回到住处，王勃将墨研好，抬头望向窗外的夜空，以他的文采应对此文轻松至极，略作构思，便从二十八星宿之列的"昴日鸡"着笔，锋芒所向，铮铮有声——《斗鸡檄》(《檄英王鸡》)完稿！风起云涌，惊心动魄。

> 盖闻昴日，著名于列宿，允为阳德之所钟。
>
> …………
>
> 两雄不堪并立，一息何敢自妄？
>
> 养成于栖息之时，发愤在呼号之际。
>
> …………
>
> 北晨而索家者有诛，不复同于庖畜；
>
> 雌伏而败类者必杀，定当割以牛刀。
>
> 此檄。

——王勃《斗鸡檄》节选

檄文经常会出现在战场上两军对垒的时候，正义的一方或者是自认为正义的一方，给对方的一个讨伐。王勃的文章这么一写，就好像站在沛王的角度讨伐周王（英王），容易让这哥儿俩不和谐，产生矛盾，甚至会让有些人产生不好的联想。

（郑州大学教授 王士祥）

这本是王府里的一首玩笑诗、游戏之作，大家看了大多付之一笑，但是在天子眼中，它是挑拨皇子们不合的罪魁祸首。沛王府繁华的背后，是弱肉强食的残酷竞争，在这里面的人，与其说是忠于沛王，不如说是忠于自己的野心。涉世未深又天赋异禀的王勃来到了王府，他天真地以为，只要让沛王开心，自己就会获得升迁。

殊不知这里俨然是另一个斗鸡场，里面的每一个人仿佛都是一只鸡，微微一笑，官场百态尽显无遗。于是，当王勃写下《斗鸡檄》的时候，沛王府里的文人们都露出了笑意。他们似乎都在赞赏王勃的文采，但不知道怎的，这篇檄文传到了唐高宗的案边。

说者无心，听者有意。唐高宗在文章的字里行间捕风捉影，"两雄不堪并立""见异己者即攻"……王勃笔下的斗鸡，尖利地啄伤了李治头脑里那根最为敏感的神经。一个性格温和的人一旦引爆脾气，就会变得失控，愤怒中的李治以蓄意挑拨诸王关系的罪名，将王勃赶出了沛王府。

纵观历史，皇子之间的关系向来是非常微妙的，斗鸡虽然是小事，可皇族幕僚挑拨皇子之间内斗，就触碰到了皇帝的底线。

唐朝自建国以来，兄弟之争至少有两次高峰，一次是"玄武门之变"，另一次则是唐高宗本人，也就是贞观十七年（643年）的太子位之争。当时太子位之争的主角，一个是太子李承乾，另外一个是魏王李泰，而晋王李治笑到了最后。亲身经历过至亲相残的唐高宗不愿意让自己的儿子们再次陷入这种争斗之中。

（陕西师范大学教授 于赓哲）

显然，通晓四书五经的王勃，并未参透自己的人生之道。在沛王府任职期间，他一如既往地展现自己杰出的业务能力，也一如既往地受赏。如果王勃每天兢兢业业地做好自己本职的修书工作，可能他的人生就不会这么早发生转折。

如果说才华是上天恩赐、与生俱来的，那经验就只能是后天经历无数挫折历练得来的，尤其是在风云变幻的官场。

可怜的王勃终究还是太年轻了，不懂得为官之道，虽然是应命之作，但丝毫不懂得避讳，在无意中触碰了政治禁忌。

王勃本心不坏，但是读这篇文章的唐高宗未必不多想：你本奉旨陪沛王读书，却写这篇文章让两个王子斗气，他俩不和就是将来的大唐不和。这就是缺乏政治敏感性。

（郑州大学教授 王士祥）

王勃被逐出沛王府后日渐消沉，幸亏有朋友的鼓励，他才稍得慰藉。为了抒发心中抑郁，他写下了一篇《夏日诸公见寻访诗序》。一开头，王勃就把自己坎坷不平的遭遇总结为"天地不仁，造化无力，授仆以幽忧孤愤之性，禀仆以耿介不平之气"。意思是说，天道冷漠，给我的性格不好，让我遭受了无妄之灾。这时候的王勃对自己并没有清醒的认识，这种自我、孤傲、偏颇的性格，决定了他接下来更悲剧的命运。

王勃"恃才傲物，为同僚所嫉"，仗着自己有本事，看不起同事，所以在工作中一定是一路坎坷、受人排挤、被人针对的。

（郑州大学教授　王士祥）

总章二年（669年）秋，二十岁的王勃带着疲惫与失意，看了看这个让自己红极一时的长安城，踏着萧瑟的落叶，拉开了南下游蜀的序幕。被逐出长安的他，此刻或许只能用"海内存知己，天涯若比邻"来尝试安慰自己落寞而又失意的心！

巴山蜀水一直是个怡情消遣的好地方。虽然王勃一路上放歌饮酒，留下了不少寄情山水的诗词，但始终抹不去他内心的悲伤。

第二节　三尺微命

王勃辞别长安，前往巴蜀，开始对其一生创作具有重要意义、持续三年之久的蜀中游历。入蜀之行对突遭重创的王勃而言，是在仕途困境、人生低谷中必须开启的一次自我放逐之旅，也是抚平其内心创痛的一次疗伤，有散心遣怀的精神作用。

相比长安的冷漠，蜀中民众对于王勃的到来十分热情。他一路走走停停，看遍了无数风景，体验了人生百态，诗歌创作也更加贴近生活、贴近心灵。

在这个地方，他看到了和京城长安、中原大地以及他的故乡完全不一样的美景，于是投入更多对山水的关注。原先他十六岁进朝廷后，走到哪儿都可以吹一辈子，现在没有机会了。所以他将注意力投入山水之间，哪怕去书写自己的委屈。但是，去写山水的时候，关注山水的时候，他并没有忘记曾经仕途的蹉跎，他依然在寻找机会。

（郑州大学教授　王士祥）

虽然美丽的风景使人愉悦，但是，他也清楚地认识到这只是暂时的解脱，孤独寂寞常常伴随其左右，这是每个在外的游子都挥之不去的梦魇。每到团圆的日子，王勃只能独身一人欣赏他乡的风景，的确是凄凉万分。

长江悲已滞，万里念将归。

况属高风晚，山山黄叶飞。

——王勃《山中》

咸亨三年（672年），漫行已久的王勃决定回到家乡，有许多事情必须去面对。在一次家乡的酒宴上，王勃得知朝廷为了寻求"礼乐之士"，要在冬季举办特考的消息。善于发现人才并大胆举荐，是大唐走向强盛的重要原因之一。

早有重归仕途之心的王勃，对这次特考十分重视。三年的游历使他成长了许多，自己还很年轻，不能因为一次打击而浪费了自身的大好才华。收起杂念，王勃一连写了好几封自荐书，渴望能为大唐建功立业。

可惜的是，他并没有收到应有的回复。

这次特考，没有让王勃获得一个满意的结果，因为当时特考的主考官主要是两位，一位是李敬玄，一位是裴行俭。李敬玄很早就听过王勃的大名，非常欣赏他，所以在李敬玄这里应该说问题不大，反对者主要是裴行俭。裴行俭是一个脚踏实地，靠着政绩和战绩，从基层走到如今位置的人物，所以他非常不喜欢像王勃这种个性的人。

（陕西师范大学教授　于赓哲）

在得知这些后，王勃为了改变他在主考官心中的形象，表明自己并非只有虚名，更具有泽福万民的才能，便写了一篇《上吏部裴侍郎启》。文中王勃建议改革文风，反对六朝以来的颓靡之气，强调文章的社会性，指出选拔人才不能偏重诗赋，而应注重明白国家大局的人，写得是豪情万丈、英气灼人。虽然文章生动深刻，但裴行俭还是觉得王勃不是自己心中的理想人选，只是对他有了更多的了解。

王勃从早年好友、时任虢州司马的陆季友的来信中得知：虢州（今河南灵宝）境内盛产草药。王勃学过医，对草药很有研究，读了友人的来信，他觉得有点意思，便求去虢州任职，后补授虢州参军一职。这是他第二次踏入仕途。此地远离庙堂，按理说会是王勃晋升的跳板，可谁又能料到，一个更大的灾难会再次降临到他身上。

咸亨三年冬，王勃来到了虢州，参军一职的工作对他来说十分顺手，闲暇之时，王勃有了更多属于自己的时间。与友人饮酒作诗、结伴采药，成了他日常生活的一部分，日子就这样悠闲地过去。一年多后，友人因官职调动，离开了虢州，这里又剩下王勃一人。

没有了朋友在身边护佑，王勃做事更加随性，常常不把当地官员和自己的上级放在眼里。同僚们早就对自恃才高、傲慢无礼的王勃心怀不满。王勃为人不擅隐藏情绪，喜怒哀乐都挂在脸上，加之愤世嫉俗的个性，稍不留神就会遭到他人的暗中算计。

咸亨五年（674 年），王勃上任虢州后的第三年，一天凌晨，几个官差敲开了他家的门，一群人二话没说，直接开始搜查，没一会儿就在偏房发现了一具尸体。经查证，这人名叫曹达，是一个犯罪后出逃的官奴。窝藏罪奴，本已是重罪，如今又杀人灭口，依大唐律法当斩。

无论是《新唐书》，还是《旧唐书》，对于王勃为什么要藏匿获罪官奴都没有解释，但字里行间似乎都在说王勃是被同僚陷害的。

不管真相如何，至少背后的那些人达到了目的：王勃要死了。

清朝有一个人叫姚大荣，他在《王子安年谱》里是认同王勃被陷害这件事的。在虢州任职的时候，王勃恃才傲物，把周围的同僚得罪了一遍，所以这一群人就给他做了个局。官奴曹达为了活命，跑到王勃这儿寻求庇护，谁知王勃还真帮他了。按照一般的思维逻辑，王勃那么大才能怎么能去做这么一件傻事呢？但是我看王勃这一生办的这几件事，跟小孩一样，有的时候不过脑子，所以有人给他做局陷害他，有这种可能性。

（郑州大学教授　王士祥）

上元元年（674年）秋，在虢州的大狱中，二十五岁的王勃神情颓然，早已没有了当年被众人追捧的光鲜，潮湿腐烂的气味弥漫在身旁，这种死亡的气息一直在提醒他，这一切都是真的。

不久前，王勃因杀人罪锒铛入狱，正等候秋后处斩。

入狱有一段时间了，但他总还是难以置信，为什么自己会落得如此下场？如果这是一场梦该多好！明天醒来依旧可以站在阳光下。

“王勃，时辰到了，该上路了。”

命运，像一只看不见的手，神奇的是，这只手总会导演出一幕幕精妙绝伦的戏。

走在行刑的路上，王勃绝望了。他想不到自己竟会以这种方式结束一生，以后也将会以杀人犯的身份被世人鄙夷。

就在一切已成定局时，一个小吏匆忙赶来，给王勃带来了一个起死回生的消息：唐高宗李治于当年（674年）八月改年号为上元，并大赦天下。这也许就是天意，唐高宗李治提拔了他，贬谪了他，又在冥冥之中救了他。

阳光洒在王勃的肩头，他感到一丝久违的暖意，一切还是这样美好。那种劫后余生的欣喜与庆幸也许只有真正从鬼门关走回来的人才明白。

王勃虽然大难不死，但是自己的父亲却受到牵连，被发配到交趾（今越南河内）做县令。

当时的交趾处在蛮荒、不开化的状态，完全是用来流放罪人的地方。如果是自己被流放到了交趾，可能王勃的难受程度还能稍微轻一点，问题是因为自己的缘故，父亲被贬到了交趾，可以想见王勃内心的煎熬。这件事也让王勃背上了极大的社会舆论压力。

（陕西师范大学教授　于赓哲）

背着"杀人"罪名的王勃，仕途基本被堵死了，一身的抱负也无处施展，家族的荣耀就这样断送在他手上，未来更是不知去往何处。想到那远赴交趾、年事已高的父亲，他更是悲怆。

上元二年（675年）秋，王勃乘船顺运河南下，走上了探望父亲的道路。而属于他的传奇，终于拉开了序幕。

九月初九，舟车劳顿的王勃，抵达了洪州（今江西南昌）。他听说这里的滕王阁将要举办一场盛会，便前去观摩。

当地长官阎伯屿拨款把破败的滕王阁修葺一新，所以才举办了那场宴会，而王勃刚好到场。

（陕西师范大学教授　于赓哲）

阎伯屿想借这场宴会，给自己的女婿造势。他让女婿提前写一篇文章，背下来，明天到场上再背写出来，这样一来，女婿就出名了。虽然是个局，但是怎么能把这个局做得天衣无缝呢？女婿就在那儿等着，一会儿轮到他的时候写就行了，在写之前，不管真的假的，咱得让让别人，结果其他人都明白是怎么回事，都推辞说写不了。让到王勃这儿，王勃就没客气：那我就写吧。

（郑州大学教授　王士祥）

此时的王勃压抑太久了，等待着释放与发泄，他要在此发出自己的呐喊，希望有人能够听到，也好给自己的仕途带来一丝希望。

于是，当众挥笔而书。

另一边，阎都督则非常生气，觉得王勃不懂人情世故，便假装更衣，离开了宴会，并叫人去看王勃写些什么，随时向他汇报。

仆人："豫章故郡，洪都新府。星分翼轸，地接衡庐。"

阎都督听到后笑说："老生常谈，不过尔尔。"洪州以前是汉代的豫章郡，阎都督认为这只是交代了地点，没什么稀奇的。

当王勃写到"台隍枕夷夏之交，宾主尽东南之美"时，阎都督额头才舒展起来，心想这王勃还算懂礼，知道把在座的人都夸一夸。

而当仆人报到"鹤汀凫渚，穷岛屿之萦回；桂殿兰宫，即冈峦之体势"时，阎都督多少有些惊讶，但也只是觉得比一般人写得好一点而已。

这时的王勃完全沉浸在创作的意境中。

他望着栏外远处，眼见江天一色，霞染金翅，随手提笔"落霞与孤鹜齐飞，秋水共长天一色"！此句一出，满座皆惊，阎都督也完全为王勃的才华所折服。

文中所有的美好在王勃看来都"盈虚之有数"，想起自己十六岁入仕，本以为要平步青云，结果却因一篇《斗鸡檄》被逐出长安，在陌生的蜀地漂泊多年，后在虢州又因一场官奴案而毁了前程，差点性命不保。

"关山难越，谁悲失路之人？萍水相逢，尽是他乡之客。"这是一种怎样的寂寥和孤独？人生不如意事十之八九，我们又该如何去面对呢？

"冯唐易老，李广难封……孟尝高洁……阮籍猖狂"，尽管这些人有才华、有名望、有思想，但仍然"时运不齐，命途多舛"。而我王勃又何尝不是这样？如今也只能期盼再次遇到伯乐。

"老当益壮，宁移白首之心？穷且益坚，不坠青云之志。"虽然再次被朝廷重用的希望很渺茫，但身为一个读书人，又怎能放弃理想和情怀，混混沌沌过一生呢？至少我王勃不会！

"勃，三尺微命，一介书生。"本来自己在人生规划中，想为国家建功立业，想去实现自己的愿望，想去做出自己的努力，结果通通做不到了。文章里都是失落。一个人、一个个体在大时代面前，往往是被裹挟着走的。

在王勃的笔下，你会发现，他也是一粒小石子。

（郑州大学教授　王士祥）

时隔一年，探望父亲之后的王勃从交趾返回，时值盛夏，风高浪急，他不慎跌入海中，虽被救上岸，却终因惊悸而死，年仅二十七岁。

这样的死法似乎并不符合王勃大诗人的身份，但品读过他的一生，我们也许会明白，他的惊悸里不只有溺水的恐慌，还有对人生的无助，对政治的畏惧。

王勃虽是天纵之才，却终逃不过笼中戏弄。后人只笑他是被吓死的，却不知天才高处不胜寒，这寒光亦能杀人。

王勃可能会说："若从头再来，我只愿做一书生，写写诗词，著著文章，如果累了，就在长安街头的酒馆中，一醉不起！"

这年冬天，在长安城的大街小巷里，人人都在传阅着《滕王阁序》。在那个李白还没诞生的年代，它刷新了当时唐朝人对文字的想象力。

卧病在床的唐高宗李治读到这篇文章时也大为惊叹，他仿佛又看到了那个十年前给自己惊喜的天才少年，有了将王勃重新召回身边的想法。当侍从告诉他王勃已于不久前去世时，李治沉默良久，不知是否为当年斗鸡事件所做的决定而后悔。

人事有代谢，往来成古今。鹿门山的草木岁岁枯荣，江湖风波浩渺，"一生不羁爱自由"的孟浩然已经走进历史的深处，但他留下的那些清新灵动的诗句，却轻拂起山水田园的清雅之风，飘散至今。我们愿意相信，当诗人转身走向他深情爱着的山水田园时，某种程度上，他的欢喜与忧愁，与我们如出一辙。

第三章　孟浩然

吾爱孟夫子，风流天下闻

第一节　幽人自来去

公元 689 年，孟浩然出生在襄阳岘山脚下一个书香之家。秉承儒学家风，父亲为他取名浩，字浩然。

根据孟浩然留下来的一些文献，他们家应该是从东汉末年南下到的襄阳，他家应该是孟子的后代，既然是孟子的后代，那必然就沿袭正统的儒家家风。

（郑州大学教授　王士祥）

孟浩然出生后的第二年，武则天改唐为周，自封圣神皇帝，由此登上了她梦寐以求的皇帝宝座。然而，神都洛阳朝堂的动荡，并没有影响孟浩然的生活。在岘山之下、襄水之畔，孟家有片园宅，取名为涧南园，也称南园。

弊庐在郭外，素产唯田园。
左右林野旷，不闻朝市喧。

——孟浩然《涧南园即事贻皎上人》节选

据孟浩然诗中描写，涧南园依山傍水，林野开阔，房屋四周有成片的竹林和水塘，顺着门前的汉水，可以直接舟行至鹿门山脚下。

相对殷实的家境，让孟浩然从童年起就受到了良好的教育。秉承儒学家风，年青一代科举中第、步入仕林，是孟家父辈最大的心愿。因此，青少年时期的孟浩然，大部分的时间都和弟弟洗然一起，在涧南园里闭门读书，为科举考试做准备。

读书之余，孟浩然便和几个知己好友，奔走于襄阳一带，游山玩水、畅叙理想。

> 吾与二三子，平生结交深。
> 俱怀鸿鹄志，共有鹡鸰心。
> 逸气假毫翰，清风在竹林。
> 达是酒中趣，琴上偶然音。
>
> ——孟浩然《洗然弟竹亭》

身边的山水田园，拂动滋润了孟浩然心中的诗意情境，成为他诗歌立意的最早启蒙。然而，山水之外，少年心中闪耀着的志向与理想，仍然是入仕、建功。

神龙元年（705 年），孟浩然已经十七岁了，就在这一年正月，大唐王朝迎来了一次改天换地的巨变。此时的武则天已经八十二岁，病情严重、生命垂危。以宰相张柬之为首的五位朝廷要员，趁机发动兵变，率禁军冲入宫城，杀死武则天男宠张易之、张昌宗，逼迫武则天退位，史称神龙政变，又称五王政变。

政变发生的第四天，唐中宗李显复位，随即复国号为唐，复以长安为京畿，一切恢复唐朝旧制。消息传到襄阳，孟浩然欢欣鼓舞，李唐匡复，百废待兴，孟浩然觉得自己振羽翻飞、为国效命的时候到了。

十七岁，正是意气风发的年纪，此时的孟浩然，正对未来充满无限想象。

神龙二年（706 年），

孟浩然和同乡的几位学子跃跃欲试，准备参加李唐匡复后的科举考试。在县试中，孟浩然轻松登上榜首。就在他满怀信心等待下一次考试时，一个人的去世，彻底影响了孟浩然的人生方向。

这个人是张柬之。

张柬之曾经在武周被推翻、李唐复国的过程中起到了领导性的作用，但是很明显，他在政治谋略方面还是犯了重大错误。张柬之在发动神龙政变的那一天，没有趁热打铁把武三思杀死，留下了他的性命。唐中宗有一个特点，就是绝对不愿意否定他母亲的武周王朝，当然也不可能否定他母亲本人，因此捎带着对武三思这样的武家后人都予以保护。在武三思、韦皇后等人的谗诟下，最后五王的下场都非常凄惨，或被流放，或被处死。

（陕西师范大学教授　于赓哲）

神龙政变后，张柬之遭到排挤，被免去宰相职务。为了避祸，他主动托病，以襄州刺史的名义回到家乡养老。对于家乡年轻的学子，张柬之满怀期待，为了勉励他们科考，特意在府邸安排了一次宴请。这是一次宾主尽欢的宴会，席间大家吟诗作赋、纵论朝政。

> 绮席卷龙须，香杯浮玛瑙。
> ………………
> 谈笑光六义，发论明三倒。
> ………………
> 荣辱应无间，欢娱当共保。
>
> ——孟浩然《襄阳公宅饮》节选

张柬之对孟浩然的才华赞赏不已，孟浩然对这位家乡的长者亦十分敬仰。

在唐朝，如果想参加科举，一般来讲就是两条路，一条路是"生徒"，另外一条路是"乡贡"。所谓生徒是指从长安的国立大学毕业的，比方说国子监、太学等，这些机构收的学生，有一个前提条件，必须是官员之后；另外一个更宽广的渠道就是乡贡，即地方上的考试，或者是地方官非常欣赏你。

（陕西师范大学教授　于赓哲）

得到了张柬之的赏识，孟浩然继续为即将到来的府试做着准备。他踌躇满志，想要一举夺得参加长安进士考试的入场券。然而，就在孟浩然潜心备考的日子，大唐的都城长安，风云再起。

神龙二年（706年）五月，随着武则天去世，把持朝政的韦后、武三思等人担心皇上李显重新提拔重用匡复的勋臣，于是勾结起来，对张柬之等人进一步诬陷。就这样，八十二岁高龄、已经告老还乡的张柬之被罢黜爵位，被迫离开襄阳，贬为新州（今广东新兴）司马，两个月后又被当作犯人流放泷州（今广东罗定）。同年七月，这位匡复李唐的一代名相，因年迈体衰，含恨死在被流放泷州的路上。

噩耗传回襄阳，孟浩然对奸佞把持的朝廷感到愤怒和失望。在他的理想中，朝廷应该政治清明。离九月府试越来越近，功名已经遥遥在望，孟浩然却觉得这样的考试对他来说已经没有意义了。昏庸之世，为了国家清明，必须有人挺身而出，表达抗议。

在这种想法的驱使下，孟浩然做出了一个惊人的举动——罢试。

孟浩然公然宣称罢试的举动，在襄阳引起了轰动。父母亲人甚至当地的官员，全都跑来百般相劝，孟浩然却始终不松口，甚至放言，自己闭门读书十年，只为明志，非为求仕。

就这样，在十八岁的年纪，孟浩然为自己的人生做了一次诗意却任性的决定。当中年的孟浩然为仕途南北奔波时，是否为当时的选择而后悔？

对此我们不得而知，但在当时，年少的孟浩然，几乎是欢喜沉醉地投入了他选择的生活——隐居山林。

据记载，东汉末年，襄阳曾有一位著名的隐士庞德公，因大才，久负盛名。他曾评价诸葛亮为"卧龙"、庞统为"凤雏"，令二人名扬天下。相传，荆州刺史刘表数次召请庞德公入幕府，均被拒绝。为避世，庞德公携妻子进鹿门山，托言采药，一去不返。从此，鹿门山便成了人们理想中的隐居所在。为了追慕庞德公，孟浩然搬到了鹿门山，在那里过起了观竹溪、听鸟鸣，日日和清泉流水做伴的生活。

> 昔闻庞德公，采药遂不返。
> 金涧饵芝术，石床卧苔藓。
>
> ——孟浩然《题鹿门山》节选

> 山寺钟鸣昼已昏，渔梁渡头争渡喧。
> 人随沙岸向江村，余亦乘舟归鹿门。
> 鹿门月照开烟树，忽到庞公栖隐处。
> 岩扉松径长寂寥，唯有幽人独来去。
>
> ——孟浩然《夜归鹿门歌》

黄昏来临，江边渡头喧嚣，村民们各自上岸还家，唯孟浩然超然出世，独自归往鹿门山。

孟浩然学习道家文化，应该说是对儒家文化的一种补充，是精神上的一种补充。道家文化所倡导的自然无为，正好和山水文化契合起来。跟他们来往的时候，从孟浩然的诗句里看，更多的是喜欢他们的生活方式，所以他这个"隐"，只是对生活方式的选择。

（郑州大学教授　王士祥）

一次，孟浩然约了朋友丁大一同在僧人的山房夜宿，丁大没有按时践约，于是，在烟霏弥漫的松萝小径，孟浩然静静地抱着琴等待，凉生松月，清听风泉。

夕阳度西岭，群壑倏已暝。

松月生夜凉，风泉满清听。

樵人归欲尽，烟鸟栖初定。

之子期宿来，孤琴候萝径。

——孟浩然《宿业师山房期丁大不至》

事实上，从十八岁到二十八岁，长达十年的时间，除了读书，孟浩然一直流连于湖北一带的山水风光，频繁与禅师、道士相交，过着遁世脱俗的生活。

神龙三年（707 年），十九岁的孟浩然，因罢考在襄阳声名远播。与此同时，有一个从郢州（今湖北钟祥、京山一带）来到襄阳的歌女，因其绝美的容貌、出色的才艺，在襄阳声名鹊起。这个女子姓韩，或许是因为客居襄阳的缘故，她为自己取了个艺名，叫韩襄客。才子，佳人，一相逢便胜却人间无数。

只为阳台梦里狂，降来教作神仙客。

——孟浩然《赠韩襄客》节选

初春，孟浩然约韩襄客到汉江漾舟，小船逆行水上，四周清波荡漾，满眼胜色美景。

羊公岘山下，神女汉皋曲。

雪罢冰复开，春潭千丈绿。

轻舟恣来往，探玩无厌足。

波影摇妓钗，沙光逐人目。

倾杯鱼鸟醉，联句莺花续。

良会难再逢，日入须秉烛。

——孟浩然《初春汉中漾舟》

从初春到盛夏，两人日渐情浓。然而婚姻之事，父母之命，门第与身份的悬殊横亘在两人之间。终于，韩襄客决定离开襄阳，要回郢州去了。

站在送别的桥头，孟浩然愁肠百结，过往相知的画面，一遍遍地展现在眼前。在两难之间，孟浩然百思无解。

秋空明月悬，光彩露沾湿。

惊鹊栖未定，飞萤卷帘入。

庭槐寒影疏，邻杵夜声急。

佳期旷何许，望望空伫立。

——孟浩然《秋宵月下有怀》

就在孟浩然日日空自焦急时，回到郢州的韩襄客一次次回绝了前来求亲的人。怀着对孟浩然的依恋，韩襄客写了一封信寄给他：

摽有梅，其实七兮。求我庶士，迨其吉兮。

摽有梅，其实三兮。求我庶士，迨其今兮。

摽有梅，顷筐塈之。求我庶士，迨其谓之。

——《诗经·召南·摽有梅》

这是《诗经》中一首借梅喻情的古诗，写一个古代女子把自己比作树上的梅子，盼望着心仪之人快快请媒人登门，共结良缘，千万不要错过最后的机会。

收到韩襄客寄来的情诗，孟浩然终于下定了决心。相传，他找到了与父亲有文墨之交的桓子，请桓子前往涧南园为自己与韩襄客保媒，并恳请他在父母面前隐瞒韩襄客歌女的身份。

出于对桓子的信任，孟浩然的父母很爽快地答应了这门亲事，选定吉日，让桓子代表孟家前往郢州提亲。想到很快就能与心仪之人缔结连理，孟浩然激动不已，写下了一首诗：

> 闻君驰彩骑，躞蹀指南荆。
>
> 为结潘杨好，言过鄠郢城。
>
> 摽梅诗已赠，羔雁礼将行。
>
> 今夜神仙女，应来感梦情。
>
> ——孟浩然《送桓子之郢成礼》

婚事初定，就在孟浩然和韩襄客满心欢喜等待一步步完成婚姻程序时，波折还是不可避免地发生了。孟浩然的父母最终知晓了韩襄客歌女的身份，对这门亲事断然拒绝，逼迫孟浩然退亲。

苦苦相求不成后，孟浩然选择了离家出走。他只身前往韩襄客的老家郢州，在那里与韩襄客成婚。不久，儿子仪甫出生。之后，孟浩然一直往返于郢州和襄阳。

事实上，关于孟浩然和韩襄客的婚事，历史上并无确切记载可考，孟浩然的妻子是否另有他人也无法考证。但人们愿意相信，这段美好的爱情故事会合理地发生在孟浩然的身上。

关于孟浩然的婚事，史书上没有很明确的记载，有的只是一些民间的传说、故事。

（《孟浩然研究文集》主编　刘阳）

孟浩然和韩襄客的故事体现了孟浩然的个性，他可以打破当时世俗的偏见。我喜欢就喜欢了，不符合门第也没关系，跟现在年轻人的恋爱观有些像。他是有一些现代的意识了，所以说孟浩然谈恋爱很超前。

（襄阳市孟浩然研究会顾问　姜家林）

仕与婚，人生最重要的两件大事，孟浩然都辜负了父母的期望，却坚定地忠于自我。然而，红尘自有波澜，在长达十年灌蔬艺竹、漫翻书卷的日子里，在鹿门山无数个清晨与黄昏中，深藏于孟浩然心底的理想从未停止涌动。

或许在山水田园之外，他还可以换一种活法。

第二节　欲济无舟楫

唐睿宗景云二年（711年），孟浩然二十三岁。这一年的七月，他的好友张子容打算结束隐居生活，自襄阳入京赴举，前来同孟浩然告别。

> 夕曛山照灭，送客出柴门。
> 惆怅野中别，殷勤醉后言。
> ——孟浩然《送张子容进士赴举》节选

送别好友，孟浩然心里惆怅。离开襄阳的第二年，张子容便中了进士，不久后到晋陵赴任。事实上，在鹿门山隐居期间，原本与孟浩然交好、一起隐居的朋友们，因为入仕，都一个个离开了襄阳。独守在自己的草庐内，安静闲适之外，孟浩然的心中开始隐隐流露出迷茫和彷徨。

春眠不觉晓，处处闻啼鸟。

夜来风雨声，花落知多少。

——孟浩然《春晓》

这首广为人知的小诗，大约写于孟浩然隐居鹿门山时。在清新自然中，流露出的却是诗人惜春的忧郁——时光流逝而自己却空有抱负。在写于同时期的《与诸子登岘首》一诗中，诗人的感慨愈加深沉。

人事有代谢，往来成古今。

江山留胜迹，我辈复登临。

水落鱼梁浅，天寒梦泽深。

羊公碑尚在，读罢泪沾襟。

——孟浩然《与诸子登岘首》

就在孟浩然对隐居生活渐渐感到彷徨时，大唐王朝的皇权，在经历了一次腥风血雨的洗礼之后，来到了唐玄宗李隆基的手中。大唐开始一步步迈入安定、富足的开元盛世，勇往直前的时代气魄彻底激荡起孟浩然心中一直存在的出仕之心。他觉得自己不能再固守山水田园，为了建功立业，他要寻找新的出路。

湖南岳阳，自古而今，一水一楼联袂出场，气吞山河。九百多年前，范仲淹为此留下了千古名篇；一千二百多年前，年迈的杜甫漂泊至此，凭栏远眺，身世之悲，国家之忧，浩浩荡荡如江水。

昔闻洞庭水，今上岳阳楼。

吴楚东南坼，乾坤日夜浮。

亲朋无一字，老病有孤舟。

戎马关山北，凭轩涕泗流。

——杜甫《登岳阳楼》

而早在杜甫之前，岳阳楼扬名天下却是因为一封求职信。

唐开元四年（716年），宰相张说谪守岳阳，对古城楼进行了扩建，此后，岳阳楼逐渐定名。据记载，在岳州任刺史期间，张说经常广邀群贤，在岳阳楼举办"诗酒笔会"。这年秋天，已经二十八岁的孟浩然，在襄阳得知此事，毅然离开家乡，来到了这里。

在岳阳楼上，孟浩然遥望烟水浩渺，写下了著名的《望洞庭湖赠张丞相》，希望以此诗投刺张说，希求汲引。

八月湖水平，涵虚混太清。
气蒸云梦泽，波撼岳阳城。
欲济无舟楫，端居耻圣明。
坐观垂钓者，徒有羡鱼情。

——孟浩然《望洞庭湖赠张丞相》

这是孟浩然最负盛名的诗作之一，千百年来，无数的诗词评论家无不赞叹其"起法高浑而气概横绝"。

然而，在巧妙描绘出洞庭湖的景色后，诗人却陡然转折，道出自己躬

逢盛世却隐居无为的惭愧，用不卑不亢的态度向张说表达了自己想要有所作为却欲济无舟的心境，希望能够得到贤达的引荐。

举荐的好处是什么？就是重磅级人物直接把你举荐到皇帝面前，皇帝肯定会对你高看一眼。所以如果能够通过这条路跻身仕途的话，那前途一片光明。不过这条路也是成功概率最小的、最不容易的，最考验一个人的才华，显然孟浩然是有这种自信的。

（陕西师范大学教授　于赓哲）

从山林走入江湖，孟浩然的选择既坚定又挣扎。然而，在当时，这封最具诗意的求职信，并没有给他期待的仕途带来任何帮助。

孟浩然将诗献呈张说后，张说如何评价这首诗，我们已经无从知晓。但正是因为这次干谒，孟浩然的诗名得以彰显流传，开始"有声于江楚

间"。之后不久，孟浩然又回到了襄阳，继续在涧南园里等待机会。

孟浩然去干谒张说的时候，张说是岳州刺史，正处于人生的低谷。首先他心情本来就郁闷，第二他可能有很多的顾忌，自己刚刚在政治斗争中落败，而且自己背负的一大罪名就是结党营私。这个时候张说再去推荐别人，可能就会落人话柄，说此人到了地方上还是不老实，还是那老毛病，所以，孟浩然就只能失望而归了。

（陕西师范大学教授　于赓哲）

开元七年（719 年），孟浩然已经三十一岁了，仕途仍然没有起色。在《田园作》一诗中，他叹息自己空度时日、功业无成，只靠种植众多果树养家糊口，清早起来常常独自感怀，白天坐着也不能解悟。

> 卜邻近三径，植果盈千树。
> 粤余任推迁，三十犹未遇。
> 书剑时将晚，丘园日已暮。
> 晨兴自多怀，昼坐常寡悟。
>
> ——孟浩然《田园作》节选

重重的烦恼和整日的忧郁，使得孟浩然生了一场大病，从秋末一直到第二年暮春，病情都未见好转。隐居的孤寂，加上疾病的折磨，让孟浩然更加难耐，他想念起在晋陵为官的好友张子容。

在写给张子容的信中，孟浩然表述了自己对命途不通的忧虑。

> 南陌春将晚，北窗犹卧病。
> 林园久不游，草木一何盛。
> …………
> 常恐填沟壑，无由振羽仪。
> 穷通若有命，欲向论中推。
>
> ——孟浩然《晚春卧疾寄张八子容》节选

在那个时代，中国的文人有一个集体的宿命，就是学而优则仕，到了一定的年龄就要走上仕途的，至少要争取这个机会。孟浩然已经三十二岁了，所以他就想：留给自己实现抱负的时间不多了。隐和仕的矛盾，其实还是他的本心和中国文化传统赋予中国文人的责任，两者之间的纠葛及冲突。

（郑州大学教授　王士祥）

幸而，人生的处境，并不总会一成不变。

就在孟浩然对前途感到迷茫时，张说的处境开始好转。他先是被召回长安，接着被派往幽州督军，因平定北方边患，屡立军功，被召回长安任兵部尚书。开元十一年（723年）四月，两度罢相、经历宦海沉浮的张说，第三次登上宰辅之位，大权在握。终于，他想起了在岳阳楼上曾给他写诗求举荐的孟浩然。

同年十一月，在张说的大力举荐下，唐玄宗召孟浩然入京。这是孟浩然人生中第一次去往长安，此时，距离他写下那首著名的干谒诗《望洞庭湖赠张丞相》，已经过去了七年。

迢递秦京道，苍茫岁暮天。

穷阴连晦朔，积雪满山川。

落雁迷沙渚，饥鹰集野田。

客愁空伫立，不见有人烟。

——孟浩然《赴京途中遇雪》

孟浩然真正的内心是不愿意出仕做官的。

（《孟浩然研究文集》主编　刘阳）

他放不下自己的情怀，同时也放不下仕途对自己的诱惑。人生有时候就是这样，鱼与熊掌不可兼得。

（陕西师范大学教授　于赓哲）

开元十二年（724年）初秋，在长安的秘书省，一场即景赋诗的联句诗会正在进行，参与者都是雅擅文墨的朝廷官员，不少已在诗坛声名显赫。诗会的组织者正是第三次登上宰辅之位的张说。因擅长文辞，加之官高位显，张说被当时的文人雅士尊为泰斗。

酒过三巡，在众人邀请张说联句时，他却转向身旁一人，示意其登场一试。这个人正是孟浩然，此时他正逗留长安，等待唐玄宗的召见。在张说的示意下，孟浩然缓步出席，望向庭院，随口吟出了两句"微云淡河汉，疏雨滴梧桐"。

这两句诗体现出来的特色，我们可以称为清雅、清淡、自然，这两句诗很自然地把我们带进了一个场景。

（郑州大学教授　王士祥）

想象一下，天边正缀着几缕薄云，残留在树梢的雨水不断地滴落，敲打在梧桐叶上……云不仅仅是微云，还似有若无，所以才"淡河汉"。河汉就是我们常说的银河。雨点是稀稀疏疏的，轻轻悠悠地滴落在梧桐叶子上的。

（襄阳市孟浩然研究会原会长　孟凡）

据记载，这次秘书省赋诗联句，孟浩然写罢，举座皆赞叹其清绝，无人敢再去案前提笔了。就这样，三十六岁以布衣身份入京的孟浩然，在长安声名大噪。而此时，比他小十二岁的王维、李白，一个因"黄狮子舞"案被贬济州，一个尚在蜀中不曾"仗剑去国"，而杜甫还只是一个十来岁的小孩。

然而，这次秘书省赋诗联句给他带来了名声，却没有给他的仕途带来任何现实的改变。因张说举荐，又是奉召入京，孟浩然在京城逗留了近一年，却没有等来想象中平步直上的机会。

相传，孟浩然这次在长安的失利，与一首念错的诗有关。在《新唐书》中记载了这样一个故事：一日，王维邀请孟浩然去内教坊讨论诗赋，不料唐玄宗突然到来。匆忙之间，孟浩然躲了起来，王维坦然告知玄宗。

唐玄宗对孟浩然的才华早有耳闻，于是命孟浩然上前，令他诵读自己的诗作。本该述说理想抱负、家国情怀的场合，孟浩然却念了一首不应念的诗：

北阙休上书，南山归敝庐。

不才明主弃，多病故人疏。

白发催年老，青阳逼岁除。

永怀愁不寐，松月夜窗虚。

——孟浩然《岁暮归南山》

据《新唐书》记载，当孟浩然念到"不才明主弃"的时候，唐玄宗很不高兴，说道："卿不求仕，而朕未尝弃卿，奈何诬我？"

> （王）维私邀（孟浩然）入内署，俄而玄宗至，浩然匿床下。维以实对。帝喜曰："朕闻其人而未见也，何惧而匿？"诏浩然出。帝问其诗，浩然再拜，自诵所为，至"不才明主弃"之句，帝曰："卿不求仕，而朕未尝弃卿，奈何诬我？"因放还。
>
> ——《新唐书·文艺传》

就这样，孟浩然被放还南山，一句"不才明主弃"，浪费掉了他一生最接近权力的机会。

《新唐书》中这段牵涉到唐玄宗、王维的记载，被历代诗话家、方志家、小说家等进行了不同版本的渲染，广为流传。然而，对故事发生的年代和真实性，学术界历来多有争论。

> 这个事件有几个疑点。一个是版本多：《新唐书》《唐摭言》提到的另一个主人公是王维；问题在于《北梦琐言》提到的则是李白，李白在翰林院；而《唐诗纪实》里还有第三个版本，是张说。那我们就产生疑问了，因为这事看起来就特别符合段子的特点。皇帝要去哪里，一般都要事先通报的，打前站的侍卫、宦官一大堆，怎么可能皇帝跑到王维或李白这里，连门都不敲，一推门就进去了？这是不熟悉宫廷制度的人编的故事。
>
> （陕西师范大学教授 于赓哲）

或许，故事的真实性究竟如何，并不重要，出于对孟浩然高士形象的景仰和对他布衣终身的怜爱，人们愿意将其视作一段文学佳话，接受并传诵。在世人的印象中，孟浩然仿佛不该属于朝堂，而理应回归田园。

在长安逗留了近一年，孟浩然已经没有了来时的潇洒和自信，由当初的满腔热望，变得黯然失落。他唯一想做的，就是尽快离开长安。

开元十二年（724年）七月底，孟浩然告别长安，在朋友的建议下，他由秦入蜀，开始了漫长的旅途，希望能借山水来澄滤心中的涩意。年少读书隐居十年，在襄阳的山水田园中，孟浩然全然不识"冒湍险"为何物，此次旅途，他仿佛懂得了"历江湖"的艰辛。

由长江入峡后，因为思念家人，孟浩然给弟弟洗然写了一封信：

吾昔与尔辈，读书常闭门。
未尝冒湍险，岂顾垂堂言。
自此历江湖，辛勤难具论。

——孟浩然《入峡寄弟》节选

从襄阳到长安，又由秦入蜀，漫游吴越，源于孟浩然对功名的渴望，广交朋友也是寻找进入仕途的机会。

（襄阳市孟浩然研究会原会长　孟凡）

这样一来，"历江湖"就有点意思了，和他一开始宅在家里看书，完全是两种生活状态，宅在家里看书可以不顾及任何人，但是"历江湖"，自然就走到了人与人的交往之中。

（郑州大学教授　王士祥）

经历了第一次入长安求仕的失败，这时的孟浩然，早已不是当年鹿门山中那位"幽人自来去"的孟浩然了。或许在他的内心深处，本能地喜欢山水田园，但追求仕途的脚步却不能停下。对他而言，这次"冒湍险"仅仅是开始，在接下来的岁月，他将继续在"历江湖"中上下求索。

第三节　平海夕漫漫

　　开元十四年（726 年），夏秋之际，孟浩然正在金陵一带漫游，一个年轻人知晓他的行踪后，慕名前来结识。这个年轻人叫李白，二十六岁，已经出蜀远游，满怀豪情壮志，刚刚在扬州散金三十万。对于年长自己十二岁的孟浩然，李白倾慕不已，两人的邂逅让他欣喜若狂。

　　唐朝年间，瓦屋山曾是著名的道教圣地。开元十四年，孟浩然和李白在金陵一带相识后，曾一路同游至此。在溧阳县（今江苏溧阳）的北湖亭上，两人促膝而谈，山光水色之间，李白情思迸发，向孟浩然赠诗表达对他的景仰：

> 朝登北湖亭，遥望瓦屋山。
> 天清白露下，始觉秋风还。
> 游子托主人，仰观眉睫间。
> 目色送飞鸿，邈然不可攀。
> …………
> 壮夫或未达，十步九太行。
> 与君拂衣去，万里同翱翔。
> ——李白《游溧阳北湖亭望瓦屋山怀古赠同旅》
> （一作《赠孟浩然》）节选

　　李白一生写给孟浩然的诗，留下来的共有五首。对于盛唐诗人，曾有人戏言，杜甫心中只有李白，李白心中只有孟浩然，而孟浩然的心中只有王维。虽是趣言，但也在一定程度上让我们窥见了这些天才诗人内心真正的喜好与向往。

　　李白为什么爱孟浩然？可能是因为两个人是一路人。李白也有孟浩然的特点。李白经不住仕途的诱惑，一辈子都想实现自己经邦济世的理想，想当个官。可能李白觉得孟浩然看得透，他是经历过之后看得透，孟浩然是没有经历就能看得透。

　　　　　　　　　　　　　　　　　（陕西师范大学教授　于赓哲）

孟浩然和李白同游完溧阳，已是深秋。李白欲北去，孟浩然则要南往越地。于是，二人就此分手，依依惜别。于两人的友谊，这次同游仅仅是开始，在以后的人生旅途中，他们还将多次相见，留下更多传世的佳作。

　　与李白分别后，孟浩然一路且走且游，由吴至越，登庐山、观钱塘海潮，又在道家名山天台山驻足停留，遍游胜景。开元十四年（726年）腊月，孟浩然终于自越州（今浙江绍兴）扬帆于海，前往永嘉，去看望他的好友张子容。在《岁暮海上作》一诗中，孟浩然记录了自己初次浮海时的心情：

> 仲尼既云殁，余亦浮于海。
> 昏见斗柄回，方知岁星改。
> 虚舟任所适，垂钓非有待。
> 为问乘槎人，沧洲复何在？
>
> ——孟浩然《岁暮海上作》

　　孟浩然自二十八岁离开襄阳，从写《望洞庭湖赠张丞相》开始，几乎常年奔波在各地，这种频率极高的奔波或者说漫游，主要目的就是寻找各种入仕的机会，所以，孟浩然也并非我们理解的那种隐逸诗人。

（襄阳市孟浩然研究会原会长　孟凡）

　　孟浩然一路东行，终于赶在岁末到达了永嘉，见到了好友。自景云二年（711年）在襄阳送张子容入京赶考后，两人已有十五年未见。回忆当年在鹿门山一起隐居的日子，两人畅叙心怀。在张子容的府宅，孟浩然度过了这年的除夕：

> 畴昔通家好，相知无间然。
> 续明催画烛，守岁接长筵。
> 旧曲梅花唱，新正柏酒传。
> 客行随处乐，不见度年年。
>
> ——孟浩然《岁除夜会乐城张少府宅》

　　开元十五年（727年）仲夏，三十九岁的孟浩然，结束了历时三年的吴越漫游，回到了襄阳涧南园。然而，从越剡归来的孟浩然，并没有在游历江湖的过程中，寻得内心的解脱。相反，在漫游途中，孟浩然会了许多往日的朋友，他们或入仕或从军，而自己已经快四十岁了，却两手空空，一无所获，耕躬田园之余，对"无禄"的不甘开始在孟浩然心中剧烈地涌动起来。

在开元十六年（728 年）的大年初一，孟浩然写下了这样一首诗：

> 昨夜斗回北，今朝岁起东。
> 我年已强仕，无禄尚忧农。
> 桑野就耕父，荷锄随牧童。
> 田家占气候，共说此年丰。
>
> ——孟浩然《田家元日》

我们常说"四十不惑"，这时的孟浩然应该也想明白了：他应该投入社会，找个平台，实现自己的价值。这就是中国文化赋予中国文人的宿命。还有一个现实的原因，刚开始他们家从山东迁到襄阳，那时候家境还算可以，到了孟浩然这一代，应该是家道中落了，所以他这样做，可能是想振兴自己的家族。

（郑州大学教授　王士祥）

终于，在四十岁的这一年，孟浩然下定决心，不再被动等待举荐，他要主动博取机会。开元十六年七月中旬，孟浩然自襄阳启程前往长安，准备参加他人生中第一次进士科举。次年，四十一岁的孟浩然，正在等待放榜。在一首名为《长安早春》的诗中，孟浩然抒发了自己渴望金榜题名、荣归故里的心情。

> 鸿渐看无数，莺声听欲频。
> 何当逐荣擢，归及柳条新。
> ——孟浩然（一说张子容作）《长安早春》节选

然而，世事并不总能遂人愿。二月放榜，意外地，孟浩然落第了。遭遇进士落第的打击，心情寥落的孟浩然，整日空寂无事，沉重的思想压力让自感落魄的孟浩然几近崩溃，不久病倒在客栈。幸好，还有朋友王维时时劝慰。

科举失败、举荐未成，对于是否继续留在长安寻找机会，孟浩然开始犹疑。在长安客舍的墙壁上，孟浩然写下了一首诗：

> 久废南山田，叨陪东阁贤。
> 欲随平子去，犹未献甘泉。
> 枕籍琴书满，褰帷远岫连。
> 我来如昨日，庭树忽鸣蝉。
> 促织惊寒女，秋风感长年。
> 授衣当九月，无褐竟谁怜。
>
> ——孟浩然《题长安主人壁》

"欲随平子去，犹未献甘泉。"这两句用了汉代扬雄的典故。扬雄当年在汉成帝游甘泉宫的时候，专门献了一首甘泉赋，"犹未献甘泉"就是说我仍然没有成功。

（陕西师范大学教授 于赓哲）

这时候孟浩然的心情十分复杂，因为功名不遂，他想愤然离开长安还乡，却仍然心存献赋或可成功的侥幸心理，所以这首诗中失意、怨尤、伤感、不甘等种种心情交织。此时他是一种想归南山又想再试试看的矛盾心情。

（襄阳市孟浩然研究会原会长 孟凡）

开元十八年（730年）的初冬，孟浩然已经在长安逗留了近三年的时间，仕途仍然无望。带着满心的疲惫，孟浩然决定返回襄阳。临行之际，他向王维告别，王维一连写了两首诗相送。

> 杜门不复出，久与世情疏。
> 以此为良策，劝君归旧庐。
> 醉歌田舍酒，笑读古人书。
> 好是一生事，无劳献子虚。
>
> ——王维（一说张子容作）《送孟六归襄阳》

对于王维的劝告，孟浩然写了一首诗回赠：

寂寂竟何待，朝朝空自归。

欲寻芳草去，惜与故人违。

当路谁相假？知音世所稀。

只应守寂寞，还掩故园扉。

——孟浩然《留别王维》

　　王维劝孟浩然：既然如此，就说明你的内心已经做出了抉择，不如顺从自己的心性，回家好好看书，好好隐居，过自己的隐士生活。这劝告既是对孟浩然的了解，也是对当时他的境遇的一种判断。

（郑州大学教授　王士祥）

　　科考落第，一次次追求仕宦无成，还花光了家里的积蓄，孟浩然不知该用什么面目回去见家人，原野苍茫，迷茫和羞耻感交织在一起。走到南阳时，突然下起很大的雪，孟浩然竟感激起这雪来，与其说是阻碍，倒不如说为自己送来了借口，这样就可以徘徊在路上，不用归家。

我行滞宛许，日夕望京豫。

旷野莽茫茫，乡山在何处。

孤烟村际起，归雁天边去。

积雪覆平皋，饥鹰捉寒兔。

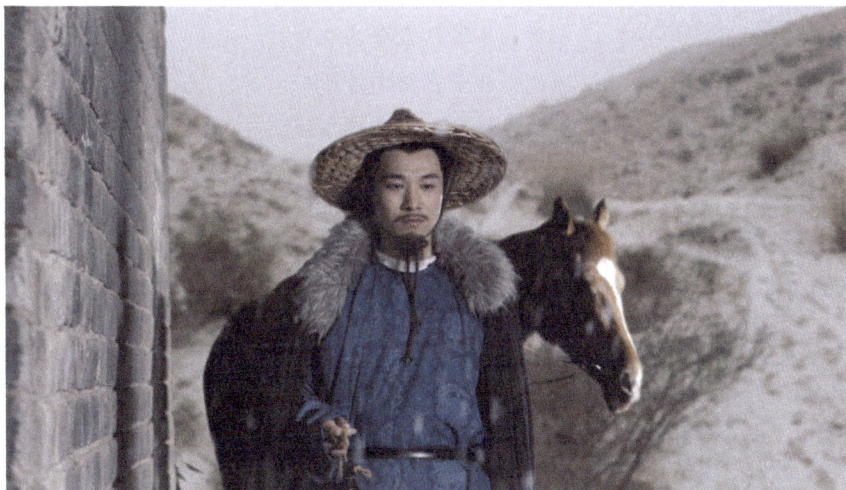

少年弄文墨，属意在章句。

十上耻还家，徘徊守归路。

——孟浩然《南归阻雪》

人的感情总是复杂的，无人能逃开别人的目光。回到襄阳涧南园的孟浩然，并没有如他写给王维的信中所说，"只应守寂寞，还掩故园扉"。与友人相聚、畅游后，回到草庐独处时，萦绕在他心中的，仍有对仕途的渴望。他还想做最后一次努力。

唐代的洛阳，因毗邻长安的特殊性和地理位置的重要性，一度成为李唐王朝的第二个都城。开元十九年（731 年）冬，唐玄宗因幸东都，使得文武百官齐聚洛阳，对当时的士子来说，无疑是一次极佳的干谒机会。

孟浩然获知这一消息，来到洛阳，准备碰碰运气，再次寻找机会。然而，令人遗憾的是，孟浩然此次洛阳之行，除了认识了些新的朋友，在仕途上仍然一无所获。他滞留洛阳，过起了"年年白社客"的生活。

我爱陶家趣，林园无俗情。

春雷百卉坼，寒食四邻清。

伏枕嗟公干，归山美子平。

年年白社客，空滞洛阳城。

——孟浩然《李氏园卧疾》

在洛阳的香山寺寻访故友僧人湛然时，孟浩然写了一首诗，抒发了自己对"真隐"的羡慕和向往，最后写道，自己愿"身世两相弃"，尽情地投入山林。

平生慕真隐，累日探奇异。

野老朝入田，山僧暮归寺。

松泉多逸响，苔壁饶古意。

愿言投此山，身世两相弃。

——孟浩然《寻香山湛上人》节选

开元二十一年（733 年）秋天，长安一带久雨成灾。孟浩然已经四十五岁了，十年求仕，他三次来到长安，六次滞留洛阳，均无果。疾病的困扰，加上秦中连绵的苦雨，孟浩然的仕进之心逐渐泯灭，陡生去意。

泪忆岘山堕，愁怀湘水深。

谢公积愤懑，庄舄空谣吟。

跃马非吾事，狎鸥宜我心。

寄言当路者，去矣北山岑。

——孟浩然《秦中苦雨思归，赠袁左丞、贺侍郎》节选

开元二十一年秋冬之交，孟浩然与洛阳和长安进行了永久的告别，沿途经开封涉水南下，再一次开始了山水寻吴越的漫游。

迢迢三十载，书剑两无成。

山水寻吴越，风尘厌洛京。

扁舟泛湖海，长揖谢公卿。

且乐杯中物，谁论世上名。

——孟浩然《自洛之越》

旅途漫漫，抛掉了仕进的烦忧，在山水田园间，一个风流高士孟浩然逐渐鲜活了起来。

经过游历才能感受到山川的温度、大江大河的壮美，孟浩然的灵感油然而生，诗情画意跃然纸上。

（襄阳市孟浩然研究会顾问 姜家林）

木落雁南度，北风江上寒。

我家襄水曲，遥隔楚云端。

乡泪客中尽，孤帆天际看。

迷津欲有问，平海夕漫漫。

——孟浩然《早寒江上有怀》

日暮时分，孟浩然乘坐的小舟停泊在烟雾苍茫的水中沙洲。原野空阔，远处的天空仿佛比树还要低；江水清澈，一轮明月映衬其中。理想幻灭，人生落空，无边的愁绪在孟浩然心中升腾、弥漫。

> 移舟泊烟渚，日暮客愁新。
> 野旷天低树，江清月近人。
>
> ——孟浩然《宿建德江》

有些孤独无法避免，但明月依旧在，惆怅总会消解。在襄阳，在涧南园里，还有"绿树村边合，青山郭外斜"的世外田园生活等待着孟浩然，那里，荷风正送来香气，竹露正滴出清响……

第四节　日暮空襄阳

开元二十三年（735 年）二月的一天，时任襄州刺史兼山南东道采访使的韩朝宗，正焦急地等待着孟浩然的到来。

就在不久前，唐玄宗下了一道诏令：凡"其才有霸王之略、学究天人之际、及堪将帅牧宰者，令五品已上清官及刺史各举一人"。出于对孟浩然才华的欣赏以及父辈的关系，韩朝宗将举荐的名额留给了孟浩然。原本，韩朝宗打算带孟浩然一起前往长安，约好了出发的时间，却左等右等不见孟浩然到来，焦急之下，只好派人去寻找。

此时的孟浩然，正同朋友一起喝酒，谈笑惬意，已然忘记了约定。面对来人的催促提醒，孟浩然却答：我现在酒兴正酣，哪里管得上其他！最终，未能赴约。

就这样，孟浩然错失了自己人生最后一次入仕的机会。

> 采访使韩朝宗约浩然偕至京师，欲荐诸朝。会故人至，剧饮欢甚，或曰："君与韩公有期。"浩然叱曰："业已饮，遑恤他！"卒不赴。朝宗怒，

辞行，浩然不悔也。

——《新唐书·孟浩然传》

有学者考证，这位让孟浩然剧饮欢甚、不惜爽约韩朝宗的朋友，可能正是李白。

开元二十三年春天，正在安陆白兆山隐居的李白，为了获得韩朝宗的举荐，来到襄阳，写下了著名的《与韩荆州书》："生不用封万户侯，但愿一识韩荆州。"

然而，李白渴望的机会就这样被孟浩然任性错过。从二十八岁写诗干谒，到三入长安，六次滞留洛阳，为了实现理想中的翻飞，孟浩然历尽江湖，付出了种种艰辛，然而当入仕的机会一再来临时，孟浩然却一次次做出了任性的选择。

放弃韩朝宗的举荐，很多人把孟浩然这一行为捧高成淡泊名利、好乐忘名，或是"诗人那可爱的任性"。也许他就是怕，他在逃避。他怕这一次又会像从前一样，遭到失败，把自己搞得一塌糊涂，他没有勇气再面对这样的打击。

（襄阳市孟浩然研究会原会长　孟凡）

那时候的孟浩然已经四十七岁，以当时中国人的平均年龄来看算是已经黄土埋脖了，之前又经历了种种打击，很可能已经看穿了，看透了，用今天的话来说就是"躺平"了。

（陕西师范大学教授　于赓哲）

韩朝宗荐孟浩然虽然遭到爽约，却也并没有理会李白的毛遂自荐。之后，李白辞别孟浩然，愤然前往江夏。不久，两人在江夏再次相会，李白写下了著名的《黄鹤楼送孟浩然之广陵》：

> 故人西辞黄鹤楼，烟花三月下扬州。
> 孤帆远影碧空尽，唯见长江天际流。
> ——李白《黄鹤楼送孟浩然之广陵》

我们无法想象，一千二百多年前，黄鹤楼上，两位诗人曾是怎样的风姿。他们依依惜别，或许还盼望着下一次再见。此后，李白继续游历、到处干谒，等待着命运之神的眷顾。而回到涧南园的孟浩然过起了荷锄而作、栽瓜种菜的田园生活，劳作之余，把酒言诗，闲适自在。此时的孟浩然，满腔惆怅已然消解，只留给世人一幅幅动人的山水田园图景。

山光忽西落，池月渐东上。
散发乘夕凉，开轩卧闲敞。
荷风送香气，竹露滴清响。
欲取鸣琴弹，恨无知音赏。
感此怀故人，中宵劳梦想。

——孟浩然《夏日南亭怀辛大》

夏天的傍晚，诗人悠闲地乘凉，想要取出鸣琴弹奏一曲，感叹没有知音欣赏，不由得怀念起老友。等到了入秋时节，孟浩然应邀到一户田家做客。这一天，阳光明媚，极目远眺，是一畦畦收割后的田地和错落有致的村庄，村落里鸡鸣犬吠，炊烟袅袅。

饭做好了，主人打开窗子，招呼大家围坐到桌边，醇浓的酒香和着鸡黍饭的鲜香一起飘散开来，一切都那么自然随意。众人临风把酒，洋溢着一种说不出的逸雅和欢畅。

故人具鸡黍，邀我至田家。
绿树村边合，青山郭外斜。
开轩面场圃，把酒话桑麻。
待到重阳日，还来就菊花。

——孟浩然《过故人庄》

在《唐诗杂论》中，闻一多曾评价"淡到看不见诗了，才是真正孟浩然的诗"。《过故人庄》不过是记录朴实的农家田园生活，千百年来，一代代的读者却从中感受到了"语淡而味终不薄"。

而这，或许正是孟浩然诗歌的魅力。

开元二十五年（737年）四月，荆州大都督府迎来了新的长史——张

九龄。在唐代，荆州大都督府的长史，主要负责军事相关工作，这是一个从三品的官职，地位仅次于都督，相当于荆州最高长官。然而，此次前来荆州赴任，张九龄的心情却郁郁寡欢。

开元之治功劳最大的大概就是三位宰相——姚崇、宋璟和张九龄。张九龄是著名的贤相，但在后期的政治斗争中落败了。史书说他尚直，比较耿直，这种情况之下，皇帝越来越不喜欢他。牛仙客事件后，张九龄彻底失去了皇帝的信任，被李林甫取而代之。

（陕西师范大学教授　于赓哲）

开元二十五年的秋冬，孟浩然离开襄阳来到荆州，看望张九龄。对孟浩然的到来，张九龄很是高兴，他把孟浩然留在都督府内做随行幕僚，由都督府负责为他开一份薪俸。虽然没有官职和品级，但这或许是孟浩然一生中离仕途最近的一份工作了。荆州地处长江流域，连年没有战事，张九龄到任荆州都督府长史之后，实际上并没有多少事情可做，乐得清闲。

起初，孟浩然在荆州每日陪张九龄游山访寺，登楼吟赋，生活过得惬意舒畅。

> 侧身聊倚望，携手莫同欢。
> 白璧无瑕玷，青松有岁寒。
> ——孟浩然《陪张丞相登荆州城楼，因寄蓟台张使
> 君及浪泊戍主刘家》节选

> 晚来风稍紧，冬至日行迟。
> 猎响惊云梦，渔歌激楚辞。
> ——孟浩然《陪张丞相自松滋江东泊渚宫》节选

> 迎气当春至，承恩喜雪来。
> 润从河汉下，花逼艳阳开。
> ——孟浩然《和张丞相春朝对雪》节选

然而，在荆州，张九龄并没有给孟浩然安排具体的事做。整日里除了吃吃喝喝之外，大多数时间，孟浩然都像个无所事事的闲人，时间一长，落寞之感便一点点爬上心头。他觉得这样待在荆州实在没有什么意思，与其这样，还不如回襄阳去栽瓜种菜，在山水田园中寻求心灵的安适。

就这样，在荆州不满一年，孟浩然告别张九龄，结束了他人生中有记载的唯一一份工作，返回了襄阳。早年云游吴越，几入帝京，孟浩然花了家里太多的积蓄，加上朋友甚多，据记载，遇到别人有难处时，孟浩然总是出手大方。到了晚年，仅仅依靠涧南园里田地和果园的收成，孟浩然常常捉襟见肘、手头拮据，有时喝酒都要在村上的店家赊欠。

"游不为利，期以放性，故常贫。""游不为利"是说他交朋友不是为了自私自利。就是他很任性，喜欢谁就是谁，愿意怎么做就怎么做，而且

他很重感情。

（襄阳市孟浩然研究会原会长　孟凡）

晚年，已经五十岁的孟浩然，重游鹿门山。依旧是连片的竹海，依然有潺潺的溪流，山风如咽，百鸟清啼，景色依旧。二十多岁隐居此处的孟浩然，尚有心境写下"幽人自来去"，此时却已经鬓白如丝、病痛缠身了。

> 隙驹不暂驻，日听凉蝉悲。
> 壮图竟未立，斑白恨吾衰。
> ——孟浩然《家园卧疾毕太祝曜见寻》节选

开元二十六年（738 年），孟浩然因卧病，开始避居在家中，好友纷至沓来，这也许是孟浩然人生最后的欢愉时刻了。开元二十八年（740 年）七月前后，久病初愈的孟浩然正在家中兴高采烈地招待着一位朋友。这位朋友是刚刚遇赦自岭南北归的王昌龄。

故友相见，相谈甚欢，酒宴的气氛异常热闹。桌上很久没有吃过的鱼鲜，挑动了孟浩然的味蕾。此时的孟浩然患有背疽，这是一种毒疮，虽然已经结痂，病将痊愈，但郎中曾一再告诫他不可食鱼鲜，要忌口。然而，酒宴上的孟浩然，正兴致盎然，完全将医嘱抛之脑后。

送走王昌龄后，孟浩然发起了高烧，后背开始痒痛难耐，疾病复发，郎中到时，已经太晚。不久，孟浩然在襄阳家中病逝，终年五十二岁。涧南园里，一夜风雨。

此后，王维来到襄阳，听到孟浩然已经去世的噩耗，禁不住怆然落泪，以诗凭吊：

> 故人不可见，汉水日东流。
> 借问襄阳老，江山空蔡州。
> ——王维《哭孟浩然》

在当时，无数人前往襄阳只为寻访、凭吊孟浩然，"孟襄阳"甚至成了他专属的名字。

孟浩然去世后，同乡一个叫王士源的人，担心孟浩然因未做官，史书上无法留下他的传记。出于对孟浩然的仰慕，王士源四处搜集他的诗稿，并将所得诗稿整理成集，取名《孟浩然集》。在诗集的序文中，王士源用极简的词句，记载了他眼中的孟浩然。"骨貌淑清，风神散朗，救患释纷，以立义表……文不为仕，伫兴而作，故或迟，行不为饰，动以求真，故似诞。"

王士源的意思是说孟浩然很有风骨、风格，不凡俗，据说孟浩然的身材是比较瘦高的类型；还说他做事情不虚伪，不做外表的装饰，待人、行事真诚，所以在世俗人看来，这个人太放浪了。

（襄阳市孟浩然研究会原会长　孟凡）

孟浩然的诗歌，历史上经多种版本流传补佚，现知有二百六十多首。其中，绝大部分为五言诗。在中国诗歌史上，陶渊明开田园诗之先，谢灵运肇山水诗之始，到孟浩然时，始将山水、田园结合起来，他和王维一起，使山水田园诗成为重要的诗歌流派，在盛唐独树一帜。

和王维相比，孟浩然的生活相对单调，没有进入官场，没有经历那么多的钩心斗角，他写山水，写得更多的是自然的山水。虽然有的时候他在山水里面看到了古人，想到了古人，诗中富有人文性，但他写的是自然山水，其中表现出孟浩然自己的心性、他生活中的欢喜。而王维呢，他是经历了官场的，隐居山水是他的政治态度。诗中都是自然山水，我们通过孟浩然的山水诗，看到的是道家的悠然、自然与无为，而王维的山水诗里，我们看到的是佛家的空灵。

（郑州大学教授　王士祥）

孟浩然一生都对自然之美有一种莫名的喜悦，他向往做一个不问世事、淡泊清雅的隐士，却被文人士子应该建功立业的时代思想所裹挟，用了半生的时光为仕途奔波。某种程度上，孟浩然有着和现代人最为契合的性情，他的欢喜与忧愁，与我们如出一辙。

　　人事有代谢，往来成古今。鹿门山的草木岁岁枯荣，江湖风波浩渺，孟浩然已经走进历史的深处，但他留下的那些清新灵动的诗句，却轻拂起山水田园的清雅之风，飘散至今。我们愿意相信，当诗人转身走向他深情爱着的山水田园时，他得到了诗中的那份释然，不必再频频回首。

> 下马饮君酒，问君何所之？
> 君言不得意，归卧南山陲。
> 但去莫复问，白云无尽时。

> ——王维《送别》

王维的天地很大很广，大漠风沙、号角连营；王维的天地很小很狭，小桥流水、山中人家。看似繁华的大唐正逐渐被腐蚀，他却发不出一点声音，最后也只能在复杂的官场里，守着自己的一方净土。以前的王维或许有很多东西放不下，仕途、家庭、理想；可走过大半辈子，停下脚步时他才发现，前方似乎没路了。

历千劫，始成佛

第一节　韶华

　　他是盛唐诗人中的诗佛，文人画家里的南山之宗；少年成名又状元及第，是王公贵族们的座上宾。他的诗中有绚烂的暖色，记录了盛唐长安的繁华；又有清寂的冷色，背负了千秋士人的高贵。

　　在人们眼中，田园生活就是他的憧憬和向往。殊不知，除了无可匹敌的才华外，王维这样的人在历史上并不讨好。他没有李白的敢爱敢恨，也没有杜甫的忧国忧民。他虽有自己的小世界，但又不敢全身心投入，在看遍人世间的繁华后，却是一无所有。

> 圣代无隐者，英灵尽来归。
>
> ——王维《送綦毋潜落第还乡》（一作《送别》）节选

　　神龙三年（707 年）春，七岁的王维正在接受规范化的贵族教育。聪颖早慧的他过目能诵，出口成章，诗文、书画、音乐，无一不了然于胸。在父母的教育和督促下，王维几乎掌握了所有的文艺技能，成了人们所羡慕的"别人家的孩子"。

　　论出身，王维是太原王氏，身份还是比较显赫的。中古时期的中国，讲究门第，那个年代有一个"五姓七家"。所谓"五姓七家"就是"崔卢李郑王"五个姓氏。"五姓七家"的地位相当显赫，显赫到何种程度呢？唐初很多宰相，向"五姓七家"求婚，想与其联姻，很可能被拒绝，因为人家的想

法很简单：你不过是政坛之新贵，你家门槛高，但你架不住我家门槛长。

（陕西师范大学教授　于赓哲）

大唐虽是个开放包容的国度，但入仕却要讲究门第出身，所以，一个高贵的出身非常重要。家族的底蕴，早已为王维铺好了一条成为主角的道路。因此，他的身上寄托着全家人的希望。

王维的母亲崔氏善良贤淑，自幼持戒食素，拥有一颗虔诚的佛心。据说在王维出生时，她梦见一位菩萨走进了房间，因此给孩子取名维，字摩诘。这在当时是一套十分"洋气"的名字，因为名和字是连起来的。这来源于一部佛教典籍《维摩诘所说经》，其中的维摩诘，是一位住家修行、法力高深的佛教居士。

王维的衣食住行都很朴素，尤其到了中晚年的时候，他说"中岁颇好道"，其中这个"道"指的就是佛家。他闲暇的时候经常和出家人聊聊天吃个饭，回家没事念个经，其实这都深受他母亲的影响。

（郑州大学教授　王士祥）

也许是上天的刻意安排，王维此后与佛很有缘分，特别是在他人生失意的时候，会一边寄情于山水，一边参悟佛法。

童年快乐的时光总是转瞬即逝，意外似乎总是比明天先来一步。这年秋天，王维的父亲去世了，家里失去了经济支柱，所有的重担都压在了母亲的肩头。那个时候，他们一家人已经从祁县搬到了河东蒲州（今山西永济）的娘舅家。

再大的家族也有一些破落户，很不幸，王维家这一分支，应该就属于那种家道中落的，尤其是在他父亲去世之后，困境更加明显。早年间可以说王维的出身、身份等级非常高，但是他本人，并不是我们想象中的官二代或者富二代的形象。

（陕西师范大学教授　于赓哲）

家庭的变故，使得身为长子的王维变得少年老成，无论生活的果子多么苦涩，他都得悄然咽下。读书、入仕，成了那个时期王维的梦想。

开元三年（715 年），十五岁的王维辞别母亲，怀着满腔的抱负走向

了繁华的长安，开始了他波澜起伏而又光芒璀璨的一生。也是在这一年，唐玄宗着手整顿吏治，拉开了开元盛世的帷幕。

此时的长安人才济济，文人墨客云集于此，每个角落都飘荡着诗的气息。不少才华横溢的诗人都兴冲冲地来到长安，最后又默默无闻地离开了。没有谁天生就是佛系的，年轻时的王维，也是个有梦想的热血青年。同在异乡为异客，芳华年少的文人们，经常聚在长安城周围的茶坊酒肆，于觥筹交错间纵饮狂歌。

> 新丰美酒斗十千，咸阳游侠多少年。
> 相逢意气为君饮，系马高楼垂柳边。
>
> ——王维《少年行四首（其一）》

上马提剑，下马吟诗；出为将，入为相。诗人与游侠，在大唐的时代里结合得那么完美。

《少年行》是王维写的一组诗，总共四首，每一首诗都体现了那个时代的精神风貌。从诗歌里我们可以看到那个时代的少年，风流潇洒，让人很向往，有点侠客的味道。说到侠客，我们自然就会想到李白的《侠客行》，"十步杀一人，千里不留行"，令人大呼过瘾，这是精神层面的满足。王维也像那个时代的少年，渴望建功立业于边塞。

（郑州大学教授　王士祥）

虽然少年人豪情万丈，但是求学之路总伴随着苦闷和忧愁。思乡，是漂泊在外的游子一不小心就会触碰的情怀。一千多年前的一个重阳节让王维倍感孤独，喧嚣的长安城让他想起了家乡的兄弟们，亦想起了家乡的一草一木。

独在异乡为异客，每逢佳节倍思亲。
遥知兄弟登高处，遍插茱萸少一人。

——王维《九月九日忆山东兄弟》

如今自己的兄弟姐妹在家乡登高望远，依旧插着茱萸，但不同的是，他们身边少了自己。不管如何思乡，王维依然在长安坚持，为了不辜负母亲的教导，为了兄弟姐妹能过上更好的生活，也为了心中那个盛世大唐，科考是他必须拿下的。

但是，巍巍大唐，宏伟长安，最不缺的就是人才。

科举考试已经成为一个结束贵族政治、走向官僚政治的利器，而且也深刻地影响了唐代社会生活的方方面面。一旦科举中榜，一夜之间可以让一个人由寂寂无名，变为名满天下。唐朝的知识分子阶层，几乎是围绕着科举制度生活的。

（陕西师范大学教授　于赓哲）

因为进士科考试难度非比寻常，所以在考试之前，考生们往往会想方设法拜见一些达官显贵，献上自己的诗文，以求得到推荐。这种行为在当时叫作行卷，是每个文人在考试前都会做的。

名声对于考生的录取有直接影响，因为唐朝的科举不糊名，所以，考前博取一个好名声，是所有考生努力的一个方向。我们现在所熟知的很多杰出的唐人的诗词歌赋，其实都是在行卷温卷（唐宋举子在应试前，将名片投呈当世显贵后，再呈其著作，以求举荐，称"温卷"）的过程当中产生的，因为他们要写出漂亮的作品，来吸引别人的注意力。

（陕西师范大学教授　于赓哲）

在科举考试的残酷竞争中，王维高贵的出身并没有给他带来什么实质性的帮助，但是他自身的音乐才华以及在长安的名气，成了一块不可替代的敲门砖。在长安城中，王维结识了喜好音乐的岐王李范。在他看来，李范和那些目中无人、飞扬跋扈的王公贵族截然不同，和李范说话，有一种惺惺相惜的知音之感。

岐王李范原名叫李隆范，他是唐玄宗李隆基的四弟，之所以改名，是因为他哥哥当了皇帝之后，要避讳"隆"字。由于不许他干政，所以他把所有的精力，都投入了一个领域，这个领域用一个字就可以概括——玩。所以，李范在音乐、字画等各个方面，都是高手。

（陕西师范大学教授　于赓哲）

这一天，王维带着琵琶去岐王李范家里做客。弹完了曲子，两人入席。几杯酒下肚，王维对当年的进士科考感到茫然。李范也面露忧色，他知道王维的才华，但他还知道已经有人走通了自己的妹妹玉真公主的门路。

玉真公主是唐玄宗的同胞妹妹，所以两个人的关系相当密切。她非常欣赏有才华的年轻人，所以如果得到了玉真公主的青睐，然后由她在皇帝面前美言几句的话，那对这个人的一生将产生莫大的影响。

（陕西师范大学教授　于赓哲）

李范是真的欣赏王维，一点都不掺杂功利色彩。于是他替王维精心策划了一场宴会。他让王维挑选几篇自己曾经写过的诗作并抄录下来，再创作一首新的琵琶曲，曲调凄婉一些。

几天后，王维跟着李范来到了玉真公主的府邸。按照原先的计划，王维扮成乐工当场献艺。

一曲终了，玉真公主听得如痴如醉，惊呼神技。王维在表露身份后，便拿出自己事先准备好的诗文请公主过目。当看到这些自己喜爱的诗文都是出自面前这个青年人之手后，玉真公主对王维更加欣赏。于是凭借自身的才华，再加上岐王的"包装"与玉真公主的力挺，开元九年（721年）的春闱，王维辛酉科状元及第，时年二十一岁。

这一年，李白还在蜀中当背包客，杜甫还是个孩童。

这一年，王维意气风发。

王维状元及第，为什么被任命为太乐丞呢？因为玄宗皇帝的音乐才能

很突出，设置了梨园，专门培养音乐艺术方面的人才，王维正好和他对路，王维擅长音乐艺术，这就是把合适的人安排在合适的岗位上。

（郑州大学教授　王士祥）

在太乐署，王维和雷海青、李龟年等人一起切磋音律，并结下了深厚的友情。作为主管音乐和舞蹈的太乐丞，王维主要负责督促一些皇家歌舞的排练。初来乍到的他根本没有意识到官场的黑暗和险恶，只是凭着一股年轻人的朝气努力工作。

有一天，王维接到了上级通知，说是有个节目要进行彩排，让他负责。这是一支名叫"五方狮子舞"的乐舞，是当时唐朝非常流行的一种大气的舞狮表演。王维接到命令后，连忙叫来伶人，让他们全部换上演出服开始彩排，自己则坐在台下当观众，看看节目是否还有什么不妥之处。

这时的王维没有注意到，有个伶人已经私自舞起了五方狮子中的"黄狮子"，更没有注意到角落里有一双眼睛在看着这一切。谁知第二天整个太乐署的官员全都受到了处罚，王维更是直接被贬到山东济州（今山东聊城）任司仓参军——一个管理仓库的小官。

"黄狮子舞"是专门给皇帝表演的一种舞蹈，作为一个小小的太乐丞，有什么资格让伶人在你面前表演呢？这是僭越。在开元前期，李隆基对于自己的兄弟，也就是亲王，往往采取高压的政策，可是偏偏王维跟岐王这些人关系很密切，所以说这个事件是不是敲山震虎？

（陕西师范大学教授　于赓哲）

几个月前，王维还是名动京师、前呼后拥的翩翩状元郎，如今却背井离乡，灰头土脸地走在被贬谪的道路上。原本一心想有所作为、大展宏图的他，第一次看到了人心的险恶、政治的残酷和官场的无情。

这一刻王维开悟了：生活原本就是如此，只不过曾经的我们都梦想着改变世界。面对前路，他感到迷茫、无所适从。

宿昔朱颜成暮齿，须臾白发变垂髫。
一生几许伤心事，不向空门何处销。

——王维《叹白发》

第二节　相思

他曾经与盛唐"相爱"，但终究成了这个时代的旁观者。在纵情山水的外衣下，包裹的永远是士人的风骨与落寞。凭借着才华和机遇，二十一岁那年王维高中状元，被授予太乐丞之职，本应平步青云、翱翔天际，却因"黄狮子案"受累，被贬济州。

这种天与地的差距，让他对未来产生了怀疑。每个人都有自己的归途。得到的和失去的，究竟哪一个才是最为珍贵的？只有时间能给出答案。

济州是一个偏远的小城，而司仓参军不过是个管理仓库的小官，每日里负责仓廪财务的收支记录、赋税的登记，工作乏善可陈，毫无政绩可言。

"黄狮子案"是王维的人生坎坷，别人还没办法帮忙。他受着委屈，要承认这个事实，还要接受惩罚，今后会怎么发展，他一无所知，所以他在写诗的时候，写进了自己的彷徨、委屈，还有不甘。

（郑州大学教授　王士祥）

官场里总是分帮结伙，各有派系，济州也是如此。王维生活在冷漠之中，很是苦闷。他曾在诗中感叹自己获罪不是因为为官不正直，而是因为自己人微言轻。有极度的失望，亦怀着一丝丝的希望；有开脱，亦多怨尤。然而，他最害怕归去之时，已是双鬓苍苍。

于是，心情郁闷的时候，王维常常寄情于山水，尽览济州的风景，排

解自己的凄苦。或许正是这时候，他体会到了山水田园的快乐。

在济州四年多的时间里，王维内心逐渐平和。感谢上天的眷顾，让王维遇见了妻子崔氏，同样，遇到王维也是崔氏莫大的幸福。

王维的母亲是崔氏，他的妻子也是崔氏。在古代，比较流行姑表亲、姨表亲、舅表亲结成亲家。王维的妻子崔氏，一定是个大家闺秀，也一定有识文断字的能力。

（郑州大学教授　王士祥）

王维和崔氏，从初见时的两小无猜，到灵魂深处的相知、患难与共的相惜、柴米油盐的相伴、相濡以沫的默契，两人一起读书，一起郊游，月下弹琴，晨光漫步，注视一朵花的开谢，见证一株草的荣枯。所以，无论王维的仕途多么不顺，回到家里，所有烦恼都会烟消云散，诗风也有了巨大改变。

王维被贬谪，相当于从繁华的都市，被迫来到了离乡村比较近的郊野。刚开始他写的田园山水主题的诗，是眼睛所看到的客观描写。比较王维初期和晚期的作品，从主题上来说，是有关联性的，都是山水田园主题，但是从主观情绪上来说，前期是被撵出去的，后期有可能是和政坛上的某些人物不和有关，他用这种方式表达自己的人生态度。

（郑州大学教授　王士祥）

王维的担心是多余的，他再次回京时并没有双鬓斑白。唐玄宗泰山封禅后大赦天下，所有获罪官员均在其列。第二年，二十六岁的王维果断辞去司仓小吏职位，离开了济州。

在王维离开长安的这几年，朝堂上已是风云变幻，岐王李范已经病逝，而朝中大权已是几经更替。这一次回京，王维收敛了自己的锋芒，选择了安静的闲居生活。

在济州的生活让他彻底明白，才华横溢往往容易遭到奸佞小人的嫉妒，锋芒毕露只会给自己带来无谓的灾祸。尽管他的诗写得越来越好，但人却变得越来越沉默。

王维家的大门总是紧闭着，即使有人前来拜访，主人也经常不在家中。这座幽静的宅院门口，似乎很久都没有人踏足了。由于是罪官回京，没有那么多应酬，他倒也落了个清静。

此时的王维正在长安城郊的大荐福寺潜心向佛。他跟随寺里的高僧道光禅师学习佛法已经有一段时日了，大部分时间都在登山拜寺、求道问禅，涤荡心中的烦恼。

当时文人之间的交往，很多都体现在诗歌上，两个人经常是我给你写首诗，你答复我一首诗。当时禅宗盛行，内容相对简单，经文读起来朗朗上口，韵脚可以和诗歌的韵脚相媲美。这对当时的文人士大夫来说是一种吸引力。

（郑州大学教授　王士祥）

诵经可以抚慰人们躁动的内心，但是无法改变无情的命运。

开元十九年（731年）冬，王维正经历着巨大的悲伤，一直与他相濡以沫的妻子去世了。

这几年在长安的隐居生活里，王维极少出门。他不再关注长安城里流行些什么，也不再关心文坛上最炙手可热的新诗佳作，每日里除了读书作画、熬药抄经之外，就点起一炉香，安静地坐在佛龛前面。

可是，任凭他在佛前诵经千万遍，妻子的病依旧越来越严重。看着妻子的面容一天天憔悴下去，他不禁想起了昔日的美好。

那时自己刚刚状元及第，被岐王李范邀请到家中做客，以示庆祝。席间一位南方来的朋友取出一盒精致圆润的红豆作为贺礼送与王维。言说，这可不是一般的红豆，而是大有来历。

相传，上古时代，一位丈夫从军，妇人于家中苦苦等待，每日站在树下翘首远方，期盼丈夫平安归来。没想到却等来了噩耗，从军的丈夫死于战场，尸骨全无。妇人听闻后，在丈夫亲手栽种的红叶树下泣涕涟涟，最后，眼睛哭出鲜血，气竭而亡。后来，这棵红叶树上结满了红豆，人们把它称作"相思豆"。

手拿晶莹如珊瑚的红豆，想着那个凄美的爱情故事，王维有感而发。

> 红豆生南国，春来发几枝？
> 愿君多采撷，此物最相思。

> ——王维《相思》

小诗一气呵成，简单明快、委婉动人。最美丽的远非有形的画面，而是让人刹那间动容的文字。王维和崔氏的爱情，正如这粒粒"相思豆"，晶莹饱满、纯真无瑕。

此诗一出，立刻轰动长安，由乐工谱曲，著名乐师李龟年深情传唱，听者无不动容。

我在看文献时发现，唐僖宗的时候有一个人叫范摅，曾经写过一本《云溪友议》，书中记载李龟年唱过这首诗。这首诗当时也是一首歌，但是那时候没名字。南宋时，洪迈编书的时候给它定了个名字，叫《相思子》。到了明朝的嘉靖年间，刊印了一本书叫《王右丞集》，这时这首小诗的名字改为了《相思》，少了一个字，由咏物诗变成了抒情诗。明末凌濛初版的《王右丞集》，把《相思》改成了《江上赠李龟年》。从时代的相近性推断，范摅著《云溪友议》时，这首诗应该是没有题目的。

（郑州大学教授　王士祥）

多年来，王维潜心于诗词歌赋、绘画音乐、佛学典籍，家中的一切事务都是妻子在打理照顾。如今妻子病逝，所有的一切都空空荡荡。王维抚摸着妻子亲手为自己缝制的衣物，感受着她昔日的温存，回忆着那点点滴滴的美好。

在之后的很长一段时间里，王维万念俱灰。这世间还有什么比相思苦？

王维在妻子去世后三十年都是独居，为什么没再结婚，再找自己的另一半呢？更大的原因，应该是王维的内心受佛家文化的影响，不想再有更多的尘世间的烦累。

（郑州大学教授　王士祥）

世事无常，人生无奈。一切就像佛法里所说的那样：权贵忧失宠，富豪恐盗凶；红颜难为久，荣耀一场空；华灯盛筵莫不散，曼舞轻歌叹有终。

开元二十二年（734年）冬，王维受到时任宰相张九龄的赏识和提拔，出任右拾遗。

三年前妻子的去世使他一度消沉，但是生活还得继续，或许是迫于生计，或许是仍放不下心中的梦想，于是三十四岁时，他又一次走上了仕途。

张九龄是唐朝著名的贤相，开元之治功劳最大的大概就是三位宰相——姚崇、宋璟和张九龄，姚崇和宋璟是开元前期的，而张九龄是开元中后期的。张九龄所处的那个年代，正是唐朝国力达到巅峰的时期，也是唐玄宗的统治日渐稳固的时期。张九龄本身也是一个著名的诗人，"海上生明月，天涯共此时"就是他的名句。

（陕西师范大学教授　于赓哲）

右拾遗虽只是个八品小官，却是皇帝身边的近臣，负责查漏补缺，能与皇帝直接交流，是一个很有前途的职位。在张九龄的整治下，朝中风气日渐开明，王维也第一次体会到了当官的责任。

皎洁明星高，苍茫远天曙。

槐雾暗不开，城鸦鸣稍去。

始闻高阁声，莫辨更衣处。

银烛已成行，金门俨骖驭。

——王维《早朝》

王维的这首《早朝》只是单纯地记录了某一天上朝的情形，虽然没更深层的意思，但这或许是他首次入朝时的赞叹和对未来光明的期盼。可是，事情不会总是向着光明的一面发展，真实的古代官场可能比江湖更加血腥。那些处处逢迎、揣摩上意、置国家利益于不顾的人，反而可以获得财富、地位和升迁；而那些直言敢谏、不顾个人得失、不愿同流合污的人，多半会被贬官，会被无视。

张九龄为人正直，可唐玄宗却是日益昏聩。当时的礼部尚书李林甫为人狡诈，朝中很多正直的大臣都被他陷害。他很擅长阿谀逢迎，总有办法把玄宗皇帝哄得服服帖帖。在一次又一次的陷害、一次又一次的诋毁中，张九龄败了。

开元二十四年（736年），张九龄被罢相。同年十一月，牛仙客被任命为宰相，执掌门下省事务。而牛仙客胆小怕事，唯唯诺诺，政务皆由李林甫做主。坐在龙椅上的玄宗皇帝大概不会想到，正是这道简单的人事任命诏书，敲响了盛唐的丧钟。

第三节　明月

尽管之前王维在仕途上历经磨难，蹉跎十年，但他还是选择了积极入仕，或许是为了梦想，或许是为了生计。但这盛世大唐并不像它的外表一样华丽，朝廷里早已风起云涌。随着恩师张九龄被贬谪，王维的仕途理想也就此终结。

从大漠风沙到山林清泉，变化的不只是岁月，更是对人生的理解，王维的心逐渐变得平静。天道有常，不为尧存，不为桀亡。

无论社会如何黑暗混乱，也会有人生活得很快乐；无论社会如何繁荣兴盛，也会有人生活得很疲惫。而每个人只能管自己所能管的事。

开元二十五年（737年），李林甫被加封为晋国公，大权独揽，对所有不服从他的官员都进行了报复，大臣们个个噤若寒蝉，朝廷笼罩在高压与恐怖的气氛之中。满朝文武为求自保，不敢和张九龄多说一句话。

李林甫曾经用立仗马来威胁官员。立仗马就是大殿之下礼仪活动当中的那些马匹，这些马匹长得高大英俊，它们的任务很简单，就是在重大的礼仪活动当中，站在大殿之下，保持绝对安静。李林甫告诉大家：你们看，立仗马只要一言不发，它享受的就是三品官员的待遇，但是一旦嘶鸣，哪怕一声，也会马上被开除。意思就是说，你们只要闭嘴，我保证你们高官厚禄。

（陕西师范大学教授　于赓哲）

然而，王维不顾形势凶险，给被贬荆州的恩师张九龄寄了一首送别诗。在这个敏感的时候，与获罪旧臣保持往来，是一件相当危险的事情，可是王维不仅将对友人的思念落到了纸上，更是无惧无悔。

所思竟何在，怅望深荆门。
举世无相识，终身思旧恩。
方将与农圃，艺植老丘园。
目尽南飞鸟，何由寄一言。

——王维《寄荆州张丞相》

在这首诗里，他用"举世无相识，终身思旧恩"表达了自己的政治立场和对张九龄提携之恩的真诚回应。在他看来，张九龄的失势代表着自己官场希望的破灭。朝廷失去了贤相，王维失去了知己。

这一刻，他有了归隐田园的念头。

就在进退纠结之时，他收到了张九龄的来信。对于王维这时的想法，张九龄并不支持，他在信中劝阻道：虽然你在这个位置上不能说话，不能匡时济世，但是坐住这个位置可以让朝中少一个坏人；俗话说"大隐隐于朝"，在朝堂一样可以做个隐士，将来总有拨云见日的一天。

王维请辞，李林甫可能会想：如果你一请辞我马上答应，别人会认为我针对的就是张九龄的人。在古代官场上，在朝廷里面，即便有人做得很不像话，也要通过合理的方法做不合理的事情。

（郑州大学教授　王士祥）

迫于生活的压力和世家豪门的过去，王维终究没有彻底归隐，而是选择继续留在官场，但是他的政治热情却早已消磨光了。从此，王维在仕途上便不那么积极了。他不会去巴结、谄媚于李林甫一派的官员，好继续他的仕途之路；也不会像之前那样斗志昂扬，他只是做自己应该做的事情而已。

我们从他之后的山水田园诗中可以深刻地感受到，王维在诗中总是把自己藏得很深，以至于我们只能在表面上看到那令人舒适的风景和淡然的恬静，殊不知在这些美好的背后他经历过什么。

在张九龄被贬的几个月后，王维升任为监察御史，被体面地赶出了右拾遗所在的中书省，打发到了御史台去上班。这时的他心里很清楚，虽然表面上自己升官了，但实际上却是明升暗降，因为自己离皇帝越来越远了。

按说监察御史这个官职权力非常大，闻风奏事，只要听到一点风声说这人有毛病，就可以马上向皇帝写报告查他。但是张九龄被排挤之后，李林甫在朝廷里大量安排自己的人，王维想监督，起不到任何作用，东西递上去可能就被压在中间环节了。

（郑州大学教授　王士祥）

这一年，河西节度使崔希逸大败吐蕃，杀敌无数。朝廷敕令王维以监察御史的身份出塞，赴凉州劳军。王维也乐于离开长安，避开那黑暗的朝

堂，所以他欣然领命。

秋天的塞外云淡风轻、苍茫浩渺。一天，王维的车马行至黄昏，风停沙静，只见北归的大雁列着队从眼前飞过；而远处的一座城关外燃起报平安的烽烟，很久也不散去；在更远处的长河上，一轮硕大雄浑的红日正缓缓落下。这样一幅天地间的绝美画卷，让王维看得出神。不久，迎面跑来三个骑兵，经过一番交谈，才得知节度使大人率军到前线巡防去了，过几天才能回来。无奈，王维只能在驿站暂且住下。

当天晚上，摇曳的灯光下，那幅长河落日的画面又在王维脑海里浮现，久久不能散去。

> 单车欲问边，属国过居延。
> 征蓬出汉塞，归雁入胡天。
> 大漠孤烟直，长河落日圆。
> 萧关逢候骑，都护在燕然。
>
> ——王维《使至塞上》

凉州问边，让王维的人生有了新的突破。经过塞外烽烟的历练，其诗歌在"清新淡远，自然脱俗"之外，兼而又有慷慨悲壮、豪迈开阔之气象。那种大漠的寂静和旷达，已经超越了文字本身。

与朝廷上的如履薄冰相比，王维更喜欢大自然的山山水水。不管是"倚杖柴门外，临风听暮蝉"的幽静，还是"阴风悲枯桑，古塞多飞蓬"的肃杀，他都以自己的笔触细细描绘。

经过好友河西节度使崔希逸的保奏，王维的官职变成了节度使判官，他如愿以偿地留在了崔希逸的幕府里。

在凉州的日子里，王维饱览了壮丽的边塞风光，从黑水河到居延城，从陇西到阳关，都留下了他的足迹。迎着边塞的猎猎劲风，王维已经全身心融入这硝烟弥漫、烽火连天的军旅生活了。在凉州的这两年里，他的生活很是惬意，这里远离长安，也远离了官场的钩心斗角。

这里既有"居延城外猎天骄，白草连天野火烧"的剑拔弩张，也有"十里一走马，五里一扬鞭"的紧急军情，还有诗，有友，有金戈铁马，有雄关漫漫，有大漠苍穹上的一轮红日和一池繁星。这让近不惑之年的王维兴致勃勃，似乎找到了少年时"一身转战三千里，一剑曾当百万师"的梦想。

唐人尚武，而且出则为将、入则为相是唐朝很多官员的一种写照，所以唐诗说："男儿何不带吴钩，收取关山五十州。请君暂上凌烟阁，若个书生万户侯。"（李贺《南园十三首（其五）》）所以说唐朝的文人也经常会有到边塞立功的愿望。

（陕西师范大学教授　于赓哲）

然而好景不长，开元二十六年（738年），贪婪的李林甫将手伸向了凉州重镇，提出由自己兼任河西节度使，将崔希逸改任河南尹。

离别之际，王维难以割舍，因为一旦动身，有些故人就真的再也不会相逢。以至于多年后在渭城（今陕西咸阳）送别好友元二时，他还清楚地记得自己在边塞的日子。

渭城朝雨浥轻尘，客舍青青柳色新。
劝君更尽一杯酒，西出阳关无故人。

——王维《送元二使安西》

王维在嘱咐元二的同时，也缅怀自己的过往。好友这种缘分，有机会的话，还是得多饮一杯，因为在那个年代，很多时候一旦再见，就意味着再也见不到了。

开元二十九年（741年），回到朝堂后的王维越发感到孤独，这时，他产生了彻底辞职归隐的想法。但张九龄的话却一直在他脑海里回荡：坐住这个位置可以让朝中少一个坏人。

政治腐败时期往往有一个共性，就是政务松弛，人心涣散。你如果不想干，几乎什么事也没有。所以，在这样的时期，当个普通的官员也最容易混日子。既然如此，就一切随缘吧。

于是，王维在小兄弟裴迪的陪伴下，于终南山脚下置办了一栋别业，开启了亦官亦隐的生活。

王维是倾向于出世的，而且他那时是言官，可是问题就在于，刚好碰到李林甫用立仗马来威胁大家。这种情况下，可以想见整个言路是堵塞的，

历经岁月洗涤，王维的诗也越写越短，禅意清幽。他试图在诗中淡化情感，与佛家空空之境融为一体。

> 中岁颇好道，晚家南山陲。
> 兴来每独往，胜事空自知。
> 行到水穷处，坐看云起时。
> 偶然值林叟，谈笑无还期。

——王维《终南别业》

这首《终南别业》讲的就是王维在终南山旁修佛的日常，一切都是那么随心，又是那么悠然与豁达。

年轻时我们总是梦想能够改变世界，结果却发现自己如一粒尘沙，微不足道，每当被现实支配得透不过气的时候，总会想起那句"行到水穷处，坐看云起时"。

所以说，何必绝望呢？一个人，兴之所至，出来走走看看，遇到快乐的事，停下来自我欣赏，自我陶醉一番；遇到有缘的人，就和他聊上几句，因为不急着赶路，聊得忘记了时间是常有的事。

有的人会感叹世界的不公，有的人选择归隐再也不出来。然而大部分人是不会这样做的，牢骚发完，生活还要继续，何况这个世界也并非一无是处。人生的事，往来如梭，找到自己的归处，看庭前花开花落，望天上云卷云舒。或许，这就是生活最好的状态。

> 不到东山向一年，归来才及种春田。
> 雨中草色绿堪染，水上桃花红欲然。
> 优娄比丘经论学，伛偻丈人乡里贤。
> 披衣倒屣且相见，相欢语笑衡门前。
>
> ——王维《辋川别业》

第四节　诗佛

王维的天地很大很广，大漠风沙、号角连营；王维的天地很小很狭，小桥流水、山中人家。看似繁华的大唐正逐渐被腐蚀，他却发不出一点声音，最后也只能在复杂的官场里，守着自己的一方净土。

以前的王维或许有很多东西放不下，仕途、家庭、理想；可走过大半辈子，停下脚步时他才发现，前方似乎没路了，就像《山丘》里唱的："越过山丘，才发现无人等候。"孤独中只剩下自己。

> 安得舍尘网，拂衣辞世喧。
> 悠然策藜杖，归向桃花源。
>
> ——王维《菩提寺禁口号又示裴迪》

公元 742 年，唐玄宗改元天宝，朝廷上下一番庆祝。正月末，朝官自然又会经历一番调动，王维升迁为从七品上的左补阙，也算是沐浴了皇恩。此次循例升职，对王维似乎没什么影响。

补阙和拾遗分左右，实际上这两个是所谓的言官，起到给皇帝提意见、提谏言、做顾问的职责。到了天宝年间，这类官职已经形同虚设，皇帝已经基本上不听什么谏言了，又是李林甫这样的奸相当道，李林甫死后又是杨国忠，所以这种情况之下，王维担任这样的官职，就是个摆设。

（陕西师范大学教授　于赓哲）

虽然王维又回到了谏官的职位上，但也只能充当"立仗马"而已。终南山的隐居生活让王维找到了快乐，可是他觉得自己的终南别业太小了，而且这里还住着许多达官贵族，也有一些虚伪的假隐士来附庸风雅，让王维有些心烦。

终于在天宝三载（744年），四十四岁的王维用半生的积蓄，在终南山东北麓的辋川买下了老乡宋之问的一栋旧别墅。这里距长安城不远，且依山傍水。

王维笔下的辋川，用一个字形容，就是"美"。王维是个懂美的人，在这个地方，他能给你营建出一个具有江南风格的园林，因为王维心中有一个干净的世界，所以他那个地方，合不来的人是进不去的。

（郑州大学教授　王士祥）

此后，但凡时间稍微宽裕一点，王维便会来到辋川，来到这个精神奇托之地。经过倾力的营建，三十多里长的辋川，在王维的手中被修葺成了一个可耕、可牧、可樵、可渔的综合园林。王维也亲自画《辋川图》来表达自己对这里的喜爱。图中山谷郁盘、云飞水动，意外出尘，将辋川的神韵行云流水般地呈现于世人眼前。

《辋川图》究竟有多美？宋代词人秦观有一幅书法叫《摩诘辋川图跋》，现藏于台北故宫博物院，里面就讲了这样一件趣事。

秦观在汝南的时候，有一次身体不适，他的好朋友高符仲就带着自己的学生和童子来探望他，到了之后，高符仲说："我这儿有一幅图，你看一下，我保证你看完之后就好了。""什么图呢？""王维的《辋川图》。"秦观看到这幅图之后，果然精神大振。他的精神就穿越到这幅图中，随着裴迪，随着王维，畅游辋川山水。

（郑州大学教授　王士祥）

此事虽略有夸张，但《辋川图》的美却被呈现了出来。辋川也因王维为天下人所知所羡，成为千百年来文人雅士心之所向的桃花源。王维一生最美的诗，大都是写辋川的。这方清净的山水，不仅带给王维愉悦的心情，而且赋予他诸多灵感。

空山新雨后，天气晚来秋。
明月松间照，清泉石上流。
竹喧归浣女，莲动下渔舟。
随意春芳歇，王孙自可留。

——王维《山居秋暝》

诗人沉醉于雨后空山的清新，艳羡山中人们的自在闲恬，他渴望留下来，尽情享受这返璞归真的山野景色。于是王维和好友裴迪在辋川精选了二十处美景，并为之取名赋诗，也就有了《辋川集》。无论春夏秋冬、酷暑严寒，时常兴之所至，裴迪就会撑着一只小船，荡荡悠悠，到辋川别业和王维相聚。

寒山转苍翠，秋水日潺湲。
倚杖柴门外，临风听暮蝉。

渡头余落日，墟里上孤烟。

复值接舆醉，狂歌五柳前。

——王维《辋川闲居赠裴秀才迪》

在柴门之外，王维和裴迪倚杖临风，听蝉鸣，看山寒水瘦、渡头落日、墟里孤烟。两人从容与狂妄的神态，仿若"采菊东篱下"的陶翁和"凤歌笑孔丘"的接舆。假如没有那场动乱的话，王维本可一直陷在这样的日子里。

天宝十一载（752 年）十一月，李林甫的心脏停止了跳动。王维的心情一下子轻松了许多，他期待着新的宰相是一个忠正之臣。然而，在李林甫死前，宰相的人选便已确定，这便是杨贵妃的远房哥哥杨国忠。

杨国忠执政后，朝政一如故旧。而王维也只能继续他的"一切随缘"，依旧只管自己的分内之事。

如果坏人可以划分类型的话，李林甫属于能干的坏人，而杨国忠属于愚蠢的坏人。当时的杨国忠屡次在皇帝面前说安禄山要谋反。为了让皇帝相信，杨国忠搜查了安禄山在长安的私宅，扣留了他的儿子，以及几十个亲信，然后杨国忠把安禄山的这几十个亲信以捏造的罪名给杀害了。这样一来，安禄山和杨国忠已经走到了你死我活的境地。

（陕西师范大学教授　于赓哲）

天宝十四载（755 年）寒冬，万物蛰伏，草木凋零。然而，范阳大地却风潮涌动，身兼三镇节度使的安禄山，打着讨伐奸臣杨国忠的旗号，正式起兵反唐。叛军长驱直入，十二月便攻破洛阳。次年，安禄山在洛阳称雄武皇帝，建国大燕。六月唐军在潼关溃败，长安城里一片混乱，唐玄宗匆忙逃往蜀地。

混乱中，王维被叛军捕获，和许多留京官员一起被关押在杨国忠的宅子里。在这个硕大的"监狱"里，一些官员架不住威逼利诱投降了，当即开释，官复原职。这年，王维已经五十六岁了。虽然经历了官场的黑暗，但是他还爱着这个国家，爱着他的君主，于是，他服下了事先准备好的暗药，让自己变成了一个哑巴。任凭叛军如何使手段，他都以无法说话为由，拒不投降。像王维这样的名士，叛军将领无权处置，只能由安禄山亲自裁决。于是他被编入俘虏的队伍，押往东都洛阳。

天宝十五载（756年）八月初，经过一个多月的跋涉，浩浩荡荡的俘虏队伍终于来到了洛阳，见到了安禄山。王维在被俘前属于够品级的官员，所以被单独关押在菩提寺的一个偏殿里。出于爱才之心，安禄山并没有对他用刑，而是极力劝说王维归顺自己，想通过他在文化上的影响力，为自己摇旗呐喊，聚拢人才。

对于此事王维只称自己的嗓子哑了说不了话，且年迈多病，无法胜任。尽管王维拖着不投降，安禄山也不愿意杀他，只期望等他病好了再说。被囚禁的日子里，不知岁月几何，王维只感觉到天渐渐有些凉了。苍老的病体使他精神恍惚！

至德二年（757年）正月，王维已对外面的信息一无所知。大唐尚可安好？家人是否平安？所有的一切都令他心力交瘁。然而，在这样一个暗无天日的囚牢里，他只能胡乱猜测，痛苦不堪。

长时间的等待让安禄山失去了耐心，他强行给王维安排了"给事中"的官职，随后命人拟好诏书，盖上印玺，向他宣旨。听到昔日的同僚一个个死于非命，王维害怕了。他本就不是刚烈之人，当面对死亡时又有几人能够决然？于是，含着屈辱与不甘，王维接下了诏书。

一代诗佛遭此磨难，实在令人扼腕叹息，在痛苦与自责中，王维还在期盼着百官朝天的到来。

这一天，好友裴迪历经千辛万苦，终于买通了狱卒来到寺中。安史之乱时裴迪身份低微，反而因祸得福，享有人身自由。他听说王维在洛阳做了伪官，异常震惊，不相信以他的人品，会甘心屈身事贼。两人见面后，内心五味杂陈。裴迪看到王维憔悴和颓废的模样，一切都毋庸多言。

裴迪告诉王维：玄宗皇帝去年已安全到达成都，太子李亨已即位，正在组织军队和叛军作战；前段时间，安禄山也被儿子安庆绪杀死，现在战事对朝廷十分有利；而他的好友雷海青因为在宴会上大骂安禄山，被肢解而死。王维听罢，眼里的期望变成了哀伤，这次战乱给大唐带来了诸多不幸。

万户伤心生野烟，百僚何日再朝天。

秋槐叶落空宫里，凝碧池头奏管弦。

——王维《菩提寺禁裴迪来相看说逆贼等凝碧池
上作音乐供奉人等举声便一时泪下私成口号诵示裴迪》
（一作《凝碧池》）

这首诗是动乱时代的实录，王维以低沉呜咽的语调倾诉其不幸又无奈的心境，充满悲愤与哀痛。裴迪回去后，将这首诗带到了新皇唐肃宗所在的地区，并广泛传播，来表达王维的心志。

裴迪，无人知晓他生于何年、卒于何地。若非遇着王维，他的声名只怕会黯淡许多，继而湮没在浩瀚的史海中。他多以依附王维的形象留存在后人的评说中，恰似缠绕大树的藤蔓。裴迪秀外慧中，才高于外，王维总是亲切地唤他"秀才"。

在中国山水诗史上，裴迪也是有一笔的，这一笔大多时候是跟着王维的。裴迪几乎成了王维的小弟，两人经常在王维的辋川山庄，流连往来，一块儿欣赏美景，弹琴喝酒，非常潇洒。

（郑州大学教授　王士祥）

至德二年十月，唐王朝趁叛军内乱之际，接连收复了长安与洛阳，至此，两都光复。收复洛阳后，王维等三百余人因在叛军里任伪官被押解回长安。这些人流放的流放，诛杀的诛杀，幸运的是王维躲过了一劫，而救他的正是那首《凝碧池》。

那时的裴迪只是个小人物，虽然拿着王维的《凝碧池》一诗，但也只能在民间传播，自己无权面圣来替王维辩解。而王维的弟弟王缙这时正担任新朝廷的高官，只有他能够在肃宗面前说上话。

王缙和王维之间的感情非常好，由于王缙在安史之乱后投靠了唐肃宗，并且建有功勋，因此唐肃宗对他非常信赖，后来其官拜宰相。此时的王缙，唯一想做的就是救自己的兄长。

（陕西师范大学教授　于赓哲）

裴迪从洛阳探视王维之后，就直驱太原寻找王缙，向他报告其兄长的状况。得知兄长的遭遇，王缙凭借自己的政治影响力，让这首《凝碧池》

迅速走红，没多久就传到了唐肃宗的耳朵里。当看到敌占区还有官员如此心向大唐时，唐肃宗倍感欣慰。或许，那个时候他心里已经原谅了王维。在朝廷商议给王维定罪时，王缙为了保全兄长，表示愿意削去自己的官职，为兄长赎罪。

不可否认，伪官这件事，是王维一生中最大的一个污点。在面临生死考验的时候，他可能有太多的放不下、太多的舍不得。我觉得最大的一个可能就是，王维是被胁迫的，他跟那些以为要改朝换代、政治投机的人不一样，所以从这点上来说，他值得同情。

（陕西师范大学教授　于赓哲）

最终，为救哥哥的王缙官降一级，被贬出京城，做了蜀州刺史。而王维免于处罚，等候安排。虽然得以全身而退，但王维心里的那道伤口再也无法愈合，他知道自己已经不属于长安了。多年来的郁闷情绪、一年来的牢狱生活和精神折磨，使王维须发皆白，体力也渐渐衰弱，常常产生疲惫感。

唐肃宗上元元年（760年），在新皇的圣恩下，王维的官职又有了晋升，他被提升为从四品上的尚书右丞，这是个有职权的高官。但这时王维虽然渴望中兴，却已感到力不从心，没有精力在政治上有所作为了。

他一直对自己在安史之乱中被俘、接受伪官一事感到痛苦。为了赎自

己在叛军中出任伪官的罪过，为了大唐能够中兴，同时也为了纪念自己死去的母亲，王维上表恳请唐肃宗恩准，把自己的辋川别业施为佛寺，以"上报圣恩，下酬慈爱"。

在数次上书之后，唐肃宗恩准了他的善举。

这年秋末，王维告别了居住十六年之久的辋川别业，告别了自己精神生活的休养所，同时带着一种空虚感和失落感离开了辋川。当行至辋川谷口时，他心中酸楚，写下：

> 依迟动车马，惆怅出松萝。
> 忍别青山去，其如绿水何？
>
> ——王维《别辋川别业》

这个地方能让王维与天地精神相往来，也就是说，在李林甫和杨国忠当政期间，他能在辋川保持一份精神的独立、人格的独立。

（郑州大学教授　王士祥）

王维离开辋川后，小友裴迪也要到蜀中去做官了，特来向他辞行。数十年相处的知心朋友就要分开，二人都有无限的感慨，似乎有千言万语，但似乎又什么也说不出。今日一别，也许今生再无法相见了。

翌年春天，王维渐觉体力不支，连正常的上朝办公都有些力不从心了。这时弟弟王缙在蜀州刺史的任期已经结束，却没有被朝廷召回京城。这个时候，王维格外想念自己的亲人。于是他向皇帝恳请，表示自己愿意削掉官职，以换取弟弟回京，言辞恳切，颇为感人。没多久，唐肃宗便答应了他的请求。

皇帝如此照顾自己，王维倍感欣慰。而更使他欣慰的是，安史之乱后，朝廷和友人并没有因为伪官一事对他冷眼相看。他知足了，心里已没有任何负担了。

人生，历千劫，始成佛。

这年七月，王维悄无声息地离世了，时年六十一岁。遗憾的是，他没有来得及和弟弟见最后一面。王维去世之后，弟弟王缙按照其生前遗愿，将他葬于辋川别业清源寺母亲的墓旁。一代诗佛，在辋川的明月清风、松林竹泉下静静地安息。

　　无论是在中国诗歌史上，还是在中国文化史上，王维都是一个标杆性的人物。诗歌上唐无李杜，摩诘便应首推，这是历史对他的一个定位；那么在中国文化史上，他接受佛家文化对他的影响，从诗歌的创作上来说，给我们带来了另一种审美风格，这是他的贡献。从他的身上，我们看到的既是作者，也是那个时代。

（郑州大学教授　王士祥）

　　与很多人的想象不同，即使是盛唐，也不是人人豪迈、人人热情地歌颂这个盛世。这个时代也有柔情，也有忧伤，也有清冷。每一个时代都有其辜负的人，滚滚洪流中个人命运微不足道。在诗人辈出的盛唐时代，文章绝伦者如过江之鲫。但是，倘若少了王维，大唐的精神气质则少了几许清妙和空灵。

回看他的一生，他好像被命运扼住了喉咙。他生来豪气云天，却一辈子被贬，东奔西走，在蹉跎中走过一生；他向往边功，可未能征战沙场；他积极入仕，最高也只做到县尉；他才华出众，却遭小人妒忌，含冤而死。

　　生如逆旅多断肠，一叶扁舟以渡江。这样一位伟大诗人，人生亦不过惨淡收场，这是王昌龄的悲剧，也是时代的悲剧。

一片冰心在玉壶

第一节　不破楼兰终不还

在大唐璀璨的文学星空中，王昌龄是矛盾的结合体。他的一生，征程万里，两赴边塞，豪情与热血汇成一首首苍凉豪迈的边塞赞歌。同时，他笔锋骤转，写尽闺阁情事，无论是深宫后妃还是采莲少女，复杂的心思、形态，在他绮丽细腻的笔触下展露无余。

"不破楼兰终不还"的豪迈诗句，充盈着青春朝气和历史感触，更充满了英雄史诗般的梦想。这是王昌龄对国家的坚定承诺，也是他希望入仕报国的毕生追求。对他来说，入仕报国，就像人生路上的灯塔，指引他努力前行。这条路虽然走得风尘仆仆，但他始终"一片冰心在玉壶"。

那么，王昌龄为何被杀？或许，这与他毕生的追求有着一定的关系。

当武三思和李显因太子之位斗得热火朝天时，王昌龄还在温饱线上挣扎。

他曾这样概括自己弱冠时期的生活："久于贫贱，是以多知危苦之事""每思力养不给，则不觉独坐流涕"。寥寥数语，透露着人生的艰辛。关于王昌龄的家世以及门第，现代许多学者考证后认为他可能出自琅琊王氏。但他终其一生和名门世族之间也没有建立起合法的宗亲关系，更没有给他的仕途带来任何帮助。

多少年来，人们试图搞清这位诗人的家世，最终因为史料缺乏，未能有定论。但有一点毋庸置疑，王昌龄的诗作中，他的母亲偶有出现，《放歌行》一诗中写道："但营数斗禄，奉养每丰羞。"意思是说，入仕后得到的俸禄不多，只要足够赡养我的母亲即可。

虽然不知道王昌龄母亲的名字，但我们坚信，她一定给了王昌龄莫大的支持和鼓励，以至于后来王昌龄无论去往何处，都携母同行，直到自己惨遭杀害，白发老母亲仍然健在。

贫穷的家世使得王昌龄不得不一边躬耕，一边读书。"腰镰欲何之？东园刈秋韭。"寥寥数字，就刻画出一位老农的形象。这些用来记录自己生活的文字，都变成了一首首诗。

艰难困苦的生活没有压垮王昌龄，反而激发了他努力奋斗的志气。他从小就明白，读书入仕是改变个人和家庭命运的唯一途径。

公元618年建立的唐朝，经百年积累，到唐玄宗一代，出现了封建社会前所未有的盛世景象：街市繁荣，乡野殷实，国力空前强盛。在这浪漫的年月，许多诗人远离故乡，行走在广袤的土地上。

因为唐朝的科举制度不糊名，考官可以直接看到考生的名字，在这种背景下，很多唐朝的文人都周游四方。有人认为他们在游山玩水，其实，游山玩水只是顺带的，他们真正的目的，是走遍各地结识上层社会的人士。

（陕西师范大学教授　于赓哲）

只要能入仕，年轻的王昌龄哪种途径都想尝试。没有根基，没有背景，也没人帮衬的他，凭借的就是年轻人特有的满腔热血。公元719年，二十二岁的王昌龄结束了躬耕生活，告别母亲，踏上了漫长的远游求仕之路。他从潼关出关。途中，他取道华阴县，从那里远眺太华山，写下"云起太华山，云山互明灭"的诗句。之后，他曾在嵩山短暂停歇，其间拜谒了一位焦姓道士。年少的王昌龄不徐不疾，一边感受大好河山，一边寻求入仕的机会。

王昌龄有一位同宗伯父，时任同州刺史。他满怀对伯父的仰慕之情，为其写了一首诗，希望能得到引荐和任用。但不知何故，王昌龄的愿望没能实现，就连那首诗，也只留存下了恭维伯父的部分。

大贤奈孤立，有时起经纶。
伯父自天禀，元功载生人。

——王昌龄《上同州使君伯》

读万卷书，行万里路，干谒无果，但为了梦想，为了改变命运，王昌龄一直坚持在路上。

公元721年，王昌龄与朋友在邯郸观猎，爱上了这纵马驰骋搏杀猎物的豪迈，心中的诗意瞬间爆发。

> 角鹰初下秋草稀，铁骢抛鞍去如飞。
> 少年猎得平原兔，马后横捎意气归。
>
> ——王昌龄《观猎》

这猎场上的少年意气，激荡起王昌龄心中的豪情。木落草枯，狐兔肥健，猎者乘醉而来，此时的王昌龄借观猎抒发自己的少年意气。这些诗句，仅仅是为他将来歌唱边塞生活而作的序曲。他觉得光在这儿观猎还不够，还要继续北上，往边塞去，往更靠近功业的地方去。

走之前，他给朋友写下"气高轻赴难，谁顾燕山铭"。年少的王昌龄气势高昂，直抒胸臆，准备为国赴难。

王昌龄的很多诗句，都是直抒胸臆，他并不掩饰自己建功立业的欲望。这可能是个性决定的，也可能跟王昌龄个人境遇密切相关，这种从底层一步一步走上来的人，对于建功立业十分渴望，所以，他愿意用文字直接表露自己的胸怀抱负。

（陕西师范大学教授　于赓哲）

历史学家根据王昌龄存世的诗歌推测出，他从幽州（今北京一带）去了蓟州（今天津北部）、平州（今河北卢龙一带）、营州（今辽宁朝阳）等地，最远可能还到过如今蒙古国的杭爱山。战马、甲仗、红旗、少年，年轻的王昌龄"欣然忘所疲，永望吟不辍"。

> 封侯取一战，岂复念闺阁。
>
> ——王昌龄《变行路难》节选

> 大将军出战，白日暗榆关。
> 三面黄金甲，单于破胆还。
>
> ——王昌龄《从军行》

世间风景万千，人海过客无数，唯有在边塞，才能让王昌龄自然而然地抒发这内心的英雄气概和万丈豪情，但这种好心情并没有持续多久。从公元719年到721年，三年的时间转瞬即逝，入仕没有达到理想的效果，又想到家中的老母亲，王昌龄不禁想要结束这漫游的生活。

孤舟未得济，入梦在何年？他需要等待一个机会。

公元722年，宰相张说提出军事改革，将战时打仗、闲时务农的府兵制，改为面向全社会招募并提供优厚待遇的募兵制。

所谓募兵制，就是用职业兵役制取代原先府兵这种义务兵役制。对渴望建功立业的人来说，这次改革似乎带来了机遇：我能到边疆上去建功立业。对老百姓来说，当兵有粮吃，还可以拿钱，何乐而不为？对文人来说，边境战争多了，节度使就需要有自己的幕府，于是就出现了大量的岗位。

（陕西师范大学教授　于赓哲）

募兵制一经面世，大批文人希望在塞外建功立业，从而掀起了一股从军热，边塞诗也成为当时的写作热门。公元724年，二十七岁的王昌龄嗅到机会，他再次告别家人和朋友，目的地是河西、陇右。王昌龄西出阳关，沿途的风景逐渐荒凉，沙漠、残阳、孤城、铁甲，一幕幕浮现在眼前。

尽管历史没有记载王昌龄在边塞的具体事迹，但我们可以根据他的诗作推测出，他的第二次出塞，可能入伍参军了或者担任了某位节度使的幕僚，因为只有亲历者才能写出那么情真意切的作品。

骝马新跨白玉鞍，战罢沙场月色寒。

城头铁鼓声犹震，匣里金刀血未干。

——王昌龄《出塞二首（其二）》节选

大漠风尘日色昏，红旗半卷出辕门。

前军夜战洮河北，已报生擒吐谷浑。

——王昌龄《从军行七首（其五）》

大漠与风沙，战争与死亡，成了王昌龄最常面对的生活，也给予了他无限的创作热情。他以诗为笺，诗作跨越山河飘往长安，全天下都知道河陇出了个大诗人。与第一次出塞的游历不同，这一次，王昌龄有了更加深切的认识。

漫漫边关，风沙满地，那是一个浸着血与火、激情燃烧的地方，住着的是千千万万常年浴血疆场、置生死于不顾的汉子。他们的肤色被大漠的骄阳晒得黝黑，因为经年征战，有些士兵的盔甲已被磨破。

这群汉子，晚上在篝火旁坐下来饮上一杯酒，暖暖身子。酒过三巡，琵琶起舞换新声。这是一首故乡的老歌，熟悉的乐舞与思乡的愁绪交织在一起，欲理还乱，无尽无休。此时，满堂喧哗忽地变作一派肃然，大家都安静下来。一位老兵的眼睛里，露出了闪烁的光。这次重返边塞，王昌龄为边塞风光所迷醉，更为艰苦的边关生活所感动。

回到住处，王昌龄再也抑制不住自己的情绪：

秦时明月汉时关，万里长征人未还。
但使龙城飞将在，不教胡马度阴山。

——王昌龄《出塞二首（其一）》

这首边塞诗里，既有对戍守边疆将士的同情，也有对统治者任用将士不得其人的批判，更有着对和平的呼唤。而且，它还超越了某一个时代。

（郑州大学教授　王士祥）

此诗一出，震惊盛唐边塞诗坛。后来更被明代著名文学家、"后七子"领袖李攀龙推为唐人七绝"压卷之作"，余响绵延至今。

此时，同时代的边塞诗人高适，刚刚定居宋城（今河南商丘），以耕钓为生；诗人岑参，也才刚刚十几岁。

诗作虽出了名，但对想要借助军功入仕的王昌龄来说，机会十分渺茫。

公元722年到727年，突厥请和，契丹战败，吐蕃被退，数年间大唐边境没有大战事，大唐帝国盛极一时。王昌龄在这个时候想要从戎入仕，凭借军功走上封侯的捷径，恐怕是错估了形势。

又是一年，秋风萧瑟，红日缓缓落下，独立城楼的王昌龄，入仕无门，思念家乡，愁绪涌上心头，他觉得自己该回去了。

烽火城西百尺楼，黄昏独坐海风秋。
更吹羌笛关山月，无那金闺万里愁。

——王昌龄《从军行七首（其一）》

王昌龄这时候的诗作，已经可以隐隐看出他心中的愁绪了。这也许是他日后诗风从慷慨激昂骤变为感情细腻的原因之一。公元726年，王昌龄结束了出游。在返程的路上，他住进了两年前出塞时住过的客舍。京师就在眼前，但他心情很复杂，此情无人可诉，只好独自饮酒。客舍的主人见此情状，过来陪坐在旁，诉说起自己那些历经沙场之苦的过往。

十五役边地，三回讨楼兰。

连年不解甲，积日无所餐。

…………

去时三十万，独自还长安。

不信沙场苦，君看刀箭瘢！

…………

少年兴运会，何事发悲端。

——王昌龄《代扶风主人答》节选

塞外从军何其残酷，如今三边无事，正处大唐盛世，年轻人应当有年轻人的精气神。老者的言语惊醒了王昌龄，他觉得必须重新规划自己的人生了。

第二节　空悬明月待君王

开元盛世的繁华长安，是大唐最璀璨的明珠。百万人口的大都市，四方来朝，商旅不绝，在繁华背后，寸土尺地与金同价，这是唐朝长安城最真实的写照。位于长安东南的蓝田县石门谷（今陕西蓝田汤峪镇），高林笼罩，风景优美，而且租金便宜，是寒门弟子苦读学习的聚居地。公元726年，从边塞归来的王昌龄，在石门谷暂住。如何谋求进一步发展，成为王昌龄当时面临的问题。

数年颠沛流离，让王昌龄身心疲惫。虽然凭借诗作有了少许名气，但对入仕来说，并没有什么帮助。他本是个希望有所作为的人，在两次游历边塞后，对盛世的信仰成为他一生坚强的信心和理想的源泉，以至于当他日后长期身处谗枉和沦弃之境，这种信仰也难以改变。要实现理想，只剩下科举之路了。

公元727年，王昌龄迎来了一生中的重大转折。这一年，王昌龄考中进士。哪有什么无心插柳柳成荫，都是努力之后的水到渠成。后来王昌龄官拜秘书省校书郎。这是个正九品的小官职，在皇家图书馆，负责图书的校勘和整理等事务，级别虽低，却很有前途。

三十多岁的王昌龄，多年愿望终于实现，有了收入可以养家，更有了施展抱负的机会。在京城长安，王昌龄结识了李白、常建等众多诗坛好友，他们郊游、和诗、对酒，逍遥于山色湖光。世人多知王昌龄的豪迈边塞诗，其实，他也是一位最懂女人心的诗人。

当看到盛装打扮的女子登上高楼，迎接征战归来的夫君时，王昌龄有感而发，借用女性的视角，表达了自己的踌躇满志。

驰道杨花满御沟，红妆漫绾上青楼。

金章紫绶千余骑，夫婿朝回初拜侯。

——王昌龄《青楼曲二首（其二）》节选

秘书省校书郎为王昌龄入仕实现开门红。虽然后来的仕途坎坷当前无法预知，但此时似乎所有的机遇都涌向了王昌龄。公元731年，秘书省迎来一位长官，他就是后来官至宰相的张九龄。张九龄的到来，对王昌龄以后的人生产生了重要影响。

这时候的张九龄已经五十四岁，任职秘书少监，是秘书省的二把手。

据说他替皇上写诏书挥笔即成，他也曾举荐过王维、孟浩然等人入仕。在当时，他是一位既有权位又受人钦慕的文坛前辈。

张九龄作为校书郎的直系上司，王昌龄经常作诗向他请教。在了解他的家世和现状后，张九龄告诉他"处屯而必行其道，居陋而不改其度"。意思是说，在艰难的环境中，也要坚持自己的主张；居住在陋室之中，也不要改变自己的气度。能得到张九龄的点拨，王昌龄很幸运。

公元734年，王昌龄考中博学宏词科，迁任河南府汜水县尉。秘书省校书郎是闲职，汜水县属于畿县，县尉虽然官不大，但也有一定的实权。王昌龄以为自己终于踏上了人生坦途，前程必定如花似锦，却不知此时的他已然站在人生抛物线的最高点，之后迎来的将是风霜雪雨。

王昌龄是个孝子，在京城做校书郎时，家就在附近，可以随时照看老母亲，这次离京外调，他携母一同上任。县尉是县令的属官，主要工作是落实纳赋、维持治安，事务琐碎且繁杂，与文章风雅、壮志凌云毫不相干。王昌龄是个文官，不适合这个职位，但为了生计和仕途，他只能忍。大时代背景下，小人物没有选择的余地，只有被选择的命运。

公元736年十一月，张九龄被罢相，李唐宗室出身的李林甫成为右相。从此，李林甫得势，大肆结党营私，向唐玄宗谗言弄权。在政治上，王昌龄属于张九龄一派，与张九龄同样有着清雅的名声，善于直抒己见。

别人在朝为官，要学着见风使舵、明哲保身，可王昌龄还像早年写边塞诗一样，将对政治的见解毫无保留地写在诗中。于是，这个汲汲于功名的书生，在刚刚走上仕途后，直接被贬往岭南。

正直的品格往往会招来恶意的诽谤，他有一首诗叫作《见谴至伊水》："得罪由己招，本性易然诺。"王昌龄将这次遭贬归为本性使然，祸从口出，不怨天也不尤人，他似乎接受了命运的安排，泰然踏上贬途。

历史就这样缓缓走进了公元737年。这一年，大唐帝国发生了两件震惊朝野的大事件。四月，已经罢相的张九龄被李林甫诬陷，贬往荆州任职。同年，在李林甫、高力士等人的谗言下，唐玄宗将儿媳杨玉环召入宫中，从此"六宫粉黛无颜色"。

历代帝王为了满足一己之欲，形成了畸形的后宫婚姻制度。唐玄宗时，他独宠杨玉环，其他妃嫔只能在冷宫消磨一生，怨情满腔，于是，写尽宫中妃嫔失宠后无限怨恨的宫怨诗，在唐朝十分盛行。

王昌龄前往岭南期间，听闻这些事，他想用一首诗来表达此时的心境，无奈连日的奔波让他身心疲惫。在梦中，他仿佛穿越千年，看到了汉朝时期被打入冷宫的班婕妤。

她如此年轻貌美，才华出众，如今却被皇帝遗弃，只能一个人困在这凄凉寂寞的深宫中，形单影只。恍惚间，王昌龄觉得自己的坎坷仕途与班婕妤的不幸遭遇非常相似：一个是"天生贤才"却沉沦坎坷，一个是美如芙蓉却深锁冷宫。王昌龄用独有的细腻情感，借失宠宫女的怨情，创作了《长信秋词》。

> 奉帚平明金殿开，且将团扇共徘徊。
> 玉颜不及寒鸦色，犹带昭阳日影来。
>
> ——王昌龄《长信秋词五首（其三）》

这首诗里用了一个意象——团扇，团扇复团扇，奉君清暑殿，天热了我拿过来扇，天凉了我就搁那儿了，犹如一个被遗弃的人。王昌龄用这个意象，已经说明了他的言外之意。

（郑州大学教授　王士祥）

不光是王昌龄，其他人写宫怨诗、闺怨诗的时候，也八成是在说自己或者身边的事，而不是在描绘一个真正的女子。

（陕西师范大学教授　于赓哲）

如果说在此之前，王昌龄写的多是年轻人的意气与豪迈，那么从被贬之后，借用女性问题来抒发自己的情绪，就成为他诗歌的内容和特点。

走走停停，沿途会友，是王昌龄此次南贬途中的基本模式。"幸随板舆远，负谴何忧哉。"因为所犯罪名不重，可以携老母亲同行，能朝夕尽孝，也算稍有慰藉。公元737年夏，王昌龄到达荆州，前去拜访被贬于此的张九龄，希望他能帮助自己获得赦免。

此时的张九龄年事已高，虽然被贬，但一生为国选贤举能的他，愿意举荐更多有才能的年轻人。张九龄曾是王昌龄的上司，深知王昌龄的学识与为人，在经过一番寒暄后，随即答应向朝廷举荐王昌龄。得到张九龄举荐的消息后，王昌龄在荆州住了下来，等待朝廷的恩赦。

此时，同在张九龄幕府的还有孟浩然。孟浩然与王昌龄，早年间在长安结识，没想到王昌龄的这次被贬促成了两人的重逢。他们两位在荆州和襄阳一带论诗、访友，相处甚欢。

王昌龄在荆州一待就是一年，虽然有张九龄的庇护、孟浩然的陪伴，但是他挂念的还是朝廷的恩赦，一想到这些，王昌龄心中就不觉忧愁起来。在一次郊游赏春时，遍野的花红、满地的柳绿，春意盎然。一位妇人登高望远，因为看到路边的杨柳春色，惆怅之情涌上眉头。同在赏春的王昌龄看到这一幕，心有所动，随即写下：

闺中少妇不曾愁，春日凝妆上翠楼。
忽见陌头杨柳色，悔教夫婿觅封侯。

——王昌龄《闺怨》

女人的美丽似乎总被惆怅点缀，王昌龄逆笔开头，闺怨诗从没有怨写起，因为这首诗，他被称为最懂女人心的诗人。不过，这些诗句很快传进了长安城，也传进了李林甫的府中。如此多的怨，保家护国你不愿意了吗？为大唐奉献青春，你是后悔了吗？于是，一封封举报信来到了朝堂之上。

在牛仙客任相这件事情上，张九龄得罪了唐玄宗和李林甫。严格来讲，就是因为张九龄的执政理念和他的个性，已经不被越来越好大喜功、刚愎自用的唐玄宗所容。所以在这种背景下，别说是王昌龄了，任何人想再找张九龄来进行举荐都行不通，张九龄已经自顾不暇，哪里还有余力去帮助别人呢？

（陕西师范大学教授　于赓哲）

公元 738 年秋，王昌龄期待中的恩赦没有到来，等到的却是照旧南贬。王昌龄带着家人，继续前往遥远荒凉的岭南。其间，他依旧借用宫怨诗来表达自己的愁绪：

芙蓉不及美人妆，水殿风来珠翠香。

谁分含啼掩秋扇，空悬明月待君王。

——王昌龄《西宫秋怨》

宫中的嫔妃需要"待君王"，不惑之年的王昌龄亦如此。公元 740 年末，王昌龄得到恩赦，返回长安。这一年，大唐盛世最后一位名相张九龄去世。这一年，王昌龄四十三岁。

第三节　诗家夫子王江宁

南京，长江下游的一座城市，自古以来便以崇文重教闻名。一千多年前，这里叫作江宁。那时，一位来自长安的诗人，在此雅集吟咏、收徒授诗，被后来人称作"诗家夫子王江宁"。

公元 744 年，王昌龄在江宁已经成为聚会的焦点。丰富的阅历、卓越的才华，以及豁达的心态，文人士子都喜欢与他交朋友。四年前，王昌龄出任江宁县丞，官阶八品，相当于现在的副县长，是县里的二把手。相比于正九品下的汜水县尉，略有升迁，但跟他的仕途期望相比，差距还是很大。

在江宁工作一段时间后，王昌龄发现，虽然他与县令之职只有一步之遥，但为了避免与县令争权的嫌疑，上到赋税，下到治安，他什么都管不了，以至于府衙中的吏胥串通一气，只让他在文件上签字，至于文件上的内容，他一概不知。

看似举足轻重的职位，实际上并没有明确的职权。两年的时间，王昌龄的理想就被现实击得粉碎。他在一首送给故人的诗中说"县职如长缨，终日检我身。平明趋郡府，不得展故人"。诸事缠身不得自由，就连看故人的时间也没有，年轻时兼济天下的理想也成了笑谈。

公元 744 年，唐玄宗将纪元方式从"年"改为"载"。天宝三年，变成了天宝三载。这一年是唐诗历史编年上重要的一年，"诗仙"李白和"诗圣"杜甫首次相见，写下"二月春风似剪刀"的诗人贺知章驾鹤西去。

这一年，王昌龄因事进京城，至于何事历史上没有记载，可能是因为公务，也可能是想要"展故人"。在长安，王昌龄与好友李白相遇，此时的李白已入翰林，正处于对玄宗失望、打算离京之时，而王昌龄郁郁多年不得志。这两个人，在这样的时刻相遇，奇妙的缘分和惺惺相惜让他们一起开怀畅饮，吟诗诵词。

除了偶遇李白，王昌龄还与王维等好友同游青龙寺，参加文士雅集。诗人们总是格外敏感，在小天地里纵情的同时，也感知到了大唐的变化。这一年的三月初五，尊崇神仙、迷信道家的唐玄宗，大肆褒扬安禄山忠勇可嘉，并任命他兼任范阳节度使一职。

> 霜摇直指草，烛引明光珮。
> 公论日夕阻，朝廷蹉跎会。
> 孤城海门月，万里流光带。
> 不应百尺松，空老钟山霭。
>
> ——王昌龄《宿灞上寄侍御玙弟》节选

这首诗，是王昌龄离开京城时，写给自己的一位同宗兄弟的。这些年王昌龄仕途屡屡受挫，如今年华渐老，纵有治国良策，但远离京城，能够面圣的机会也越发渺茫，如果可以，他仍然相信自己这棵百尺之松，不会空老于钟山之下。

在江宁的这些年是王昌龄生命中的重要阶段，以他的诗歌创作能力，加上置身于自然风光优美、物质生活丰富的江南，促使他进入一生中又一个创作高峰期。

王昌龄在江宁有一处隐居之所，位于九曲清溪附近。随着历史变迁，清溪河逐渐消失。与王昌龄同年中榜及第的诗人常建，曾在此小住过一段时间，并留下诗句：

> 清溪深不测，隐处唯孤云。
> 松际露微月，清光犹为君。
>
> ——常建《宿王昌龄隐居》节选

在这九曲清溪的住所内，王昌龄与不少诗坛名家保持着友好往来，如李白、王维、岑参等人，他们适时雅集，其间盛况，留给后人无尽遐想。

雅集就是文人因文而聚会的一种活动，大家可以诵读曾经写过的或者前人的一些作品，或者进行创作，有点像我们今天说的飞花令。如：我们今天都写月亮；我们都诵读或者创作与今天相关的作品；面对这条潺潺的小溪，我们都以"流水"为题……目的是什么呢？文人们创作诗文，联络情感，切磋诗艺。

（郑州大学教授　王士祥）

以王昌龄为中心的天宝江宁雅集成为素材，进入后世诗画之中，其中最著名的就是南唐画家周文矩所作的《文苑图》。该作品现藏于北京故宫博物院，描绘的是王昌龄与其诗友在江宁县丞任所琉璃堂厅前聚会吟唱的情景。《文苑图》中四位文士围绕松树思索诗句，情态各异，形神俱备。

据传，在这幅画里，有高适和李白。当然，这并不符合事实，甚至这幅画里描绘的雅集活动也属于后来人的想象，但不可否认的是，大唐的诗人们通常以诗相交，扬名立万。诗人之间的吟诵、欢饮，经常通宵达旦，有人醉卧，有人醒来，梦中的佳句就这样飘然降落到人间。

作为开元诗坛上成名较早的诗人，王昌龄与其他文人的交往行踪常常为时人所关注，他们的风采也在中唐战乱之后成为后人追忆盛世承平的一部分。他们历经盛世，他们就代表着盛世。

彭城人刘复在中唐诗名颇盛。他在江宁干谒了王昌龄，成为王昌龄的

弟子。王昌龄对他评价颇高，称他是"后来主文者子矣"。意思就是，以后的唐诗宇宙，全是你的天下。

在看到这段文字的时候，我想到了两点：第一，刘复是诗歌创作圈里面的一个成员，这个团队是以王昌龄为中心的；第二，王昌龄评价了刘复的创作，说明了王昌龄在文学圈的地位还是挺高的。

（郑州大学教授　王士祥）

这座位于江宁县丞后院用琉璃材料修建的厅堂，就这样在后世广为流传。除此之外，这座琉璃堂，还是王昌龄收徒授诗的学堂诗场。

唐朝的开元盛世是一个辉煌的时代，也是一个富有魅力的时代。经济繁荣，为诗歌创作提供了雄厚的物质条件；社会安定，为诗歌发展提供了良好的社会环境。以诗赋取士的科举制度，推动着文人对诗歌的学习研究，于是，学诗、写诗成为唐帝国风靡的时尚。

衙门空闲时，王昌龄便待在琉璃堂向众人敞开大门，借助自己的写作经验，开门讲解作诗之法。

凡作诗之人，皆自抄古今诗语精妙之处，名为随身卷子，以防苦思。作文兴若不来，即须看随身卷子，以发兴也。

——王昌龄《诗格》节选

随身卷子好比今日的摘抄，随身携带，能在诗人觅句苦思时助一臂之力。座下学生听到这一朴素方法，个个奋笔疾书，生怕漏掉先生讲解的每一个字。

凡神不安，令人不畅无兴。无兴即任睡，睡大养神，常须夜停灯，任自觉，不须强起。强起即昏迷，所览无益。纸笔墨常须随身，兴来即录。

——王昌龄《诗格》节选

诗兴是看不见摸不着的，就像兔起鹘落，稍纵即逝。写诗没有灵感，不必挑灯夜战，更不必殚精竭虑，尽管放松身心，该睡便睡，睡足后神思通透，灵感便会不期而至。当灵感来的时候，动作一定要快，要迅速掏出随身携带的纸笔，将它记下。

江宁地区，自古便是纸上写不尽灯火繁华，笔下道不完世事沧桑。除了室内讲课，王昌龄还经常带领学生外出实践，他们一起登楼赋诗，怀古诵今。据说，王昌龄在江南广有门徒，并在诗歌领域产生过较大的声势和影响。

随着学子越来越多，王昌龄把讲解作诗之法编撰成书，名为《诗格》。书成之后，这些内容成为他授课的教案。

公元 804 年，日本僧人空海随遣唐使入唐学法，返回日本的时候，带走了多种汉籍，其中便有《诗格》。"此是在唐之日，于作者边偶得此书。

古诗格等，虽有数家，近代才子，切爱此格。"正因为僧人空海，今天我们才有幸看到王昌龄的诗学心得。

前半生弹剑高歌，后半生悔觅封侯。在无聊压抑的衙门里，王昌龄借助教诗授徒，与青年文人们讨论诗文的创作方式，一方面整理自己的诗学心得，一方面陪伴家人，寻找实现自我价值的他途。这对四十多岁的王昌龄来说，无疑是一种积极的选择。

一百多年后，一位名叫张乔的诗人，到访琉璃堂。他想起王昌龄当年在堂中的种种热闹，心生感慨，写下一首诗：

> 琉璃堂里当时客，久绝吟声继后尘。
> 百四十年庭树老，如今重得见诗人。
>
> ——张乔《题上元许棠所任王昌龄厅》

诗作吊古伤今，感叹王昌龄走后琉璃堂从此跌入一百多年的寂寞。

王昌龄一生创作将近二百首诗作。元朝典籍《唐才子传》一书曾这样描述他："昌龄工诗，缜密而思清，时称'诗家夫子王江宁'。"

第四节 一叶扁舟以渡江

从公元 740 年到 750 年，除了返回京城两年，王昌龄一直待在江宁，这里是除了家乡，他一生中停留时间最长的地方。这些年，他雅集吟咏，收徒授诗，在经历多年颠沛流离的生活后，总算平稳下来。不过，这种生活并没有持续多久。

公元 750 年，大唐盛世走向巅峰，从上至下，奢侈之风前所未有。李林甫在唐玄宗的极度信任下，权力也如盛唐一样如日中天。他只手遮天，私自大兴土木，扩建自己的园林。

江宁地区树木繁多，李林甫下令肆意砍伐，为自己的园林采集木材。

面对此事，五十三岁的江宁县丞王昌龄勇敢地站了出来，毕竟太宗李世民曾说"夫治国犹如栽树，本根不摇，则枝叶茂荣"。王昌龄在给朝廷的奏折上写道："朝中贪官欲砍青龙木，青龙柏木江宁有之，木乃百姓之物也。百姓愿，伐之；不愿，则不伐之。"他极力讽刺李林甫不顾百姓反对，强伐属于百姓的木材。

底层官员的奏折需要向上级官员层层转递，其中有着复杂的关系网，一些得罪权贵的奏折，不知在哪个环节就被扣下，或者被销毁。王昌龄是一位八品官员，他斥责李林甫的奏折，经过层层传递，最终落到了李林甫手上。

王昌龄早年间被贬岭南，就与李林甫有着千丝万缕的关系。如今，李林甫权倾朝野，王昌龄必定凶多吉少。在唐玄宗面前，李林甫诋毁王昌龄，说他在江宁整日雅集吟咏，纸醉金迷，严重失职，并上书建议将其赐死。

好在唐玄宗欣赏王昌龄的才华："朕观昌龄之错，止于不护细行，切切以重刑处之。"大意是，王昌龄罪不至死，只不过是不拘小节。虽然此事有后人杜撰的成分，但无论怎样，年过半百的王昌龄还是再次遭贬，贬谪地在更加遥远的龙标，也就是今天的贵州省锦屏县隆里乡，任职九品县尉。

王昌龄作为当时诗坛的名人，因为花天酒地被贬的谣言很快传遍了长安、洛阳等地。他的众多好友与向往他的文人士子，都发出疑问：这还是那个豪迈直言的王昌龄吗？难道他已经忘记初心了吗？

江苏镇江，唐朝时称作润州，在其市区西北侧的金山旁，有一座芙蓉楼，登高望远，可俯瞰长江，遥望江北。公元 750 年秋，王昌龄在前往龙标赴任前，在此送别好友辛渐。辛渐是王昌龄在江宁的好友，他打算从镇江取道扬州，北上洛阳。王昌龄一直陪着辛渐，从江宁走到润州，最后在芙蓉楼分别。

秋冬时节阴雨连绵，寂静清凉的江水泛着寒意，王昌龄与辛渐两人围着火炉，饮酒驱寒。借此机会，王昌龄与辛渐促膝长谈，他向辛渐倾吐心里话：洛阳城内有很多我的老朋友，如果有人问起我的情况，请你告诉他们，我的心就像冰心和玉壶一样冰清玉洁。

一夜寒雨，增添了萧瑟之意；烟雨凄迷，笼罩着天地，仿佛织成了一张看不见、摸不着却又无边际的愁网。王昌龄望着辛渐远去的方向，直到朋友的身影逐渐模糊，淹没在远山的朦胧中。

寒雨连江夜入吴，平明送客楚山孤。
洛阳亲友如相问，一片冰心在玉壶。

——王昌龄《芙蓉楼送辛渐》

一个人的孤独不算孤独，一座山的孤独才是真的孤独。王昌龄用冰心玉壶自喻，这不是洗刷谗名的表白，而是蔑视谤议的自誉。虽然后世众人多用冰壶来表达光明磊落、表里如一的品德，但都不如王昌龄的这两句，因为它不仅是送给友人的诗，还是王昌龄对自己一生的总结。

送别好友辛渐后，王昌龄再次接受了命运的安排，前往龙标县。

好友李白在听闻王昌龄被贬时，既同情又无奈，挥笔写下了一首诗：

杨花落尽子规啼，闻道龙标过五溪。
我寄愁心与明月，随君直到夜郎西。

——李白《闻王昌龄左迁龙标遥有此寄》

公元 751 年，年过半百的王昌龄来到了蛮荒之地龙标。就在这一年，千里外的长安城内，唐玄宗任命安禄山兼任河东节度使，同时为他修建豪华别墅。

今天的贵州隆里古城，就是唐朝的龙标县。古时这里地处偏远，常被人误以为险山恶水。其实，真正的龙标山清水秀，民风淳朴。由于这里远离朝廷，人们没有把王昌龄看作有罪之人，认为他不仅是来自朝廷的官员，而且是满腹经纶的文化人，所以人们很尊敬他，并以"王状元"来称呼他。

如果在之前的为官历程中，王昌龄只是诗作有名的话，那么在这里，他的基层治理能力也被展现得淋漓尽致。作为县尉，他狠抓社会治安管理，一边教化民众，一边赏罚分明。此外，王昌龄改进龙标原始的劳作方式，指导各少数民族群众兴修水利、开荒造田，扩大农业生产。空闲之时，他开办龙标书院，传授教学，把优秀的汉族文化播撒到这块极少受外来文化影响的土地上。在他的影响下，龙标各少数民族开始学习使用汉字，逐渐能用汉语交流。据传，他的诗论著作兼授徒教材《诗格》，也最终编定于此。

城外的稻香漫过田野，河岸的垂柳轻歌曼舞，新酿的米酒醉了诗人。这人世间的善良和这优美的景色，深深触动着王昌龄，于是，那些发生在生活中的趣事，全都被他收进诗里。在夏季，王昌龄与友人一起溪边野宴，中午沉醉于荷塘美景，落笔写下《采莲曲》：

荷叶罗裙一色裁，芙蓉向脸两边开。
乱入池中看不见，闻歌始觉有人来。

——王昌龄《采莲曲二首（其二）》

王昌龄将采莲少女与绿荷红莲完美融合在一起。景美人更美，一首小诗惊艳了世人千年。夏日的傍晚，溪边轻风习习。王昌龄与朋友们来到竹林深处，歌声与美酒是为了庆祝生活的美好，不要因为贬谪而沉浸在愁苦中。

沅溪夏晚足凉风，春酒相携就竹丛。
莫道弦歌愁远谪，青山明月不曾空。

——王昌龄《龙标野宴》

晨光熹微的时候，王昌龄站在沅水河畔，送别一位柴姓朋友。这次，王昌龄一反送别的伤情格调，以积极乐观的口吻、清新流利的语言，表达对友人的一片深情厚谊：

流水通波接武冈，送君不觉有离伤。

青山一道同云雨，明月何曾是两乡。

——王昌龄《送柴侍御》

　　人生须达命，有酒且长歌，只要青山依旧，明月长照，不必计较身处何方。漂泊半生的王昌龄似乎看透了人生，他不再满含幽怨，而是积极乐观地面对每一天。人生从来没有太晚的开始，放下过去，才能活好当下。

　　正当王昌龄下定决心要安稳生活的时候，一场惊天动地的历史大事件和他毫无征兆地搭上了关系。公元755年十一月初九，安禄山带着十五万人在范阳敲响鼙鼓，以奉密诏讨伐杨国忠为借口，起兵造反。耗费几代人

心血开拓的大唐盛世，在这一天被按下了暂停键。

惊天之变，猝不及防，叛乱如晴天霹雳一般，以最激烈的方式席卷了所有人。安史之乱是李隆基的痛，也是唐朝所有文人的浮华一梦。

公元756年的春天，安禄山叛乱的消息传到了偏远的龙标。王昌龄初闻消息的那一刻，被平静生活安抚下来的热血再次沸腾起来。年轻时奔赴边塞的场景，不教胡马度阴山的豪迈之气，一幕幕浮现在脑海。

中原的战火一时蔓延不到龙标，但生逢乱世，即使人如蝼蚁，也要心向阳光。当所有人都奔向江南避难时，王昌龄决定由南北上，以身救国，继续实现自己的政治抱负。史籍中并未记载王昌龄的北上行踪，他自己也没能像杜甫一样记录下当时的所见所闻。我们只知道，他的目标还未实现，命运便将他送上了更为悲惨的不归路。

公元 757 年，王昌龄走到亳州（今安徽亳州）。他刚刚进入此地，刺史闾丘晓就得到了消息。

闾丘晓，复姓闾丘，文人出身，善于写诗，一路做到刺史的位置。《全唐诗》中收录了他的一首诗《夜渡江》。此人虽然有才，但人品颇差，据说刚愎自用且刻薄寡恩。

闾丘晓听闻"诗家夫子"路过此地，便想借助王昌龄点评他的诗句给自己增加名气。王昌龄刚到亳州，闾丘晓便将他"请"到了自己家中，还让他加入自己的幕府。王昌龄本是豪迈直爽之人，此时北归心切，他不会屈服于此，甚至会极力讽刺闾丘晓。虽然历史上没有记载他们两人有着怎样的对话，但不可否认，这是一次失败的会面。

据传，在王昌龄还没有离开亳州时，这位傲慢的刺史便派人将他杀掉了。史书记载，王昌龄"以刀火之际归乡里，为刺史闾丘晓所忌而杀"。

有人说，整个盛唐七绝，王昌龄几乎独占六分之一，唯有他可以和李白争胜。回看他的一生，他好像被命运扼住了喉咙。

他生来豪气云天，却一辈子被贬，东奔西走，在蹉跎中走过一生。如果要问他的遗憾是什么，那就是：他向往边功，可未能征战沙场；他积极入仕，最高也只做到县尉；他才华出众，却遭小人妒忌，含冤而死。

生如逆旅多断肠，一叶扁舟以渡江。这样一位伟大诗人，人生亦不过惨淡收场，这是王昌龄的悲剧，也是时代的悲剧。

正义会迟到，但从不缺席。闾丘晓忘了文人"粉丝"的厉害，王昌龄有一位"铁粉"——宰相张镐。

就在这一年，睢阳之战爆发，傲慢的闾丘晓拒不执行张镐的命令，导致睢阳失守。张镐要以失期之罪杖杀闾丘晓。闾丘晓借口上有老母，乞求一条生路。张镐听到他要赡养老母，杀意更加明显。之后，闾丘晓听到了让自己肝胆俱裂的一句话："王昌龄之亲，欲与谁养乎？"

如果当初王昌龄不离开龙标，那么最多再过几年，他就会得到唐肃宗的举国大赦，和好友李白一样，迎来自由和新生。那一次，幸运的名单上，一定会有他的名字。遗憾的是，命运不能假设，人生无法重来。

王昌龄去世的消息传到龙标，当地村民为了怀念他，修建了状元亭、状元祠和状元桥，甚至有乡绅出资为他修建了一个衣冠冢，以表怀贤敬才之心。

当生命走到尽头时，不知王昌龄是怎样的心境。不管怎样，一生情感细腻的他，跟他在诗中写的一样，无论命运怎样寒风凛冽，始终"一片冰心在玉壶"。

这个曾经意气风发的少年，出走嵩山，奔波于二京，又毅然两度出塞。仕途坎坷、多遭不幸，不是他放弃努力的借口。他不信命！盛世大唐的勇敢、无畏、进取、自信，早就刻在了他的骨子里。他曾问：自己所追求的功名，究竟是何物？直到生命的最后时刻，他也没有告诉我们答案。只是，他行程万里留下的诗文，却已化为一团焰火，在盛唐绽放。

功名半纸，风雪千山

第一节　路在何方

天宝八年（749年），已过而立之年的岑参，对未来的职业发展产生了迷茫。

此时，他的官职是右内率府兵曹参军。这是一个从八品下的官职，负责管理太子府中的兵器甲仗和门禁钥匙。这份清闲的工作，岑参已经干了三年。安逸、稳定的工作环境，让他产生了危机感。是时候换个活法了。一番挣扎过后，他的脑海里再次浮现出一个思虑良久的念头：辞职。

但这个念头随即就被自我否定。"裸辞"是不可能的，岑参也只是想想罢了，毕竟在他的心中，还有一个没有实现的梦想：重振家族在大唐的荣耀。

岑氏一族最辉煌时，曾产生过三位宰相。岑参的曾祖父岑文本，曾担任相当于宰相之职的中书令，《旧唐书》评价其为"文倾江海，忠贯雪霜"。

武则天在位期间，岑文本的侄子岑长倩将岑氏家族推向巅峰。岑长倩官拜文昌右相，权势仅次于文昌左相武承嗣。武承嗣是武则天的侄子，当时拥立其为太子的呼声正器。岑长倩表示反对，并奏请严查上表者，因而得罪武氏一族。为了铲除异己，酷吏来俊臣受命，诬陷岑长倩意图谋反。一时间，岑氏一族遭遇灭顶之灾。岑长倩成了谋反作乱的乱臣贼子，被当众斩首。他的五个儿子也未能幸免。

武则天退位后，帝王的宝座重回李氏一脉。岑长倩的侄子、岑参的伯父岑羲出任宰相。

开元元年（713年），唐玄宗登基初始，太平公主一党就密谋废黜新帝。皇室再起风云，生存与毁灭的选择又一次在这个家族出现。这次，岑羲选择依附太平公主。然而，错误的选择使得岑氏一族蒙受重创。太平公主的阴谋败露后，岑羲被杀，其族人也多被流放。

一门三相的荣耀时刻，至此不复存在。

大约在开元三年（715年），岑参在仙州出生。此时，父亲岑植正担任仙州刺史。虽然家族荣耀已成尘烟，但凭借父亲的俸禄，全家人的生活也能得到维系。

开元十七年（729年），已经升职为晋州刺史的岑植，在任上突然去世。岑参无忧无虑的时光，戛然而止。

父亲的离世，让他失去了最重要的依靠。两个同父异母的哥哥岑渭、岑况已经长大成人，外出自谋生路。他和两个弟弟，则随母亲迁往河南府王屋县。这里有岑参祖上留下的别业，岑参称之为"青萝旧斋"。一年以后，岑参又举家迁往嵩阳，隐居于嵩山脚下。

嵩山，是中国佛教禅宗的发源地，也是著名的道教圣地。嵩山之北可以俯瞰黄河，嵩山毗邻东都洛阳。那时，无论是达官显贵还是隐士名流，都喜欢在嵩山脚下建一座房子，感受隐居山野的乐趣。岑参在这里生活了五年，嵩山见证了他从少年到青年的蜕变。

隐居山野，岑参的生活多了很多趣味。有时，他外出寻访隐士。

山店不凿井，百家同一泉。

晚来南村黑，雨色和人烟。

霜畦吐寒菜，沙雁噪河田。

隐者不可见，天坛飞鸟边。

——岑参《宿东溪王屋李隐者》

有时，他登临山间，与高道大德谈经论道。

昨诣山僧期，上到天坛东。

向下望雷雨，云间见回龙。

夕与人群疏，转爱丘壑中。

心澹水木会，兴幽鱼鸟通。

稀微了自释，出处乃不同。

况本无宦情，誓将依道风。

——岑参《自潘陵尖还少室居止，秋夕凭眺》节选

有时，他又与三两好友曲水流觞，开怀畅饮。

竹径春来扫，兰樽夜不收。

逍遥自得意，鼓腹醉中游。

——岑参《南溪别业》节选

闲适安逸的生活，岑参乐在其中。然而在这份逍遥自在里，却总是夹杂着一些暗藏在心底的苦涩。作为名门之后，岑参想要重振家族昔日的荣耀。想要达成所愿，入仕是唯一的途径。

我们能理解岑参的心理落差，他的先祖有三位宰相，而自己却是一介布衣。因此，这种心理落差导致他对仕进有很强烈的渴求。而且当时的知识分子，人生出口是很狭窄的，读了书之后，要想实现自己的人生理想、人生价值，除了仕进，没有别的渠道。经商？那个年代把商业视为末业。如果当一个私塾先生，岑参肯定又不甘心。所以综合来看，去入仕，在当

时来说是天经地义的事情。

（陕西师范大学教授　于赓哲）

多年的修习让岑参对自己的学识足够自信，他选择的第一条求仕之路是献书阙下。

汉代的司马相如就是因为献书阙下，得到了皇帝的赏识。所以献书阙下对唐朝文人来说，是一条捷径。

（陕西师范大学教授　于赓哲）

大唐，从不讳言求官。向皇帝献书，就意味着要和同时代全天下最优秀、最有学识的读书人一同竞争，博取声名。为了这一刻，岑参已经等待了数年。

云霄坐致，青紫俯拾。

——岑参《感旧赋》节选

岑参称自己"二十献书阙下"。当然这个用词可能有点夸张，但他当年肯定是做过这件事情。读书人在一种非常自信的环境下，觉得自己比官场里面那些"老油条"可能更厉害一些，我对这个国家的很多方面有自己的见解，于是通过这样的方式，把自己的见解写成文字，然后送到朝廷。像我们熟悉的陈子昂，当年直接给武则天上"万言书"。武则天看了之后很高兴，认为这个年轻人有想法，马上把他从四川提拔上来，调到朝廷去任职了。

（长江大学教授　李征宇）

于是，五年以后，嵩山脚下、洛水之畔，少了一位醉心山林的隐士；热闹的长安与洛阳，多了一位追寻人生理想的热血青年。

开元二十三年（735 年），二十一岁的岑参去往东都洛阳，向唐玄宗献赋。岑参不知道的是，大城市的漂泊生活一旦开启，身后的故乡就再也回不去了。

开元年间，唐玄宗创造了空前的盛世。然而，从开元十六年开始，这位精通音律的开明帝王，早已在"丰功伟绩"中迷失自己。大唐历时一百

余年积累的财富，成了他纵情享乐的工具；后宫的歌舞声色，已经让唐玄宗无心国事。

繁华的洛阳城没有给这位寒门书生一个机会。和其他文士的献赋一样，岑参苦修多年的文章没有得到半点音信。岑参不甘心，他决定去往当时的另一座国际大都市——长安，再试一试。他真诚地叩开达官贵人的朱门，向他们自荐。然而，期待的眼神，终究变得暗淡。干谒的结果依然是被拒之门外。

潼关，是扼守关东与关西的重要关隘，也是来往洛阳与长安的必经之地。为了寻找入仕的机会，岑参在东西二京一次又一次地往返。每次过关时，守关士兵都会查验身份，这是他最尴尬的时刻。

来亦一布衣，去亦一布衣。

羞见关城吏，还从旧路归。

——岑参《戏题关门》

岑参在这条古道上，来来回回走了几年。他曾经天真地以为，只要有真才实学，就能够得到重用。然而，在大城市生存并不容易，工作至今还没有着落，偌大的长安，没有他出入庙堂的机会。

我从东山，献书西周；出入二郡，蹉跎十秋。多遭脱辐，累遇焚舟；雪冻穿屦，尘缁散裘。嗟世路之其阻，恐岁月之不留。春城阙以怀归，将欲返云林之旧游。

——岑参《感旧赋》节选

和许多求仕未果的学子一样，岑参也曾不止一次想过放弃，离开人潮汹涌的长安，回到山林隐居。退居嵩山，没有了生活成本的压力，也少了世俗的烦恼。即使一介布衣，生活或许也会十分惬意。而继续漂泊在长安，未来不确定，也并不可期。

进或者退，对岑参来说，选择并不艰难。因为他的梦想早已寄存在了长安。岑参口口声声说自己想要退隐，身体却诚实地留了下来。尽管与潼关守吏相遇，让他自觉羞愧难堪，但为了入仕，岑参不得不一次次与他们相遇。

在当时呢，仕进的途径有不少。很多人其实就是一个字，不断地"试"。他试一试这个途径，试一试那个途径，大家都是这样做的，所以岑参也不能免俗。

（陕西师范大学教授　于赓哲）

在长安游历期间，岑参交到了许多好友，其中就有边塞诗人王昌龄。王昌龄比岑参大近二十岁，两人成了忘年交。

与岑参不同，王昌龄出身寒微。及第之前，王昌龄的人生经历同样丰富。开元十三年（725 年），他曾远赴西北，漫游边塞。在尚武的大唐，从军的热情在长安的文人圈里久盛未衰。来到边塞的王昌龄，感受着大漠、雄关、孤城、雪山带来的冲击，写下了气势雄浑的边塞诗文。

觥筹交错间，消磨失意的时光似乎也没有那么困难了。开元二十八年（740 年），王昌龄因得罪权臣，被贬为江宁丞，即将离开长安。岑参在送别时，嘱咐道：

> 君行到京口，正是桃花时。
>
> 舟中饶孤兴，湖上多新诗。
>
> 潜虬且深蟠，黄鹄举未晚。
>
> 惜君青云器，努力加餐饭。
>
> ——岑参《送王大昌龄赴江宁》节选

王昌龄深知岑参的苦闷，他也写诗劝慰道：

> 岑家双琼树，腾光难为俦。
>
> ——王昌龄《留别岑参兄弟》节选

是啊，人总不能一直活在过去，而使光阴虚掷。王昌龄的话，他听了进去。"功名须及早，岁月莫虚掷。"既然献赋这条路走不通，那就去参加科举考试。为此，岑参做足了考前的准备工作，甚至举家迁往离长安更近的终南山高冠谷中。

天宝三年（744 年），岑参以第二名的好成绩高中进士。那一年，他正好三十岁。从寻求入仕到获得功名，岑参用了整整十年。天宝四年（745 年），岑参通过吏部考核，正式入职太子府，这是他进入仕途的第一份工作。如今，工作三年多了，作为一名小吏，他无权决策事务，更无法有所建树。而且岑参秉性正直、性格率真，不屑于溜须逢迎，并不受太子李亨赏识。

而此时的李亨，"太子"这份工作同样干得不顺心。唐玄宗对继承人颇多猜忌，前任太子李瑛就曾以谋逆之罪，被狠心杀害。而唐玄宗的宠臣、右相李林甫也正四处搜集证据，诬告李亨暗中勾结外戚、边将，意图谋反。

危险环伺，让李亨自顾不暇，丝毫不敢在朝堂有所作为。太子府里的一众官员，许多也已经多年未曾有过升迁。

岑参意识到，太子府并不是寄托自己功名的理想之地，一股无力感油然而生。奔波十年换来的入仕机会，似乎用尽了岑参的运气，继续留在长安，已经看不到未来。为了实现重振家族的理想，他将求取功名的目光投向了大唐的边塞。

边塞，一个既熟悉又陌生的地方。他从未去过，但早已听闻长安的许多朋友提及。那里孤寂、荒凉、烟尘四起；那里同样热血、新奇，充满希望。

修身、齐家、治国、平天下是所有古代读书人的梦想。而只有不断获取功名，受到重用，才华才不至于被淹没，平生所学才能不被辜负。

只有投笔从戎，建立军功，才能有机会重振家族在大唐的荣耀。可是，一个早已失去家族庇护的八品小吏，又能去哪里寻找机会呢？

第二节　一路向西

公元 748 年的一天，岑参在长安为一位朋友饯行。这位朋友是唐代著名的书法家、时任监察御史的颜真卿。他奉命离京，外出巡察河西、陇右一带。这两处地方正处于大唐的西北边塞。

此刻，岑参百感交集。边塞之地孤寂苍凉。一方面，他心疼自己的朋友，希望他保重身体；另一方面，他也羡慕朋友，不知道自己何时能够有机会去往边塞。

复杂的思绪在别离时涌出。虽身在长安，边塞特有的悲凉之音却仿佛已在他的耳畔响起。

君不闻胡笳声最悲，紫髯碧眼胡人吹。

吹之一曲犹未了，愁杀楼兰征戍儿。

凉秋八月萧关道，北风吹断天山草。

昆仑山南月欲斜，胡人向月吹胡笳。

胡笳怨兮将送君，秦山遥望陇山云。

边城夜夜多愁梦，向月胡笳谁喜闻？

——岑参《胡笳歌送颜真卿使赴河陇》

唐朝时期，胡笳流行于塞北及河西走廊一带，能吹奏出悲鸣之声。颜真卿能理解朋友的感受，但此刻，他们只能互道一声珍重。如果不想求取功名，那么岑参在长安常伴亲人，安逸地度过余生，或许会是一个不错的选择。

就在岑参以为从军无望时，好友给他送来了一个惊喜。颜真卿在河西、陇右巡察期间，遇见了安西节度使高仙芝，并极力向其推荐了岑参。

高仙芝，《旧唐书》中描述他"美姿容，善骑射，勇决骁果"。这位来自高句丽的少数民族将领，继承了父辈善战的将才，二十多岁的时候，便凭借军功被封为游击将军。此后十多年时间里，他的军事才能在西域得到了充分施展。天宝六年（747年），他曾亲率一万多精锐，在没有后援、缺少补给的情况下，行程万里，平定小勃律国叛乱，生擒其国王，并击退吐蕃十万援军，创造了古代军事史上的一个奇迹。

高仙芝是唐玄宗后期的一员名将。他率领唐军克服高原、雪山的恶劣环境，然后快速突进，趁敌不备实施斩首作战、特种作战，击败了小勃律，同时也击败了吐蕃。这场战役可以说是威震了整个西域。

（陕西师范大学教授　于赓哲）

此战之后，高仙芝正式荣升安西节度使，全面执掌西域。公元749年，这个身材高大、长相俊美，又有儒雅风度的将军，回到长安述职。他的出现备受瞩目。在长安，高仙芝向朝廷提出一份用人名单，岑参名列其中。朝廷很快批准，任命岑参为右威卫录事参军，并以这个职衔担任节度使幕府掌书记。

入职安西幕府，与战功赫赫的高将军共事，这令岑参喜出望外。更令他期待的是，如果能在西域立下军功，东归之时自己或许也能如同今日的高将军，马踏长安，重振家族、封妻荫子也不再是梦想。虽然与高仙芝素未谋面，但他已经相信，高仙芝就是自己的伯乐。

公元 749 年，秋冬之交，西行的路上，多了一个追逐梦想的文人。长安渐远，景色也越来越荒凉。岑参在奔走求仕的十年里，也曾多次远游，却从来没有像今天这么想家。此行，有启程的日子，却不知道何日是归期。

他在路途中，遇到了一个从西域返回长安的官员。那种熟悉又陌生的感觉，让他们有了惺惺相惜之感。短暂的交谈过后，他请对方抵达长安后给家人捎个口信。

> 故园东望路漫漫，双袖龙钟泪不干。
> 马上相逢无纸笔，凭君传语报平安。
>
> ——岑参《逢入京使》

西出阳关后，可能就很难告诉家人自己的境况了。一声平安，既是对家人的宽慰，也是告诉他们，此次从军势在必行。长路漫漫，如果说思乡不过是感情上的挣扎，那么脚下崎岖的道路，将让他真实地感受到西行之路的艰难。

> 十日过沙碛，终朝风不休。
> 马走碎石中，四蹄皆血流。

万里奉王事，一身无所求。

也知寒垣苦，岂为妻子谋！

——岑参《初过陇山途中呈宇文判官》节选

　　繁华的长安已经被他抛在了身后，路上行人越来越少。脚下的碎石、如刀的疾风，似乎都想要劝退这个不远万里奔赴边疆的诗人。然而，他越往西，为国尽忠、建功立业的想法就越强烈。

　　一路上，他不断给自己做着心理建设。沿途所见识的风景，在他看来不过是一重重的考验。他像是一个苦行僧，又像是一个好奇的学生，真实地记录着沿途的一切。离长安越远，西域越发奇特。自然造化带来的视觉冲击涌至眼前，这是他从未见过的大唐新世界。

　　他行进在祁连山脉之间，感受着河西走廊的新奇。

昨夜宿祁连，今朝过酒泉。

黄沙西际海，白草北连天。

——岑参《过酒泉忆杜陵别业》节选

　　他在敦煌与伊州之间的大片沙漠里，感叹人类的渺小。

沙上见日出，沙上见日没。

悔向万里来，功名是何物。

——岑参《日没贺延碛作》

　　他在临近寒冬之时抵达西州（今新疆维吾尔自治区吐鲁番盆地一带），又惊奇于此时火焰山的炽热。

我来严冬时，山下多炎风。

人马尽汗流，孰知造化功？

——岑参《经火山》节选

　　当他从天山西南穿越峡谷，行进二百余里后，横冲直撞的疾风、狂沙终于不再是他前行的阻碍，它们激荡起的，只有他建功立业的热情。

银山碛口风似箭，铁门关西月如练。

双双愁泪沾马毛，飒飒胡沙迸人面。

丈夫三十未富贵，安能终日守笔砚！

——岑参《银山碛西馆》

作为一个男人，到了三十岁仍然碌碌无为，又怎么能够安心终日死守书房，吟诗作赋？

岑参的西域之旅，途经陇山、燕支山、祁连山、敦煌，然后出阳关，经过蒲昌海，到达西州。然后继续西行，经过银山碛、铁门关。历时两个多月，终于在这一年年末，到达了他新事业的希望之地——安西。

岑参在高仙芝幕府担任掌书记，主要负责公文起草工作。虽然仍是八品小吏，但作为节度使之下掌管军政、民政的机要秘书，他无疑会与高仙芝有许多交集，也更有机会获得重用。

安西都护府下辖龟兹、焉耆、疏勒、于阗等军事重镇，它们相隔甚远，单程距离至少数百里。除了跟随高仙芝左右，岑参还时常需要去各地军营传达主帅的命令，监督主将执行军令，或者去前线了解敌我情况，提出作战方案，供高仙芝参考。虽然不能驰骋疆场，亲自上阵杀敌，但如果计策能够得到高将军的采纳，建功立业同样指日可待。

历史上，并没有留下岑参与高仙芝在安西相处的细节文字记载。但从岑参在安西留下的诗文中不难看出，岑参失算了。边塞确实有建功立业的机会，然而，这些机会并不像想象中那么容易得到。

初到西域时，岑参遍走安西，拟定出定边之策，但他提出的一些意见与高仙芝的主张产生了分歧。性格耿直的岑参，自认为自己的想法有利于边塞和平，便毫不犹豫地一次又一次提出建议。表面上，高仙芝夸赞他尽忠职守，但内心对他并不信任。

当时高仙芝手下猛将如云，因此岑参可能很难进入高仙芝的视野。从这点上来说呢，岑参可能只是高仙芝幕府当中一个不太起眼的人物。

（陕西师范大学教授　于赓哲）

绝域地欲尽，孤城天遂穷。

弥年但走马，终日随飘蓬。

寂寞不得意，辛勤方在公。

——岑参《安西馆中思长安》节选

西域的风景依然瑰丽，但岑参已不像来的时候那般兴奋。他在安西待了一年后，事业上并没有什么起色。自然的神奇造化和自己的怀才不遇，成了绝妙的对比。在安西一个又一个清冷的夜晚，岑参想家了。

苜蓿峰边逢立春，胡芦河上泪沾巾。
闺中只是空相忆，不见沙场愁杀人。

——岑参《题苜蓿峰寄家人》

如果说，高仙芝对岑参的冷落只是出于谋略上的分歧，那么，高仙芝性格上的一个缺陷则为西域酝酿了一个重大的危机。《旧唐书》直言不讳地记载"仙芝性贪"，他也被后人戏称为唐朝最为贪婪的武将。一般的贪官是穷极手段压榨百姓、贪墨国库，而高仙芝则有其"独特"的方式。

从正史的记载来看，高仙芝攻破石国（西域小国）之后，有占人财物和比较残暴的一些举动。

（陕西师范大学教授　于赓哲）

攻破石国后，高仙芝将石国府库中的奇珍异宝几乎劫掠一空。《新唐书》记载，高仙芝"获瑟瑟十余斛、黄金五六橐驼、良马宝玉甚众，家赀累钜万"。

石国灭亡后，逃走的石国王子准备向大唐复仇，并暗通大食。大食是与大唐毗邻的另一个超级大国，它在短短的几十年间崛起，对西域垂涎已久。此时的它嗅到了机会，准备以此为机进攻西域，并一举拿下安西四镇。公元 751 年，唐朝与大食两大帝国的巅峰对决一触即发。

当时的石国与唐朝处于尖锐的对立局面。第一，它与拔汗那国（唐朝属国）有着很深的矛盾。第二，它联合了黄姓突骑施与唐朝为敌，结果造成了唐朝在碎叶川一带的利益受损。所以对高仙芝来说，必须攻克石国。当然了，也正因为他本人的行为不检点，给了石国上下向外求援的理由。

（陕西师范大学教授　于赓哲）

这一年，是岑参来到西域的第三年。此时，他已离开安西，奉命驻守凉州。得知大食的意图后，高仙芝决定先发制人，主动进攻。

这种情况下，引来了大食的干预，最后爆发了怛罗斯之战。

（陕西师范大学教授　于赓哲）

高仙芝率领大唐联军长途奔袭，深入敌后七百余里。已经在西域等待了三年的岑参，内心汹涌澎湃，作为幕府的一员，此战能否取胜，同样关系着他的前途。同僚刘单启程返回安西时，岑参罕见地为高仙芝写下一首壮行诗，请其代为转呈。

都护新出师，五月发军装。
甲兵二百万，错落黄金光。
扬旗拂昆仑，伐鼓震蒲昌。
太白引官军，天威临大荒。
西望云似蛇，戎夷知丧亡。
浑驱大宛马，系取楼兰王。
——岑参《武威送刘单判官赴安西行营，便呈高开府》节选

骑着战马建功沙场，这才是大丈夫应该做的事情。一同驻守的同僚纷

纷启程参战，岑参也按捺不住心中的澎湃，渴望能够上阵杀敌。

> 脱鞍暂入酒家垆，送君万里西击胡。
> 功名只向马上取，真是英雄一丈夫。
>
> ——岑参《送李副使赴碛西官军》节选

骁勇善战的高将军曾创造以少胜多的军事奇迹，岑参相信，这次同样能够取得胜利。

然而，战事的进展出乎所有人的预料。就在双方僵持最为关键的时候，大唐联军中一部分西域国家的军队临阵倒戈，并与本就人数远超唐军的大食军队夹击唐军。

英勇的唐军虽然重创敌人，但自身近乎全军覆没，数万唐军仅有数千人幸存。这场历史上著名的怛罗斯之战，以唐军战败宣告结束。这是大唐经略西域以来受到的最大挫折。唐玄宗震怒，解除高仙芝的安西节度使之职，并将其召回长安。节度使都已经被免职了，他的幕府当然也就解散了。

岑参期待的胜利没有出现，主帅被问责后，他的军功也化为泡影。岑参第一次西域逐梦之旅，黯然收场。

第三节　轮台万里

公元 752 年的秋天，岑参登临唐朝诗人的"打卡胜地"——慈恩寺塔。一同赴会的高适曾去过蓟北，后来又到过陇右、河西，并在节度使哥舒翰的幕府中任职。那时候，与岑参奔赴安西一样，高适同样将求取功名的希望寄托在边塞。

> 秋风昨夜至，秦塞多清旷。
> 千里何苍苍，五陵郁相望。
>
> ——高适《同诸公登慈恩寺浮图》节选

杜甫比岑参还大几岁，他曾向唐玄宗献上《三大礼赋》，获得入朝为官的资格，但至今没有获得任何官职。常年奔波劳累加上生活贫苦，杜甫还患上了长卿病（今指糖尿病），看起来比同龄人显得更憔悴一些，脸上写满了忧虑。

> 高标跨苍穹，烈风无时休。
> 自非旷士怀，登兹翻百忧。
> ——杜甫《同诸公登慈恩寺塔》节选

而从安西归来、寸功未立的岑参，又回到长安，过起了闲云野鹤般的生活。重振家族荣耀的梦想如今看起来，也是遥遥无期。

> 塔势如涌出，孤高耸天宫。
> 登临出世界，蹬道盘虚空。
> 突兀压神州，峥嵘如鬼工。
> …………
> 誓将挂冠去，觉道资无穷。
> ——岑参《与高适薛据同登慈恩寺浮图》节选

岑参又一次喊出了辞官的口号，但也只是喊了喊。这群壮志未酬的中年人不会想到，在之后短短的几年时间里，各自的命运都将发生一次巨变。或许是惨淡的人生轨迹更加相似，岑参和杜甫这对朋友相识不久就互为知己。杜甫后来说，在他一生交往的朋友中，除了李白、高适，岑参是最重要的一位。

在那段不顺心的日子里，岑参常常约着杜甫一起在渼陂湖上泛舟听曲。

> 岑参兄弟皆好奇，携我远来游渼陂。
> 天地黯惨忽异色，波涛万顷堆琉璃。
> ——杜甫《渼陂行》节选

> 闲鹭惊箫管，潜虬傍酒樽。
> 暝来呼小吏，列火俨归轩。
> ——岑参《与鄠县群官泛渼陂》节选

杜甫和岑参都出身名门望族。杜甫的祖父叫杜审言，曾经在初唐年间做过宰相，而岑参的家族与杜甫相比可能更好一些。岑参自述"国家六叶，吾门三相"，国家才经过了六朝，我们家里面当宰相的人就有三个了。所以在时代的影响下，在个人家族的这种背景下，岑参是希望有所作为的。但是现实对于岑参来讲是非常残酷的。

（长江大学教授　李征宇）

朋友可以互诉衷肠，但兴尽归来，明日却又是一场碌碌无为的生命体验。

> 曩为世人误，遂负平生爱。
> 久与林壑辞，及来松杉大。

——岑参《终南山双峰草堂作》节选

岑参对前途的失落，从西域返回后就再没有消失过。他只能不停地以"珍惜当下，过好每一天"为由，借着酒劲儿，安慰自己。

> 昨日一花开，今日一花开。
> 今日花正好，昨日花已老。
> 始知人老不如花，可惜落花君莫扫。
> 人生不得长少年，莫惜床头沽酒钱。
> 请君有钱向酒家，君不见，蜀葵花。

——岑参《蜀葵花歌》

公元 754 年，岑参已经在长安蹉跎了三年。一封来自故交的信，让岑参刚刚静下来的心再起波澜。来信的人是他在安西幕府中的同僚封常清，他邀请岑参再回边塞。封常清是一名孤儿，幼年时，祖父因罪被流放，自己也一同来到西域，三十多岁时投身安西军营。后来他毛遂自荐，请求担任高仙芝的侍从。

在高仙芝麾下，封常清显露出极高的军事才能。他料敌如神，所思所想常与高仙芝不谋而合，因而深受器重。高仙芝率军出征时，都护府的日常事务全由封常清负责处理。

封常清身为文人，没有人教他兵法，但是他对于兵法可以说是运用自如。有一次战役胜利之后，高仙芝还没有下命令，封常清就开始起草捷报，捷报写得文采飞扬，而且还把军队前进的路线，哪个地方有井眼，哪个地方有泉水，我们的路线如何，我们如何布阵，说得一清二楚。从这个时候开始，高仙芝就觉得封常清是个不可多得的天才。

（陕西师范大学教授　于赓哲）

怛罗斯之战后，高仙芝黯然回京。封常清接过守护安西的重担，开始修复唐王朝在西域的声望。公元 753 年，岑参黯然回京的第二年，封常清指挥唐军果断出击受吐蕃胁迫的大勃律国，捷报很快传至长安。

岑参收到来信时，封常清凭借在西域获得的军功，成为朝廷新任命的北庭节度使，他的儿子被赐封五品官，去世的父母皆获封爵。回望西域，短短数年，岑参与一个个军功失之交臂。看着昔日的同僚功成名就，岑参的眼睛里再次有了光。他知道，自己已经无法像魏晋名士陶渊明那样放下一切隐居山野了。封常清的橄榄枝抛来后，岑参决定抓住这次机会，去实现自己还未完成的理想。

武威，古称凉州，河西走廊上的边塞重镇。西汉年间，汉武帝派遣骠骑将军霍去病远征河西，击败匈奴。为彰显大汉的"武功军威"，凉州改为武威。

与三年前相比，这次重返西域，岑参已经结识了许多朋友。途经凉州时，看着弯弯的月亮挂在城头，听着胡人的琵琶弹奏出悲鸣之声。夜晚的萧瑟，难敌与朋友的相谈甚欢。此时，岑参的心中没有愁绪，去往北庭，只有快意。

弯弯月出挂城头，城头月出照凉州。

凉州七里十万家，胡人半解弹琵琶。

琵琶一曲肠堪断，风萧萧兮夜漫漫。

河西幕中多故人，故人别来三五春。

花门楼前见秋草，岂能贫贱相看老。

一生大笑能几回，斗酒相逢须醉倒。

——岑参《凉州馆中与诸判官夜集》

这一年夏秋之交，岑参经过陇头、临洮（今甘肃临洮县）、金城（今甘肃兰州）、凉州（即武威郡），又经过玉门关、莫贺延碛，终于到达了

北庭府城（今新疆维吾尔自治区吉木萨尔县北）。

北庭都护府统辖天山以北，包括阿尔泰、巴尔喀什湖以西广大地区。天宝年间，都护府的职权和节度使大致相同，全面负责地方军队、钱粮等事务。岑参在封常清幕府中担任支度判官，协管军资粮仗等后勤工作。数十年前，他的曾祖父、宰相岑文本，在唐太宗东征高句丽时，也曾在军营里做过此类工作。虽然和在安西一样，不能冲锋陷阵，但对于这份工作，岑参显然乐在其中。

封常清与岑参可以说是惺惺相惜。一个原因是岑参把封常清看作自己的榜样，他可能心中无数次地想：我以后能不能像封常清一样，实现自己人生的抱负？因为封常清的出身和走的路径，跟岑参非常相似。而封常清可能也会把岑参看作以前的自己。

（陕西师范大学教授　于赓哲）

高仙芝兵败安西后，吐蕃、突厥等各方势力蠢蠢欲动，不时侵扰西域。此时，大唐对西域的掌控仍然牢不可破。为了维护西域安宁，封常清在天宝末年开展了一系列军事行动。他集结唐军，从轮台出发，率军讨伐。岑参为他写下了名篇《轮台歌奉送封大夫出师西征》。

上将拥旄西出征，平明吹笛大军行。

四边伐鼓雪海涌，三军大呼阴山动。

——岑参《轮台歌奉送封大夫出师西征》节选

天空中黄沙漫漫，地面上乱石拍空。虽然不能领兵出征，但此时，岑参和他的主帅封大夫拥有同样的激情。

> 君不见走马川行雪海边，平沙莽莽黄入天。
> 轮台九月风夜吼，一川碎石大如斗，随风满地石乱走。
> 匈奴草黄马正肥，金山西见烟尘飞，汉家大将西出师。
> 将军金甲夜不脱，半夜军行戈相拨，风头如刀面如割。
> 马毛带雪汗气蒸，五花连钱旋作冰，幕中草檄砚水凝。
> 虏骑闻之应胆慑，料知短兵不敢接，车师西门伫献捷。
> ——岑参《走马川行奉送出师西征》

封常清亲率唐军，又接连打了几个胜仗。他在寒风中送封大夫出征，又在落日的余晖中迎接封大夫凯旋。

> 西郊候中军，平沙悬落晖。
> 驿马从西来，双节夹路驰。
> 喜鹊捧金印，蛟龙盘画旗。
> ——岑参《北庭西郊候封大夫受降回军献上》节选

唐军出征，敌人不战而降。西域获得了暂时的安定，朝廷的封赏也纷至沓来。那时，封常清还不到四十岁，已是朝廷的正三品大员，岑参也被提拔为从六品的度支副使。

一瞬间，在岑参的心里，西域的天亮了。

> 何幸一书生，忽蒙国士知。
> 侧身佐戎幕，敛衽事边陲。
> 自逐定远侯，亦着短后衣。
> 近来能走马，不弱并州儿。
> ——岑参《北庭西郊候封大夫受降回军献上》节选

在安西时，雄奇的异域风光在他眼中只剩下愁云惨淡。但在北庭，即使风沙草石、火山冰雪给人以萧瑟之感，我们依然能够从诗文中感受到他的自信与豪迈。这是他的一生中最为高光的时刻。

火云满山凝未开，飞鸟千里不敢来。

——岑参《火山云歌送别》节选

天山雪云常不开，千峰万岭雪崔嵬。

——岑参《天山雪歌送萧治归京》节选

西域，梦想之地。有的人来此，只为在有限的生命中，在大漠孤烟、长河落日间，来一番别样的人生体验；有的人以汉将之名，西出阳关，只盼有朝一日能够建功立业，登临凌烟之阁；而有的人，只为在荆棘满布的人生路上闯出一片天地，并把自己的一生交给大唐。

那时，西域海纳所有人来此逐梦，西域也欢送所有人梦圆回京。

与中原的气候不同，八月的西域，大雪已至。室外刺骨的寒风，难掩营帐内气氛的热烈。同僚武判官即将东归长安，在为他饯行的宴会上，胡琴、琵琶、羌笛一同在天山和鸣。

北风卷地白草折，胡天八月即飞雪。
忽如一夜春风来，千树万树梨花开。
散入珠帘湿罗幕，狐裘不暖锦衾薄。
将军角弓不得控，都护铁衣冷难着。
瀚海阑干百丈冰，愁云惨淡万里凝。
中军置酒饮归客，胡琴琵琶与羌笛。
纷纷暮雪下辕门，风掣红旗冻不翻。
轮台东门送君去，去时雪满天山路。
山回路转不见君，雪上空留马行处。

——岑参《白雪歌送武判官归京》

宴会结束，雪还在下。友人沿着天山山路远去，直到峰回路转不见了踪影。岑参没有离开，在原地久久站立。

20 世纪 70 年代，新疆吐鲁番阿斯塔那 506 号唐代古墓中出土了《长行坊支贮马料文卷》。这份文书中提及的岑判官，就是岑参。

在这一张薄薄的原始记录里，这位诗人转战大漠的身影跃然眼前。

为了功名，岑参两度出塞。他驰骋在大漠、边关，努力抓住自己能够争取到的每一次机会。为了建功立业，他四处奔波，跨过天山南北、险要关塞，去边远的盐泽（今罗布泊），去一望无垠的白龙堆（今新疆维吾尔自治区南部库木塔格沙漠）。

他在驿站间飞驰往来，奔波于庭州、轮台、交河等地，为的就是在这个生机勃勃的大唐建功立业，重拾家族荣耀。但是现在，他距离自己的梦想，还很远。

> 秋雪春仍下，朝风夜不休。
> 可知年四十，犹自未封侯。
>
> ——岑参《北庭作》节选

偶然间的失落，只因功名来得太慢。但遇到封常清后，自己这颗在长安蒙尘的明珠，有了发光发亮的机会。身处荒原，未来依然可期。

> 岑参尽心尽力地辅佐封常清，而封常清也提携帮助岑参。所以我们在读岑参的诗文时就有一个感触，岑参与封常清之间关系似乎更加密切。
>
> （陕西师范大学教授　于赓哲）

公元755年十一月，北庭寒冬已至。这一年年末，封常清入朝奏事，岑参满怀期待，等候着封大夫带回朝廷的嘉誉。然而，他不知道的是，千里之外的长安，大乱将至。

同年十二月，担任范阳、平卢等三地节度使的安禄山，发动了一场蓄谋已久的叛乱。身在长安的封常清临危受命，募兵平叛。然而，临时拼凑的唐军，在训练有素的叛军面前不堪一击，叛军势如破竹，很快攻陷洛阳。

封常清带着残部退至陕郡，投奔昔日上司高仙芝。随后，他和高仙芝又被迫率军退至潼关。两位从西域而来的将领，再次并肩作战。唐军接连失利，令唐玄宗震怒。朝廷派来的监军、宦官边令诚向二人索贿不成，便趁机诬陷二人贪墨军饷。盛怒之下，唐玄宗下令将二人赐死。守护大唐的"双子星"同时陨落。

封常清和高仙芝遇害的消息，在第二年春天传入北庭大营。从去年年底封常清入朝，如今不过短短几个月的时间，两位上司均被冤杀。一切都来得太快，岑参甚至还没有做好心理准备。看到封常清临死前写下的遗表，

他悲恸不已。

臣死之后，望陛下不轻此贼，无忘臣言，则冀社稷复安，逆胡败覆，臣之所愿毕矣。仰天饮鸩，向日封章，即为尸谏之臣，死作圣朝之鬼。

——封常清《封常清谢死表闻》节选

失去了最重要的依靠，岑参在北庭挨过了一个异常寒冷的冬季。

将军初得罪，门客复何依。

——岑参《送四镇薛侍御东归》节选

岑参先后两次出使西域，历时五年，行程万里，只为有所建树，然而事业刚刚有所起色，又瞬间沉入谷底。

高仙芝和封常清两名大将的死，并没有能够阻止唐军的溃败。公元756年，叛军攻破唐军防线，直逼长安。唐玄宗带着宠妃杨玉环仓皇逃往

蜀地。在大臣的簇拥下，太子李亨在灵武火速即位，是为唐肃宗。第二年，唐肃宗迁往临时国都——陕西凤翔。这场突如其来的战乱，让岑参梦碎西域。而他的朋友杜甫、高适等人，此刻也不得不为自己寻找一处安身立命之所。

天宝十五年（756 年），就在岑参离开长安的第二年，杜甫也终于被授予了一个小官——太子右卫率府兵曹参军。巧合的是，这个官职曾是岑参入朝为官的第一站。得知太子即位的消息后，杜甫逃离已经陷落的长安，前往凤翔迎驾。一片赤诚感动了唐肃宗，他被授予左拾遗的官职。

安史之乱发生时，高适曾任职于河西节度使哥舒翰幕府。高仙芝和封常清遇害后，哥舒翰接下了在潼关抵挡叛军的重任。但他冒险迎敌，不但使得唐军大败，自己也不幸被俘。高适趁乱逃脱，先是向蜀地投奔唐玄宗，后又奔赴凤翔，受到唐肃宗的重用。

自己曾经的上司、曾经的太子，摇身一变成了皇帝，而且成了好友们的庇护者。但此时的岑参就没有那么幸运了。没有朝廷的命令，岑参不能贸然东归。乱世中，这个不起眼的小人物，似乎被大唐遗忘了。

第四节　客舍悲风

至德二年（757 年）六月十一日，凤翔城内。门下省左拾遗杜甫已经备好了笔墨，准备在第二天早朝向皇帝上疏，请求将岑参从西域召回。杜甫不知道岑参的近况，但"罪臣"封常清伏法，受牵连的岑参日子一定不会好过。

杜甫深知自己人微言轻，他在凤翔来回奔波，多方联系了曾与岑参有交集的朋友，请求他们和自己一同联名上奏，增加胜算。明日早朝，就要呈上奏折，会有人愿意帮助这个万里之外的朋友吗？

这是岑参最无助的一段时光，因为前任主帅、"罪臣"封常清的缘故，北庭已无他的立锥之地。又一年的秋天来了，几片黄叶落入尘土，南归的大雁从头顶掠过。岑参想家了，但此时，他只能苦等朝廷的召回。不能驰骋疆场的马，即使身在辽阔的西域，仍如身陷囚笼。中原战乱还在继续，北庭、安西的唐军陆续向长安进发，平定叛乱。

在这场战事面前，岑参如同一个看客。

> 雨拂毡墙湿，风摇毳幕膻。
> 轮台万里地，无事历三年。
>
> ——岑参《首秋轮台》节选

或许，等中原战事结束，朝廷就会想起自己了；或许，自己早已被遗忘。但当朝廷的任命诏书传来时，他再也控制不住自己的情绪。杜甫等朋友们上奏后，唐肃宗恩准岑参回京并担任右补阙一职。和杜甫的左拾遗一样，如果发现朝政上有什么问题，他们可以向皇帝直接进言。

这位心怀希望而来的唐朝大诗人，与西域做了最后的告别。今天我们了解岑参，多是因为他在边塞留下的千古佳作。可是，对梦碎西域的岑参来说，这是一段不堪回首的往事。此后的诗文中，岑参似乎很少追忆与西域有关的经历。

这一年，岑参回到凤翔，终于与分别多年的杜甫相见。岑参上班的地方在中书省，杜甫上班的地方在门下省，办公地点离得很近。他们经常结伴上朝，又不约而同向皇帝直谏。

唐玄宗在位后期，朝廷由奸相李林甫、杨国忠相继把持，不肯附逆的读书人仕途艰难。而今新帝登基，势必要重振朝纲。

回到中原的岑参，很快恢复了元气。有了朋友相伴，还有了新职位施展抱负，这一切似乎都在暗示他：岑参，你努力上进的机会来了。

岑参耿直且单纯，他跟杜甫一样抱有一种朴素的理想，对很多不公平的现象，可能看不太惯，于是直接去否定，或者直接去提建议。

（长江大学教授　李征宇）

那段时间，一封封谏书如雪花般从岑参的书房飞抵皇宫。然而，岑参没有想到，对朝政的建议、对朝臣的批评传到唐肃宗耳边时，却成了聒噪之声。谏言非但不被接纳，自己反而因为指责权佞而受到排挤。

那段时间，岑参心情异常失落，却也只敢向好友杜甫发发牢骚。

联步趋丹陛，分曹限紫微。

晓随天仗入，暮惹御香归。

白发悲花落，青云羡鸟飞。

圣朝无阙事，自觉谏书稀。

——岑参《寄左省杜拾遗》

岑参的心灰意冷，杜甫似乎有所共鸣。这对官场上的难兄难弟，谁也没有比谁强多少。乾元元年（758 年），杜甫被贬为华州司功参军，即将离开长安。同样不受待见的岑参，贬谪也已经在所难免。乾元二年（759年）三月，岑参改任起居舍人，任职不满一个月，被贬为虢州长史。这两

个大唐官场里惺惺相惜的小人物，此生永别。

从前在长安朝见天子，现在早晚向地方主官请示事务；之前出入宫廷园林，现在却屈身在地方衙门。巨大的心理落差再次让他动了辞职的念头。

世事何反覆，一身难可料。
头白翻折腰，还家私自笑。
所嗟无产业，妻子嫌不调。
五斗米留人，东溪忆垂钓。

——岑参《衙郡守还》

功名未有着落，升迁遥遥无期。重振家族的理想，现在看来，几乎成了一个笑话。

错料一生事，蹉跎今白头。
纵横皆失计，妻子也堪羞。
——岑参《题虢州西楼》节选

此后数年，岑参的工作频繁调动，事业上也始终没有什么起色。不过即使如此，他也没有效仿魏晋名士陶渊明下定决心"裸辞"。

唐代宗宝应元年（762 年），他被调往关西节度使幕府，协助节度使驻守潼关。但眼前的景象却令他痛心不已。幕府中将士懈怠，毫无斗志。关西幕府中的放纵弦歌压过了将士的操练之声。岑参恨自己空有良策，只能望敌兴叹。

> 儒生有长策，闭口不敢言。
>
> ——岑参《潼关镇国军句覆使院早春寄王同州》节选

广德元年（763 年），岑参又被调回长安，担任祠部员外郎；广德二年（764 年），改任考功员外郎；永泰元年（765 年），转任库部郎中。岑参兜兜转转，重回天子脚下，过上了令人羡慕的生活。虽然生活上衣食无忧，但心系家族荣耀的岑参却没有一丝的兴奋。

> 今年花似去年好，去年人到今年老。
>
> 始知人老不如花，可惜落花君莫扫。
>
> ——岑参《韦员外家花树歌》节选

在充满希望的春天，岑参却有一种迟暮之感，曾经那个渴望建功立业的少年，终究还是败给了现实。他已经到了知天命的年纪，如果没有机会，或者机会来得再晚一些，那么此生就只能平庸地度过。公元 765 年十一月，朝廷似乎听到了岑参的心声，任命他为嘉州刺史。五十一岁了，他的事业再次燃起了希望的小火苗。

> 成都春酒香，且用俸钱沽。
>
> ——岑参《酬成少尹骆谷行见呈》节选

和之前的职位不同，这是他第一次担任地方主官。岑参期待多年、施展才华抱负的时刻来临了。初到任上，岑参对工作充满了激情。那时，蜀地官员巧立名目，征收各项苛捐杂税，加上官绅勾结、层层盘剥，百姓痛苦不堪。

岑参在经过详尽的调查后，向成都的上司提出申请减免嘉州百姓的赋税等一系列举措。然而他的想法被成都府的上司一一否决。在嘉州，除了催缴上级派下来的赋税，徒增老百姓痛苦，似乎没有什么事可办。

天下之山水在蜀，蜀之山水在嘉州。那段困厄的日子里，嘉州的山水成了他排解忧愁的良药。府内的事务，就交给自己的副手成文来办。身心俱疲的岑参突然发现，追求了一辈子的功名，如今看起来是那么可笑。

公元 768 年，岑参主动辞去嘉州刺史之职。这是他第一次将辞职付诸行动，成都府的上司没有过多挽留，很快同意了申请。临行前，他推荐跟随自己从长安来到嘉州的成文接任嘉州刺史。为官多年，岑参发现，自己身上始终残留着一丝稚气。比起自己，年轻的成文似乎更适合留在这里。

许多年后，人们或许对这位刺史大人还有一个模糊的印象：一个年过五旬的迟暮之人，为了重振家族的荣耀，始终不知疲倦地在仕途上奔波。他想为百姓做些什么，却始终无能为力。他的嘉州之行和之前的仕途经历一样，累年无功。

岑参想家了，他已经没有功名的牵绊。此刻，他想回到长安，与家人团聚；他想回到终南山的高冠草堂，与友人把酒言欢；他想回到嵩山脚下，回到他事业起步的地方。这年七月，岑参规划好了回家的路线，准备沿着水路，顺长江而下，再转向北归。

> 前日解侯印，泛舟归山东。
> 平旦发犍为，逍遥信回风。
> ——岑参《东归发犍为，至泥溪舟中作》节选

有人说，岑参之所以选择这条北归路线，是因为他当时得知杜甫正在奉节驻足，他想在回家前和老友见上一面。然而，他不知道，杜甫早在这一年的正月就已经离开三峡，顺流南下，继续着漂泊的生活。

而且命运还给岑参开了另一个巨大的玩笑，当客船行到长江与岷江汇合处的戎州时，江道已被阻断，船只无法通行。不久前，成都府尹崔旰赴长安述职，泸州刺史杨子琳趁机攻入成都。崔旰的夫人任氏散尽家产，招兵买马。杨子琳兵败后退守泸州，并封锁长江水道。

蜀地兵乱又起，眼前的戎州，已是尸横遍野。

> 南州林菁深，亡命聚其间。
> 杀人无昏晓，尸积填江湾。

> 饿虎衔髑髅，饥乌啄心肝。
> 腥臊滩草死，血流江水殷。
>
> ——岑参《阻戎泸间群盗》节选

沿着水路东归已无可能，岑参只得混迹于难民中逃往成都。时值深秋，各方势力仍在相互攻伐，北归之路仍然断绝。昔日驰骋边塞沙场的英雄已是一介布衣，但他还是想为蜀地做些什么。蜀地需要安定，百姓需要止战。于是，客居成都时，他用尽最后的笔力写下了名篇《招北客文》，申明逆顺之理，抑挫佞邪之计。

生不逢时，壮志难酬；有家难归，老境已至。这是岑参为大唐做的最后努力，也是他北归不得后的哀鸣。

> 三度为郎便白头，一从出守五经秋。
> 莫言圣主长不用，其那苍生应未休。
> 人间岁月如流水，客舍秋风今又起。
> 不知心事向谁论，江上蝉鸣空满耳。
>
> ——岑参《客舍悲秋有怀两省旧游呈幕中诸公》

北归之路仍然断绝，归期已是遥遥无期。他对故乡的思念越不过剑门，到不了长安。

这个曾经意气风发的少年，出走嵩山，奔波于二京，又毅然两度出塞。因为梦想，即使前途艰险，即使到了知天命的年纪，他依然果断辞别长安，远赴蜀地。

仕途坎坷、多遭不幸，不是他放弃努力的借口。他不信命！盛世大唐的勇敢、无畏、进取、自信，早就刻在了他的骨子里。

为了完成家族的梦想，他放弃了一个人所有的悲欢喜乐。他曾问：自己所追求的功名，究竟是何物？直到生命的最后时刻，他也没有告诉我们答案。

只是，他行程万里留下的诗文，却已化为一团焰火，在盛唐绽放。

公元 770 年，那个始终心怀梦想的中年人，带着无尽的遗憾，病逝于成都的驿馆。

幼年丧父，家境贫寒；中年丧妻，多次落第，仕途坎坷；晚年丧子，贫病交加，颠沛流离……孟郊的一生，与普通人一样，大多数的时候都活得憋屈。穷困、孤独、疾病，没有一样疾苦放过他。他苦，他痛，他迷茫，他挣扎，他把这一切都写成了"死不休"的诗歌。这些诗歌是他个人的悲哀，也是当时世人共同的苦痛。

第七章　孟郊

高天厚地一诗囚

第一节　渺渺入荒城

天宝十年（751 年），没有传说也没有祥瑞，在苏州昆山的县衙里，孟郊出生了。父亲孟庭玢是昆山县尉，母亲裴氏则来自河东郡，是望族之后。美满的家庭似乎预示着孟郊将会有一个幸福的童年。

然而四年后，安逸的小县城中，人们突然惴惴不安，因为他们都听到了一条爆炸性的新闻——安禄山造反了！这一年（755 年），三镇节度使安禄山突然发动叛乱，半年时间便攻到长安城下。

安史之乱爆发的时候，叛军势如破竹，一路攻到长安。为什么会这样？因为长久以来军事资源向边境倾斜，节度使掌握了雄厚的兵力，而内地的军队不仅人数少，而且久疏战阵，毫无战斗力。安史之乱将唐朝政坛积弊已久的现象淋漓尽致地展现了出来，各种危机在这个时候全都爆发了，表现就是弱不禁风、一触即溃，正应了那四个字——"外强中干"。

（陕西师范大学教授　于赓哲）

所幸昆山县城远离战场，街上的人们对战况虽十分关切，但没有人察觉到，这将会是盛世衰落的序曲。多年后，孟郊说起童年，对这场叛乱并没有什么深刻印象，他只记得父亲去世的噩耗传来时母亲的哭泣。

前不久，母亲生下了两个弟弟，也就是孟酆和孟郢。正当家人沉浸在添丁的喜悦中时，父亲却突然离世。失去生活来源后，母亲别无选择，只能带着三个幼子离开昆山，回到了湖州武康（今浙江德清）的老家。这里南接杭州，北连太湖，环境很不错。从小衣食无忧的母亲，只能拿起锄头，

自耕自种养活三个儿子。个中艰辛，孟郊此生难忘。

早年丧父对一个人的个性不产生影响那是不可能的，更何况是八九岁的年纪，这个时候刚好是一个人的心智、性格乃至世界观逐渐养成的阶段。在那个年代，父亲去世基本上就等于顶梁柱塌了。当年杜甫家就是因为父亲去世，结果家道中落，杜甫由一个性格活泼的少年，慢慢成长为一个性格忧郁的中年男人。所以可以想见，虽然关于孟郊的史料很少，但是这件事对他一定有极大的打击。

（陕西师范大学教授　于赓哲）

池中春蒲叶如带，紫菱成角莲子大。
罗裙蝉鬓倚迎风，双双伯劳飞向东。

——孟郊《临池曲》

孟郊现存诗作五百多首，其中大半都是满腹牢骚。但在这首诗中，我们可以看到一位青葱少年对生活的热爱。耕读生活平凡又惬意，不知不觉中，孟郊已经二十多岁了。如果生活一直这样下去，孟郊的人生或许就是另一副模样。

安史之乱以后，唐朝连年战乱。身处南方，孟郊虽然没有直接经历战火，但他也不得不去思索未来会是怎样。母亲一直对孟郊说，以后要像父亲那样，做造福一方的好官。然而现在并不是做官的好时机。

大历十四年（779年），唐德宗李适即位。李适身为太子时就"以强明自任"，坚持信用文武百官，严禁宦官干政，颇有一番中兴气象。年近而立，孟郊不甘心就这样度过一生。他与许多读书人一样，决定走出家门，亲眼看看外面的世界。

> 击石乃有火，不击元无烟。
> 人学始知道，不学非自然。
> 万事须己运，他得非我贤。
> 青春须早为，岂能长少年。
>
> ——孟郊《劝学》

嵩山地处中原腹地，紧邻东都洛阳，是诸多宗教与思想的交融之地，武则天封其为"神岳"。在当时，这里是比终南山还热门的"打卡"地点，无数名人显贵来此隐居。游历许久，孟郊似乎找到了为官之路的一条捷径。

> 在唐朝想要入朝当官的话，一条路是门荫，可是门荫孟郊没有资格，因为门荫得是官宦子弟。另外一条路就是科举。还有就是干谒，如果没有资格参加科举就会走这条路，比如李白。另外有人走干谒这条路是因为它简单明了。但是干谒存在一个问题，就是你必须得有足够的才华，同时要有足够的人脉，人家才能够举荐你。
>
> （陕西师范大学教授　于赓哲）

一年后风云突变，叛将李希烈接连攻陷汴州、汝州等地，完全切断了孟郊回家的路，孟郊被迫滞留河南。虽然从小就听闻了许多叛乱之事，但当这一切发生在自己眼前时，孟郊还是难以置信。占据汴州后，李希烈僭越称帝，国号为"楚"。

唐德宗采纳了宰相卢杞的建议，指派颜真卿前去劝降。颜真卿明知李希烈生性残暴，却依然领命前往。李希烈对颜真卿百般威胁利诱，颜真卿忠贞不屈。李希烈无可奈何，将颜真卿缢死在蔡州（今河南汝南）龙兴寺。一时间，举国震惊，仿佛一面旗帜轰然倒下。孟郊终于看清，这场叛乱不是寻常国事，而是国仇。

壮士心是剑，为君射斗牛。

朝思除国仇，暮思除国仇。

——孟郊《百忧》节选

　　家国危难之际，身为大丈夫，当挺身而出。兴元元年（784年），叛乱平定。唐德宗颁布"罪己诏"，将天下大乱的原因归于自己，一幅励精图治的宏图就此展开。孟郊回到家乡，决定走科举考试之路。

　　六年后，孟郊终于在家乡考取乡贡进士，获取了进京应试的资格。他满怀信心，觉得自己是一只"未轻举"的白鹤。但当真的来到长安时，孟郊却有些不适应：

长安无缓步，况值天景暮。

相逢灞浐间，亲戚不相顾。

自叹方拙身，忽随轻薄伦。

常恐失所避，化为车辙尘。

此中生白发，疾走亦未歇。

——孟郊《灞上轻薄行》

这里的每个人都行色匆匆，哪怕是亲人，也少了许多亲近，要想不被时代淹没，只能加快脚步。贞元七年（791年），韩愈同样来长安应试，在一场宴席上，孟郊拙于应酬的样子给韩愈留下了深刻的印象。韩愈夸孟郊面相好，古貌古心；孟郊夸韩愈气质佳，不谄不欺。韩愈被孟郊的才华与孤芳异质所吸引，孟郊也被韩愈的文采与大方坦荡所打动。韩愈说他要救国安邦，孟郊说他要为国除仇。在韩愈的引荐下，孟郊主动给考官行卷，做足了考前的准备工作，两人一同奔赴考场。

然而放榜结果颇为无奈。晚辈韩愈中第，孟郊却榜上无名。二月的风从北方吹来，没有温度，不带感情，吹得孟郊看不清这座城市的样貌。

长安城里，家家户户大门敞开，到底是在迎接谁？门内传出的笙簧喧闹声不绝于耳，摧残着孟郊的内心。出门在外，孟郊不但经常生病，生活更是拮据，依靠朋友的接济才能勉强度日，在长安这些天也一直借宿佛门，这绝非长久之计。

孟郊来到郊外散心，眼前所见却让他更加心碎。城里的年轻人同样躁动，他们没有为了桑麦农事操心，而是争先寻花问柳。在他们眼中，看不到天下离乱的哀伤，好像生活就该这样。

要知道，那个年代的人平均寿命可能也就是五十来岁，对一个四十多岁的人来说，他已经感觉到人生的尽头举目可见了。所以这个时候对孟郊来说，所有的机会都是宝贵的。

（陕西师范大学教授　于赓哲）

长安城再大也没有自己的容身之处，孟郊思考着，是否离开才是正确的选择。韩愈赶来安慰孟郊，他说自己考了四次才考上，长安虽然富贵迷人眼，但真正有价值的东西需要经过时间的考验。他希望孟郊一定要坚持本心，一定要有耐心。

母亲也来信宽慰，一年不行就再来一年，自己由两个弟弟照顾，不用他惦念。在朋友和母亲的劝勉下，孟郊重拾信心。然而，期望又一次落空。

这一年，韩愈在长安见识到了各种官场丑态，敷衍塞责、得过且过、贪污腐败等蔚然成风，毅然写下《争臣论》批评官员。这些官场现象也冲击到了孟郊，使他身心俱疲。

> 灯前双舞蛾，厌生何太切。
> 想尔飞来心，恶明不恶灭。
> 天若百尺高，应去掩明月。
>
> ——孟郊《烛蛾》

时代在变，而孟郊却在长安城中愈发迷茫，找不到自己坚守的处世之道。贞元九年（793年），四十三岁的孟郊辞别韩愈，从长安出发，带着"一船牢骚"，过三峡，至襄阳，重走屈原走过的路。踏上汨罗江岸，举目四望，这里没有屈原，也没有答案，只有茫茫江水。

此刻，茫然的困境完全摧毁了孟郊的内心，他彻底崩溃了。他埋怨屈原，说他的辞赋只是在炫耀；每次被贬都面有愠色，没有一点圣人的样子；整日忧苦以致形容枯槁，没有一丝坦荡的胸怀；为表贞洁沉江自绝，自私自利不顾忠孝；生前是生性猜忌的"小人儒"，死后是无人凭吊的"不吊鬼"。

> 名参君子场，行为小人儒。
> 骚文炫贞亮，体物情崎岖。
> 三黜有愠色，即非贤哲模。
> 五十爵高秩，谬膺从大夫。
> 胸襟积忧愁，容鬓复凋枯。
> 死为不吊鬼，生作猜谤徒。
>
> ——孟郊《旅次湘沅有怀灵均》节选

胸中的积愤喷涌而出，孟郊失去了所有的气力。

孟郊诗风冷峻。他的价值观，可能在当时一些新派人士看来是比较迂腐的，因为他始终在强调一个"道"字。正因为这点，他能跟韩愈做好朋友。因为韩愈倡导的古文运动，就曾经提倡过"文以载道"。这个"道"是什么呢？"道"既是儒家的价值观，也是对个人操守的一种要求。于国于己，这个"道"对孟郊来说，都是必须坚守的底线。

（陕西师范大学教授　于赓哲）

贞元十一年（795年），静养数月之后，孟郊第三次前往长安应试。再次积极行卷备考，次年的金榜上，终于出现了孟郊的名字。

> 昔日龌龊不足夸，今朝放荡思无涯。
> 春风得意马蹄疾，一日看尽长安花。

——孟郊《登科后》

春风吹遍了大街小巷，自己骑的骏马也四蹄生风。偌大一座长安城，繁华无数，却被我一日看尽。

第二节　空林坐自清

一千多年前的一天，嵩山脚下的寺院里来了一位年轻人。他衣着朴素，但一尘不染，看得出他十分重视这次交谈，他只想问智远禅师一个问题。

禅师示意年轻人坐定，屏息凝神，感受院里的风。渐渐地，年轻人感到四周空寂虚无，仿佛超乎三界之外，独坐天地之中，身如草木，尘累尽释。禅师告诉年轻人，不必经历磨难，无论何时，只要放下欲望，凝心入定，就能好好生活。

显然，年轻人不是很喜欢禅师的回答，显得颇为消极，他说：

> 不得为弟子，名姓挂儒宫。

——孟郊《夏日谒智远禅师》节选

积极入世，才是他更喜欢的生活态度。

贞元十二年（796年），田间地头总能听到人们的抱怨声。百姓表示，日子过得一天不如一天。

孟郊在登科后匆匆辞别友人，收拾行李准备离开长安。唐朝规定，登科后要等待三年应选期，这正是回家的好时机。从长安到湖州的路有两千多里，孟郊没有带什么风物特产，只有登科的喜讯，这足以点燃全家的希望。奔波半生，孟郊在外只能勉强养活自己，现在终于可以成家了。

解决了人生大事，孟郊起身前往汴州，那里有得到新工作的韩愈，孟郊想去取取经。

这次来汴州，孟郊一住就是一年。虽然对未来有无限期许，但他对选官结果仍充满忐忑。韩愈也在迷茫，虽然他文学造诣颇深，但对繁杂公务束手无策。奈何孟郊也没有经验，没法给韩愈什么建议。

雨滴草芽出，一日长一日。
风吹柳线垂，一枝连一枝。

独有愁人颜，经春如等闲。

且持酒满杯，狂歌狂笑来。

——孟郊《春日有感》

时间一天天过去，那些自己无法左右的事还是随他去吧。二人整日看花访古、狂歌狂笑，这是孟郊一生中难得的一段轻松时光。

我心随月光，写君庭中央。——孟郊

月光有时晦，我心安所忘。——韩愈

…………

时危抱独沈，道泰怀同翔。——孟郊

独居久寂默，相顾聊慨慷。——韩愈

慨慷丈夫志，可以曜锋铓。——孟郊

蓬宁知卷舒，孔颜识行藏。——韩愈

殷鉴谅不远，佩兰永芬芳。——孟郊

苟无夫子听，谁使知音扬。——韩愈

——孟郊、韩愈《遣兴联句》节选

分别是迟早的事，韩愈有些不舍，孟郊则更为豁达，真正的感情不在于朝夕陪伴，你我心里都有彼此就好。孟郊不但整日无所事事，还一直打扰别人工作，便不好意思再待下去。辞别老友，孟郊心情畅快，金榜题名、燕尔新婚、他乡故知，这才是人生该有的样子。

待到应选期满，孟郊赶忙进京面试，分配结果却不尽如人意，只是从九品上的溧阳县尉。虽然大多数人都是从县尉做起，但溧阳县远离政治中心，基本告别了国家大事。"大凡物不得其平则鸣"，韩愈在第一时间为孟郊鸣不平。他说统治者不重用人才，并用"天命如此"来安慰孟郊，运气不好不要在意。

唐德宗刚刚即位的时候，心气很高，恢复了很多盛唐时期的制度，无论从哪个角度来看，他都是试图中兴的。但是在接二连三遭遇藩镇的反叛后，唐德宗心灰意冷，而政坛的风气也由此急转直下。

（陕西师范大学教授　于赓哲）

贞元十七年（801年），孟郊带着失望赴任溧阳。年过半百的他，第一次有了正式工作，虽不能大展拳脚，但所幸离家不远，可以照顾母亲。四十多年的苦日子终于到头了：

慈母手中线，游子身上衣。
临行密密缝，意恐迟迟归。
谁言寸草心，报得三春晖！

——孟郊《游子吟》

母亲的爱在一针一线中，伴着孟郊四处远游。每一个孤独的夜里，此诗前四句，孟郊都在心中默念了无数遍，现在可以补全结尾了。

溧阳县地处太湖西岸，水草丰美，环境优美。有人向上级举报，说孟郊不理公务，整日坐在水边吟诗玩乐，这倒没有冤枉他。孟郊果然被罚，可他好像并不在乎。

孟郊为什么这么做？因为他太失望了。县尉还不如县令呢，他主要帮助县令主管一些治安类的工作。县尉也是分级别的，因为唐朝的县分好多级别，比如最高的就是赤县，如果担任的是赤县的县尉，那说明政治前途还称得上是一片光明。但是像溧阳县尉，就只是一个官职名称了，所以说他非常失望。

（陕西师范大学教授　于赓哲）

理想与现实出现了强烈反差，让孟郊难以面对。他对自己的才能坚信不疑，却在琐碎公务中找不到自己的价值。愁苦之际，韩愈的遭遇让他更加愤懑。

贞元十九年（803年），关中地区大旱，而京兆尹李实却封锁消息，谎称关中粮食丰收，百姓安居乐业。韩愈直言谠论，写出《御史台上论天旱人饥状》上书皇上，反被贬为连州阳山县令。

> 正直被放者，鬼魅无所侵。
>
> 贤人多安排，俗士多虚歆。
>
> 孤怀吐明月，众毁铄黄金。
>
> 愿君保玄曜，壮志无自沉。
>
> ——孟郊《连州吟三章》节选

孟郊安慰韩愈，也在警醒自己。官场鬼魅横行，自身年事渐长，空怀壮志无处施展。

母亲看出了孟郊的焦虑：不开心，那就不要做了。四年任期结束，孟郊将母亲送回老家，人身恢复自由。

> 青山白屋有仁人，赠炭价重双乌银。
>
> 驱却坐上千重寒，烧出炉中一片春。
>
> 吹霞弄日光不定，暖得曲身成直身。
>
> ——孟郊《答友人赠炭》

南方的冬天极为阴冷，孟郊却连买炭的钱都没有。即使高中进士，他的境况也没有改观，日子还是只能凑合过，何以至此？孟郊想不明白。贞元二十一年（805年），唐德宗驾崩，唐顺宗即位，随着他大胆改革，朝政又是一片繁荣景象。

次年，韩愈结束了贬谪生涯，被召回长安任国子博士。同时，孟郊也有了新工作，任水陆运从事，试协律郎。不仅官阶更高，任职地点还在东都洛阳，孟郊欣然赴任。

洛阳立德坊是孟郊的新家。这里视野开阔，开门就是洛水，天气晴朗时可以望见嵩山。孟郊在地势稍高的地方修筑了一个小亭，取进取之意，起名"生生亭"。

如此安逸的环境，孟郊心满意足，而洛阳城外却并不太平。这一年，关中大旱，粮食歉收。很多地方暴发瘟疫，死者过半。孟郊开始为百姓发声。

> 无火炙地眠，半夜皆立号。
>
> 冷箭何处来，棘针风骚骚。
>
> 霜吹破四壁，苦痛不可逃。
>
> 高堂搥钟饮，到晓闻烹炮。
>
> 寒者愿为蛾，烧死彼华膏。
>
> 华膏隔仙罗，虚绕千万遭。
>
> 到头落地死，踏地为游遨。
>
> 游遨者是谁？君子为郁陶！
>
> ——孟郊《寒地百姓吟》

乡野间的百姓家里无柴取暖，四面破壁，凛冽的冷风像箭一样洞穿墙壁，透过肌肤刺痛内心，人们躲无可躲。富贵人家的高堂内，宴饮的灯火却可以从夜到明，远远就可以看到。这显然不公平。

孟郊的声音得到了回应，上司郑余庆及时解决了灾民问题。能够造福百姓，孟郊终于找到了做官的意义。可是，人生的意义又是什么？

关于妻子，孟郊并没有留下多少文字。从只言片语中，我们大致可以了解，孟郊的第一任妻子已经亡故，现在陪伴左右的是再娶的妻子。

元和三年（808 年），五十八岁的孟郊迎来了他的第三个儿子。当老来得子的喜悦还未消退时，十岁的长子却突然去世。

> 一闭黄蒿门，不闻白日事。
>
> 生气散成风，枯骸化为地。
>
> 负我十年恩，欠尔千行泪。
>
> 洒之北原上，不待秋风至。
>
> ——孟郊《悼幼子》

生活太过沉重，孟郊已然承受不起。不敢等秋风送别，便将其匆忙下葬。而这，并不是结束。不到半月的时间，二子、三子竟也接连夭折。

孟郊对韩愈说自己做了一个梦，梦里有个黑衣神仙闯入家中，对自己说这都是天意，天意如此，不必哀伤。韩愈听得出，这是孟郊在麻痹自己，只有孟郊自己知道，自己的内心已经无法平复了。

面对残酷的现实，孟郊已经无力反抗，没有什么事物是牢固稳定的。渐渐地，孟郊觉得好像确实有天命这回事。果然，一年之后，母亲离世。孟郊没有特别伤心，只是呆坐树下，远远望着洛阳城。洛河的水流越来越缓，直至结冰，街上的行人也越来越少，树叶的婆娑声早已听不见。

天津桥下冰初结，洛阳陌上人行绝。
榆柳萧疏楼阁闲，月明直见嵩山雪。

——孟郊《洛桥晚望》

一切都消失了，自己仿佛不再属于这个世界。

六十年的时间也没有多长，除了忧愁还是忧愁，一点意思也没有。写了这么多诗，又有什么用？失去儿子又失去母亲，没了前途也没了归宿。如果当初在嵩山听了智远禅师的话，自己也许就不会历经这些了。

年迈的孟郊擦去桌上的灰尘，供奉佛祖宝函，与妻子一起研读佛经。尽管病痛交加，可孟郊的内心从未如此平和。世界抛弃了孟郊，孟郊也放弃了世界。

老人行人事，百一不及周。

冻马四蹄吃，陟卓难自收。

短景反飞过，午光不上头。

少壮日与辉，衰老日与愁。

日愁疑在日，岁箭逆如仇。

万事有何味，一生虚自囚。

不知文字利，到死空遨游。

——孟郊《冬日》

四年过去了，一个声音响起，孟郊缓缓睁开眼睛。是老上司郑余庆，他要出镇兴元，来问孟郊要不要一起镇国安邦。元和九年（814年）八月，孟郊受山南西道节度使郑余庆之邀，出任兴元军参谋，试大理评事。他和妻子一起自洛阳前往兴元，行至河南阌乡（今河南灵宝），孟郊暴疾而卒，年六十四岁。

孟郊去世后，韩愈、张籍等故人凑钱安葬了他。韩愈为其撰写墓志；张籍说先生揭德振华，于古有光，古来贤者都有谥号，便为孟郊私谥"贞曜先生"。

对孟郊来说，他的人生是足够失败的。但是我觉得他一直没有忘记自己心中的梦想，就是"道"。奈何他败给了命运，中进士的时间本来就很晚，吏部铨选当官的起点又低，再加上亲人接连去世的打击，他没有条件去实现自己心中的"道"，他没办法了。但是很明显，他的思想影响了韩愈等人，他用这种间接的方式，展现了自己的人生价值。

（陕西师范大学教授　于赓哲）

孟郊的一生，大多数的时候都活得憋屈。他出身贫寒，努力拼搏，得到了追求的东西，却发现并不如意。当理想与现实发生冲突时，他习惯选择逃避，把自己囚禁在一个小小的空间里。然而有时候，我们又何尝不是如此呢？

楚屈入水死，诗孟踏雪僵。

直气苟有存，死亦何所妨。

——孟郊《答卢仝》节选

李商隐在为李贺写下的小传中，这样描述了李贺生命的最后时刻：一位红衣仙人翩然而至，天帝修成了白玉楼，召李贺前去作记。李贺不愿舍弃家人，推辞不去，仙人道："天上的差事，不苦。"听罢，李贺泣不成声，不久气绝而亡。

　　传说越动人，现实越无奈；传说越美丽，现实越悲哀。

骚之苗裔，天纵奇才

第一节　雄鸡一声

　　晚唐诗人杜牧，受人所托为一本诗集作序。他在序言中极尽溢美之词，"云烟绵联，不足为其态也；水之迢迢，不足为其情也"。

　　杜牧甚至写到，如果这位诗人能够活得久一些，他必定能写出像《离骚》那样的诗歌。这位年仅二十七岁就去世的诗人，就是李贺。

　　贞元六年（790 年），河南府福昌县昌谷乡（今河南宜阳），一户李姓人家的宅院内，一名男婴呱呱坠地。婴儿的父亲李晋肃，看着褓褓里这个有些羸弱的新生命，为他取名李贺，字长吉。取这个名字不仅是庆贺自己老来得子，更蕴含着一位父亲最质朴的愿望，希望他能平安健康，万事顺遂。

　　李晋肃除了李贺父亲这个身份，还是另一位诗人杜甫的表弟。公元 768 年，前往蜀地任边上从事的李晋肃，在湖北公安见到了刚刚离开蜀地的杜甫，两人相见的细节已经无从得知。兄弟间深厚的感情在杜甫留下的这首离别诗中，得以窥见一斑。

> 正解柴桑缆，仍看蜀道行。
> 樯乌相背发，塞雁一行鸣。
> 南纪连铜柱，西江接锦城。
> 凭将百钱卜，漂泊问君平。
> ——杜甫《公安送李二十九弟晋肃入蜀，余下沔鄂》

　　蜀地路险，唯愿君一路平安。能与诗圣杜甫把酒相谈，或许说明李晋

肃也有着不俗的文学造诣。受父亲影响，李贺从小就对读书作诗有着浓厚的兴趣，显露出非凡的天分。

入水文光动，抽空绿影春。
露华生笋径，苔色拂霜根。
织可承香汗，裁堪钓锦鳞。
三梁曾入用，一节奉王孙。

——李贺《竹》

"学成文武艺，货与帝王家。"通过科举进入仕途，施展抱负，是这个时代文人的共识。李贺这棵刚刚破土萌发的幼笋，对未来有着无限的遐想与憧憬。昌谷所在的福昌县，因隋代连昌行宫建于此地而闻名。这里风景秀丽，山水草木别有一番景致，是距离洛阳不远的一处名胜。

李贺自幼身体羸弱，肉体上的桎梏让李贺更偏爱精神上的自由。他于书本中汲取养分，在文字的海洋中畅游。有些内向的李贺有了与年龄不符的成熟。在父亲的要求下，李贺放下书本进入昌谷的山林中，访名家、寻美景、迎朝阳、送晚霞，于四季轮转中累积学识。

在自然这个特殊的课堂上，李贺渐渐将书本中的知识融会贯通。他每有所感，便记录在纸条上，放入随身携带的诗囊中。回到家，李贺又挑灯整理一条条文字、一次次感悟。日复一日，年复一年，李贺以异于常人的勤奋，拥有了远超同辈的文采。

本就羸弱的李贺越发消瘦，这让母亲心疼不已。那纸条上记录的不仅仅是一个个文字，更是儿子的一滴滴心血。屡次劝解无果后，李母只好帮忙整理诗囊，尽力为儿子减轻一些负担。

他为了写诗如痴如醉，废寝忘食，所以他的母亲当时就说过一句话：我这个儿子可能要呕出心肺才能作罢。李贺写诗就到了这样的地步。

（陕西师范大学教授 于赓哲）

在昌谷山水中，李贺度过了自己的童年和少年。纵观李贺的一生，这恐怕是他人生中难得的幸福时光，也是他日后面对苦难生活时为数不多的

心灵慰藉。

对李贺来说，痛苦是人生的常态，父亲李晋肃去世则是一切苦难的开端。大约在李贺十六岁时，父亲去世，一家人失去了主要的经济来源。身为家中长子，李贺没有时间悲痛，他不得不在痛苦中成长起来，担负起更多的责任。

按照惯例，李贺需要为父亲守孝三年。这三年内，家中靠着父亲留下的积蓄度日。李家的生活日渐困顿、窘迫，即使是身体羸弱的李贺，也不得不下田耕作。

丧父的痛苦、生活的困窘、身体的羸弱，犹如天边翻滚而来的乌云，浓稠如墨，气势汹汹地扑向这位少年。李贺用诗做出回应：

> 大漠沙如雪，燕山月似钩。
> 何当金络脑，快走踏清秋。
>
> ——李贺《马诗二十三首（其五）》

从未离开过昌谷的李贺，以自己的想象，将生活的苦难幻化为塞外壮美的风光。沙如雪、月似钩，他把自己比作无主的骏马，苦读得来的学识铸造了骏马健硕的身躯。只差一位伯乐，他就能摆脱困境，肆意驰骋在大漠草原之上。

可千里马常有，而伯乐不常有。李贺用为数不多的运气，遇到了赏识他这匹千里马的伯乐。公元 807 年，韩愈为躲避流言诽谤，离开长安来到洛阳任国子博士。作为当世文学大家，韩愈每天都会收到许多年轻人送来的诗歌

文章。

唐代科举考试时卷子有过糊名，但那个糊名不是在进士科考试这个环节，而是在吏部铨选那个环节。所以进士科考试不糊名就意味着考官能够一眼看到考生的名字。可以想见，如果考官事先就久闻考生大名，或者是本来就欣赏这个考生的话，那这个考生考中的概率就相当大了。

唐朝科举不糊名，在我们看来这个制度是有漏洞的，但是这个漏洞却意外地带来一个效果，就是唐朝的文人非常热衷于把自己的文集四处传播。我们现在能看到的很多经典名作，其实都是这个阶段内产生的。

（陕西师范大学教授　于赓哲）

韩愈收到的诗文大多平平无奇，难有出彩之作。这天黄昏，劳累了一天的韩愈刚刚送别客人，侍从又送来了一沓诗稿。本不抱期待的韩愈只看了一眼就被吸引住了目光。

黑云压城城欲摧，甲光向日金鳞开。
角声满天秋色里，塞上燕脂凝夜紫。
半卷红旗临易水，霜重鼓寒声不起。
报君黄金台上意，提携玉龙为君死。

——李贺《雁门太守行》

读罢，韩愈连忙整理衣服，让侍从把这首诗的作者李贺请进屋内。两人虽是第一次见面，却如同多年未见的老友一般，有一种别样的熟悉感。韩愈得知李贺从未去过塞外，《雁门太守行》是其单凭想象写就的，惊讶之余更起了爱才之心。一位是文坛巨匠，一位是少年才子，两人相见甚欢。

在韩愈的引荐下，李贺结识了不少洛阳城中的朋友，他以诗会友，因诗才而声名渐显。不时有慕名前来求诗的乐工登门拜访，更有达官贵人以酒宴相邀。众人的追捧没能迷惑这位年轻的诗人，李贺知道，仕途才是自己所追求的目标，眼前的名望只是通向仕途的助力。

为了便于交流，李贺搬到了洛阳城南的仁和里居住。登门拜访的韩愈与皇甫湜风姿卓绝，更是令李贺心向往之。

二十八宿罗心胸，元精耿耿贯当中。

殿前作赋声摩空，笔补造化天无功。

庞眉书客感秋蓬，谁知死草生华风。

我今垂翅附冥鸿，他日不羞蛇作龙。

——李贺《高轩过（韩员外愈、皇甫侍御湜见过，因而命作）》节选

李贺直言不讳地对韩愈表达了自己想要步入仕途一展抱负的志向。韩愈也对身边这个雄心勃勃的青年才俊充满期待。三年时间匆匆而过，李贺服丧期满。

这年秋天，在韩愈的鼓励下，李贺参加了河南府试。凭借工整的十三首乐府组诗，李贺顺利通过考试，拥有了前往长安参加进士考试的资格，距离金榜题名的时刻只差最后一考。

庆功宴后不久，李贺便与亲友告别，早早动身前往长安，提前准备来年的礼部春闱。

安史之乱后的李唐王朝，外有藩镇割据，内有宦官权臣，王公贵族只知道宴饮作乐、寻仙问道，全然不顾百姓疾苦。从洛阳到长安的路途虽短，李贺却亲眼见到了底层百姓生活的艰辛，沉重的赋税和徭役犹如泰山一样压在百姓身上。

这位少年不禁想到，自己那位远亲杜甫曾发出的感慨："安得广厦千万间，大庇天下寒士俱欢颜！风雨不动安如山。呜呼！何时眼前突兀见此屋，吾庐独破受冻死亦足！"

身为李唐宗室后裔，李贺的心境悄然变化。他参加科举考试不再只为自己谋取官职、施展抱负，还想要挽救这个饱经风霜、行将腐朽的王朝。

李商隐在给李贺写的传记中，称他是"郑王之后"，他这个身份应该是比较确切的，李贺比李白自称为李唐之后更准确些。但是这个身份对他并没有什么帮助。原因很简单，唐朝的宗室发展到李贺这个年代，开枝散叶，后裔已经多如牛毛，所以身份对李贺的仕途没有任何帮助，也只不过是自己出身高贵，出去的时候有面子。

（陕西师范大学教授　于赓哲）

李贺明白只有通过进士科考试，步入仕途，才能得偿所愿。带着对未

来的无限期许，李贺走进了这座雄伟的都城。迎接李贺的除了长安城的第一场雪，还有隐藏在风雪后的阴谋。

进士科考试，是唐朝竞争最为激烈的考试。能金榜题名者，百里挑一。竞争，既在考场之内，又在考场之外。

木秀于林，风必摧之。李贺作为春闱及第的热门人选，不可避免地引起了同场考生的忌惮。一个关于李贺的传闻渐渐甚嚣尘上：李贺的父亲李晋肃名字中的"晋"字，与进士科的"进"字同音，李贺应当遵守避讳的原则，"为尊者讳，为亲者讳，为贤者讳"，所以他没有资格参加进士科的考试。

避讳是当时的一种社会共识，不仅在唐代，而且绵延于整个古代社会。西汉时期的《淮南子》中、南北朝时期的《颜氏家训》中，都有关于避讳的记载。

避亲者讳，是古代孝道文化的一种体现。人们认为自己说出父亲或母亲的名讳，或者其他哪位先祖的名讳，是一种大不敬。连政府也鼓励这样的做法，所以避讳在当时社会是很重要的一个行为规范。

不仅要避自己的家讳，在跟别人交往的时候，还有一个礼貌的问题，你对面这位人士的家讳是什么，不能犯了人家的家讳。在当时的社交界，这是大家默认的一个法则。

李贺的家讳给他带来了巨大的影响，因为父亲的名字里面带一个"晋"字，这个字和进士的"进"谐音了，结果李贺就遭人举报，说你就不应该参加进士科考试，你没那个资格。

（陕西师范大学教授　于赓哲）

面对道德层面的指责，李贺引以为傲的才学和诗作都变得不值一提。这些舆论就像一张编织紧密的巨网，牢牢地束缚住了李贺科考的希望。此时的李贺，就像荒野中一只暴露在苍鹰眼中的野兔，想奋力奔跑，却又无路可逃。

韩愈听闻此事后，写《讳辩》一文为李贺发声。他在文章中引经据典，据理力争，甚至直言写道：父亲叫晋肃，儿子就不能考进士，父亲叫仁的话，儿子就不能做人了吗？（父名晋肃，子不得举进士，若父名仁，子不得为人乎？）

关于李贺避讳这件事情，韩愈很愤怒。举报人极有可能是当年的考生，因为有竞争关系，而且李贺名声大，这个人知道李贺受赏识，正常来讲肯定要高中，这个人接受不了，李贺占了个名额那还能了得？我得把他拉下来。因此有了这个举报。这就是小人的行为。

（陕西师范大学教授　于赓哲）

然而，韩愈所做的努力，无法改变固有的规则，仅仅在汹涌的舆论面前激起一丝涟漪，李贺最终还是没能参加礼部的春闱。李贺有着天才的倔强和身为李唐宗室的傲骨，进士科以外的五科从来不在他的考虑范围内。这意味着科举入仕的大门对他永远地关闭了。

十数载的苦读，李贺为累积学识遇到的每一场风雨，为整理诗文熬过的每一个夜晚，为科举背下的每一篇道德文章，为参加进士科考试所做的种种努力，如同阳光下的肥皂泡，未曾绚烂便砰然碎裂，之后悄无声息。

别人考不上还有重来的机会，李贺的考试还未开始便已结束。在这场"讳辩"风波中，李贺作为主角，没有辩驳的机会，只能无奈地接受命运的审判。

李贺万般无奈之下只得幽幽叹息道：

> 秋风吹地百草干，华容碧影生晚寒。
> 我当二十不得意，一心愁谢如枯兰。
>
> ——李贺《开愁歌》节选

长安城，漫天的风雪渐渐停了下来，这年的冬天似乎格外冷。人生中成功只是一时的，苦难却常常相伴。面对苦难，每个人有不同的态度。李贺这位年仅二十岁的天才，在面对苦难时，展现出了超乎寻常的豁达。友人劝他莫伤心，他说：听君一席话，使我茅塞顿开，犹如雄鸡一声啼叫，天下大亮。少年应当有凌云之志，不应自怨自艾。

> 我有迷魂招不得，雄鸡一声天下白。
> 少年心事当挈云，谁念幽寒坐呜呃。
>
> ——李贺《致酒行》节选

好友邀他到城外打猎散心，看到满眼的萧瑟，李贺生出的却是满腔豪情。男子汉大丈夫，可以遭遇生活的困顿，但心志不能沉沦。寒风吹过之后，便是满眼春色。

> 鸦翎羽箭山桑弓，仰天射落衔芦鸿。
> 麻衣黑肥冲北风，带酒日晚歌田中。
> 男儿屈穷心不穷，枯荣不等嗔天公。
> 寒风又变为春柳，条条看即烟濛濛。
>
> ——李贺《野歌》

如果说父亲早逝促使李贺第一次成长，那么这次长安之行则使李贺走向成熟。苦难是诗人成长的土壤，痛苦郁结而诗性发。李贺不会想到，他也将走上因苦难而成就诗名的道路。此时的他只想早早离开长安，离开这处伤心地。

离家的人，生活不顺的时候，便愈发思念家乡。既然已经无缘科举，李贺也没了待在长安的理由。看着眼前准备归家的侍从兴高采烈地收拾起行囊，李贺的思绪也迫不及待地离开了长安，飘荡回昌谷。那里有自己的亲人，有快乐的回忆，有熟悉的家。

第二节　天若有情

李贺从长安回到昌谷后，疲惫的身心找到了安放之处，一种名叫幸福的情绪涌上心头，他得以暂时忘却长安这处伤心地。李贺又过起了往日熟悉的生活——每日读书，写诗，游玩，耕作，仿佛从未离开过一样。

在昌谷休养期间，李贺结束了单身生活。从李贺的诗文中，我们可以体会到他新婚生活的甜蜜。

> 井上辘轳床上转，
> 水声繁，弦声浅。
> 情若何？荀奉倩。
> 城头日，长向城头住。
> 一日作千年，不须流下去。
>
> ——李贺《后园凿井歌》

后院水井上的辘轳，吱呀吱呀地转。水声滴答作响，绳索声低慢。李贺对妻子说，我们俩就像这辘轳和绳子，紧紧纠缠在一起，白头到老，永不分离。此时的李贺，像普通的少年一般，双眼中不见了老成，只有满满的情愫，他用一切美好的意象来记录与妻子生活中的"小确幸"。

李贺的妻子，也像所有热恋中的女子一般，对于爱情患得患失起来。她既期盼丈夫能有所作为，又怕丈夫如同离弦的箭，一去不回。

休洗红，洗多红色浅。

卿卿骋少年，昨日殷桥见。

封侯早归来，莫作弦上箭。

——李贺《休洗红》

　　李贺还没仔细品味爱情的甜，现实的苦楚就再次席卷而来，李家又陷入了生活的困顿。年迈的母亲、幼小的弟弟、新婚的妻子，都需要李贺担负。家，似乎有了重量，让李贺瘦弱的身躯不再挺拔。

　　这年秋天，在家人的声声叮嘱中，在妻子的依依不舍中，李贺离开昌谷前往洛阳。离家时是秋意盎然，到达洛阳时却已入初冬。一路走来，李贺迷失了方向，自己该去往哪里？自己该做些什么？自己的未来又会怎样？李贺的愁绪如同漫天乌云，淤塞了胸膛。对未来一片茫然的李贺，把希望寄托到了神鬼之上。

　　李贺来到旧居的邻居家，去拜访一位远近闻名的卦师，请他为自己推算前路。此时的李贺面前只有两个选择，向西前往都城长安，或者向南前往富裕的江南寻找机会。卦象显示，南下楚地并不是一个好的选择，结果显而易见——向西，回到自己的伤心地长安。困顿潦倒的李贺，虽有万般不愿，也不得不依照卦师所言，前往长安碰一碰运气。

　　元和六年（811 年），再次来到长安的李贺依旧求职无门，年纪轻轻

的他因为忧愁过度，两鬓已经斑白。蹉跎数日后，李贺在亲友的协助下，因李唐宗亲的身份，门荫得到了奉礼郎这个从九品官职。这给陷入困顿的李贺带来了一丝光亮。

李贺算是宗亲之后，因此，他有这个资格。但是门荫的官，一般官职级别比较低，前途不一定有多光明。李贺担任的奉礼郎，是个从九品的官职。

（陕西师范大学教授　于赓哲）

以奉礼郎的俸禄，在长安城中只能勉强维持生活。李贺只好在崇义里找了一间旧房子安顿下来，这里远离城市核心，显得破败荒凉。但李贺此时对于即将开始的仕途生活充满了希望，他这匹骏马终于找到了属于自己的"金络脑"，他也将登上一展才能的舞台。

唐朝设九寺作为国家一级的行政机构，地位低于六部，对皇帝直接负责。太常寺为九寺之首。李贺所担任的奉礼郎一职，是太常寺的直属官职，级别虽然不高，但需要负责朝会和祭祀时官员的站位，因此李贺有了与朝廷权贵接触的机会。

这天，李贺收到了邀请，参加一场风雅的聚会。李贺的官职和诗才让他拥有了入场的资格，坐在角落里的李贺难以融入其中，显得有些格格不入。宴会的高潮，是李凭这位国手的演奏。箜篌声起，喧闹的宴会安静下来，众人沉浸在李凭的箜篌声中。李贺的思绪穿过时空的桎梏，随着音乐遨游。他离开了宴会，离开了长安城，飘荡到了天界。他听到了凤凰的鸣叫和香兰的笑声，看到了跳出水面的鱼儿和舞动的蛟龙。

吴丝蜀桐张高秋，空山凝云颓不流。

江娥啼竹素女愁，李凭中国弹箜篌。

昆山玉碎凤凰叫，芙蓉泣露香兰笑。

十二门前融冷光，二十三丝动紫皇。

女娲炼石补天处，石破天惊逗秋雨。

梦入神山教神妪，老鱼跳波瘦蛟舞。

吴质不眠倚桂树，露脚斜飞湿寒兔。

——李贺《李凭箜篌引》

曲罢，李贺感受到原来音乐也像诗一样令人着迷。李贺用他浪漫的想象力，将听到的声音用文字保存下来，也让人们得以一窥千年之前的绝妙音乐。

李凭是真实存在的一个人物，连皇帝都非常欣赏他，这样重要的一个音乐家，他的乐声当然非常美妙。但是别人听只是觉得真好听，而李贺就此发挥：他想象着当这个乐声传到了上天，传到了四极，会发生什么。

所以在诗歌里出现了神仙大串烧，上天的神仙、江河里的神仙一个个都被惊动了，李贺把整个天地都拉了过来，用神仙来衬托李凭的箜篌之美妙，所以说《李凭箜篌引》的确能展现他的鬼才。

（陕西师范大学教授　于赓哲）

一天、两天、三天，一个月、两个月、三个月，李贺见识到了长安城别样的繁华。但他的仕途毫无起色，他的心也渐渐沉入谷底。为了获得升职的机会，李贺放下自尊，屈眉折腰努力应酬于长安的各种圈子中。他引以为傲的诗文，也成为结交权贵时唯一能拿得出手的东西。

他夸耀别人的宝剑：

先辈匣中三尺水，曾入吴潭斩龙子。
隙月斜明刮露寒，练带平铺吹不起。

——李贺《春坊正字剑子歌》节选

他称赞别人的砚台：

端州石工巧如神，踏天磨刀割紫云。
佣刓抱水含满唇，暗洒苌弘冷血痕。

——李贺《杨生青花紫石砚歌》节选

他与驸马同游赋诗：

别馆惊残梦，停杯泛小觞。
辛因流浪处，暂得见何郎。

——李贺《同沈驸马赋得御沟水》节选

他为贵公子新纳的小妾赋诗：

> 露重金泥冷，杯阑玉树斜。
> 琴堂沽酒客，新买后园花。

——李贺《答赠》节选

天子脚下的长安城，权贵们有太多的事情要处理，平叛、收税、祭祀、宴饮……怀才不遇的人又岂止李贺一个？没人真的关心这个相貌平平、只会写诗的九品小官。李贺所做的种种努力化为泡影，升迁之事渐渐变成了水中月、镜中花。

李贺的仕途之心在毫无希望的生活中渐渐消磨殆尽，二十出头的他一眼便能望尽余生。这种一成不变的生活，让李贺心灰意冷。

> 长安有男儿，二十心已朽。
> 楞伽堆案前，楚辞系肘后。
> 人生有穷拙，日暮聊饮酒。
> 只今道已塞，何必须白首。

——李贺《赠陈商》节选

李贺把自己的精力投入佛经和《楚辞》中，以此排解心中的愤懑。他常常饮酒直到大醉不醒，憔悴不堪像乌狗一般。李贺的好友陈商此时正在长安准备科举考试，听闻李贺郁郁寡欢，特意来到李家探望。看到陈商前来，不等对方开口，李贺便举杯相迎。

陈商身为前朝宗室后裔，擅写古文，而唐朝文坛此时流行与古文文风相反的偶俪文章。与李贺境遇相似，陈商此时也是一身才华无处施展。李贺温言宽慰道：陈商你的文采与山齐高，我远不能及。我自己还没灰心，你也千万别丧气。陈商没想到，这次会面不是自己安慰李贺，反而是李贺在宽慰他。

即使仕途无望，李贺依然担忧着王朝兴衰。中唐时期，唐王朝面临着"无地不藩，无藩不反"的藩镇割据局面。历任皇帝则陷入了一个怪圈，即位之初励精图治，发现无力改变藩镇割据的状况后，转而追求虚无缥缈的长生，乃至荒废朝政。

为了迎合皇帝的喜好，不仅朝中大臣阿谀奉承，民间的方士也趋炎附势，大言长生之事，这在李贺看来十分荒唐。

飞光飞光，劝尔一杯酒。

吾不识青天高，黄地厚。

唯见月寒日暖，来煎人寿。

食熊则肥，食蛙则瘦。

神君何在，太一安有。

天东有若木，下置衔烛龙。

吾将斩龙足，嚼龙肉。

使之朝不得回，夜不得伏。

自然老者不死，少者不哭。

何为服黄金，吞白玉。

谁似任公子，云中骑碧驴。

刘彻茂陵多滞骨，嬴政梓棺费鲍鱼。

——李贺《苦昼短》

千百年来，无数人追求长生，可又有谁寻到长生？即使是雄才大略的秦皇汉武，不也化为一冢枯骨？在死亡面前，皇帝和百姓一样平等。

李贺的这首诗讽刺了求长生、服食丹药的现象，当时这种行为在唐朝的皇帝当中相当普遍，唐太宗都不能免俗，并且也对唐朝的政治产生了巨大的影响。还有一个严重的问题，就是搞这种长生药往往靡费民力，给皇帝求仙药、炼药耗资巨大，老百姓不胜其烦。

（陕西师范大学教授　于赓哲）

在权贵们追求虚无缥缈的长生时，他们治下的百姓却为了一日温饱辛苦劳作。早起养桑的妇人、田间耕作的老农、潜入深潭采玉的老翁，这是李贺眼中繁华长安城残酷的另一面。李贺关心百姓疾苦，担忧国家命运，却无能为力。这种无力感深深地影响了李贺，他只能在诗与酒中虚度光阴。

思虑过重加之长期饮酒，李贺本就孱弱的身体不堪重负。每日下班后，他便闭门独处，与药石为伴，他的生命在无意义地消逝，这种情况极大地影响了李贺的精神状态。他的诗歌创作中，有关冷、血、鬼等阴郁冷僻主题的作品，大多出自这段时间。

李贺被称为"诗鬼"，一方面因为他的诗歌中多有神仙鬼怪，另一方面是他的诗句里面经常有些奇思妙想，这些奇思妙想是一般人想不到的。

所以人们都觉得他写的诗简直是鬼斧神工。

（陕西师范大学教授　于赓哲）

　　出任奉礼郎的第三年，李贺萌生了离开长安的想法。这时，一封家书带来了妻子的死讯，李贺悲痛万分。或许是想到了阴阳两隔的妻子，李贺回忆起游历时见到的苏小小墓，冷清、孤寂。

幽兰露，如啼眼。

无物结同心，烟花不堪剪。

草如茵，松如盖。

风为裳，水为珮。

油壁车，夕相待。

冷翠烛，劳光彩。

西陵下，风吹雨。

——李贺《苏小小墓》

李贺不知道，妻子的墓是否也如此凄冷。思虑至此，李贺的心如同被寒冰冻结一般无法跳动。痛心不已的李贺，陷入长久的梦魇中。恍惚间，李贺看到了幽冥，看到了鬼怪。似乎只有那些鬼魅，才能理解他心中的愤懑与苦痛。幽冥世界的清冷与黑暗，同李贺所处的现实世界是那么相似，以至于李贺难以分辨两者的区别。

昌谷的青山和家中的亲人，是李贺黑暗生活中的一丝光亮。世事无常，与其在长安城中蹉跎岁月，不如珍惜当下。李贺决定辞官回家，回昌谷与家人相伴。

公元 813 年，初春时分，太阳高挂在天空中，却没有一丝温度。李贺独自一人启程离开长安，这也是他与长安的诀别。

> 茂陵刘郎秋风客，夜闻马嘶晓无迹。
> 画栏桂树悬秋香，三十六宫土花碧。
> 魏官牵车指千里，东关酸风射眸子。
> 空将汉月出宫门，忆君清泪如铅水。
> 衰兰送客咸阳道，天若有情天亦老。
> 携盘独出月荒凉，渭城已远波声小。
>
> ——李贺《金铜仙人辞汉歌》

美丽春光，难遣悲愁。连那些为李贺送行的兰花，都显得如此萎靡。假若苍天有情，苍天也会为李贺悲伤。

再见，长安。

李贺回到昌谷，重新整理了家门南面的园子，起名南院。他白天在南院耕作，晚上挑灯写诗。在母亲的照顾下，李贺的身体也渐渐好转，他再次踏足昌谷的山水，游览风景，舒缓心情。李贺满腹的不快一扫而空，回到了童年无忧无虑的时光。他看到了春暖花开、乳燕飞，看到了蜜蜂采蜜、鱼儿游水。

童心最真，童心最美。这是李贺生活中难得的光亮。

李贺是幸福的，也是不幸的，他所拥有的快乐总是那么短暂，还未仔细品味便已消失不见。李贺回家不久，李家又陷入了经济拮据的困境，以至于李贺的幼弟要去千里之外的江西谋生。离别之时，李贺连一顿像样的酒宴都无法准备，他能做的只有一路送别幼弟到洛阳郊外，折一枝柳，赠两首诗。道阻且长，行则将至。

公元814年，二十五岁的李贺在经历科举、门荫两次入仕失败后，又一次离开昌谷北上潞州，以幕僚的方式谋求仕途。两年后，因身体抱病，李贺最后的尝试也以失败告终。

公元816年，李贺返回昌谷，此时的他已经病入膏肓。自知时日无多，李贺把所有的心思用在整理诗稿上，如同十几年前挑灯读书时那样。李贺强撑病体，赶在死亡来临前整理好了诗稿。他将诗稿托付给友人刻版刊印。这些诗是他一生的心血，也是他曲折人生的见证。

同年，李贺在昌谷的家中病逝，年仅二十七岁。

人们不愿相信这位伟大的诗人就这样平凡地死去，人们更愿意相信属于他的传说。

李商隐在为李贺写下的小传中，这样描述了李贺生命的最后时刻：一位红衣仙人翩然而至，天帝修成了白玉楼，召李贺前去作记。李贺不愿舍弃家人，推辞不去，仙人道："天上的差事，不苦。"听罢，李贺泣不成声，不久气绝而亡。

传说越动人，现实越无奈；传说越美丽，现实越悲哀。

站在春日里，韩愈想起了他的十七岁，那是少年最好的时光。四十年过去，他身上最好的东西从未消逝。他的一生，就像十七岁在宣州时笔下那朵绽放的芍药：它不争艳，不斗俏，扎根在土地里，只做自己。

大唐孤勇者

第一节　楚狂小子

唐代宗大历三年（768年），安史之乱结束五年后，在河南河阳（今河南孟州）的一位官员家中，韩愈降生了。出身仕宦家族，韩愈本该无忧无虑地长大，但事实并非如此。韩愈的童年一直在悲伤和颠沛中度过。

韩愈，字退之，号昌黎，又称昌黎先生。昌黎就是他的望族所在地，河北省昌黎县。到韩愈父亲韩仲卿这一代，他们家族已经走向没落衰微了。

韩愈父母去世得早，作为孤儿，他是跟着哥哥嫂子长大的。这也是中国历史上一种亲情的典范：长兄如父，长嫂如母。

（郑州大学教授　王士祥）

哥哥韩会比韩愈大三十岁，他的孩子韩十二郎只比韩愈小两岁。公元774年，韩会以有"文学才望"受到宰相元载青睐，在长安任起居舍人。韩愈在后来的《考功员外卢君墓铭》中说道："愈之宗兄，故起居舍人君，以道德文学伏一世。"

或许就是从那时候起，年幼的韩愈目睹了兄长的风光，一颗求学的种子便在他幼小的心灵里生根发芽。经过环境的熏染和刻苦攻读，韩愈七岁时就展现出了不凡的文学天赋。这是韩愈有记忆以来，最为幸福安宁的时光。

然而，好景不长，三年后，韩会因宰相元载私党案受到牵连，被贬至韶州。匆忙之间，十岁的韩愈随兄嫂奔波他乡。到达韶州两年后，仕途上

的巨大落差以及对南方水土的不适应，韩会一病不起。十二岁的韩愈再次失去了一个骨肉血亲。

在长嫂郑氏的照顾下，韩愈扶着兄长的灵柩将其归葬河阳故土。从岭南的韶州，到中原河南老家，这一路究竟有多难？很多年后，韩愈在给长嫂郑夫人所写的祭文中，仍对这段经历记忆犹新。

万里故乡，幼孤在前。相顾不归，泣血号天。微嫂之力，化为夷蛮。水浮陆走，丹旐翩然；至诚感神，返葬中原。

——韩愈《祭郑夫人文》节选

都说亲人是一堵墙，能替你挡下生活中的所有恐慌。现在墙没了，十二岁的小韩愈要长大了。幸而，还有长嫂在。

嫂子养育韩愈，其为人对他影响深远。一个人幼年和少年时期的经历，对性格养成尤为重要。所以说此时，身旁有人正面引导的话，对这个人的一生将产生莫大的助益。韩愈的嫂子，就是这样一个人。所以韩愈幸也不幸，不幸的是，父兄早早地就去世了；幸运的是，他有这样一个好嫂子。

（陕西师范大学教授 于赓哲）

韩愈没有久居故乡，公元781年，以淮西节度使李希烈为首的藩镇势力再度发动兵乱。为了躲避战乱，寡嫂郑氏携全家迁至宣州。宣州位于长江之南、安徽东南部。唐朝中后期，相对于战火频仍的中原，宣州时局稳定，经济繁荣。韩愈一家在位于敬亭山南麓的"韩氏别业"安顿下来，开始了新的生活。

宣州人文荟萃，曾吸引了许多文士名流来此寓居宦游。"诗仙"李白更是多次到敬亭山游玩，留下了许多脍炙人口的诗篇。或许是受到"诗仙"的熏陶，十七岁的韩愈留给诗坛的第一首诗，便塑造了一个饮者的形象：

> 丈人庭中开好花，更无凡木争春华。
> 翠茎红蕊天力与，此恩不属黄钟家。
> 温馨熟美鲜香起，似笑无言习君子。
> 霜刀翦汝天女劳，何事低头学桃李。
> 娇痴婢子无灵性，竞挽春衫来比并。
> 欲将双颊一晞红，绿窗磨遍青铜镜。
> 一尊春酒甘若饴，丈人此乐无人知。
> 花前醉倒歌者谁，楚狂小子韩退之。
>
> ——韩愈《芍药歌》（一作《王司马红芍药歌》）

一首姿态狂放的《芍药歌》，韩愈锋芒初露，意气风发。

在宣州数年，韩愈遍览六经百家之学。一方面，他像所有官宦子弟那样，渴望入仕来重振家族荣光；另一方面，他又像每一个初读《孟子》之

人那般，怀揣"穷则独善其身，达则兼济天下"的仁心。

公元 786 年，韩愈整理行装，带着满腔孤勇，向长安出发。他信心满满，势在必得。

> 我年十八九，壮气起胸中。
> 作书献云阙，辞家逐秋蓬。
>
> ——韩愈《赠徐州族侄》节选

抵达京师，韩愈却遭遇了名落孙山的打击。这让心高气傲的少年体会到了被考试支配的痛苦。在接下来的几年中，韩愈连续三次落榜，加上囊中羞涩，他最终无法继续在长安立足，只好无奈地返回宣州。

韩愈可能不大喜欢骈体文，而骈体文又是当时官场上流行的文体，也是科举当中的标准文体之一，所以从这点上来说，也许他有点吃亏。

（陕西师范大学教授　于赓哲）

骈体文是一种起源于汉、魏，盛行于南北朝的文体。以字句两两相对而成篇章，讲究对仗的工整和声律的铿锵。韩愈尊崇古文，古文以先秦散文语言写作文章，他主张恢复先秦和汉代散文内容充实、长短自由、质朴流畅的传统。

公元 792 年，在长嫂的鼓励下，韩愈第四次踏进科举的考场，此时距离他第一次参加科举考试已经过去了五年。这一年的主考官是兵部侍郎陆贽，副考官是一位推崇古文的官员——梁肃。在这样不糊名的考试中，考官梁肃对这位与自己的文学观念相符的考生，印象很深刻。而且，梁肃与韩愈的哥哥韩会，曾是多年的好友。

当然，"走关系"并不能掩盖韩愈的实力。梁肃的职责只是向主考官陆贽推荐合适的人选。陆贽是中唐时期的贤相，其才能、品德深受当时及后世人们称赞。他虽然擅长写骈文，但也能赏识韩愈言之有物的文章。多年的寒窗苦读终于有了成果，贞元八年（792 年）的进士榜单上，韩愈榜上有名。

考进士实在是太难了，唐朝进士的录取者都是人中之龙凤。唐朝有一句话叫"三十老明经，五十少进士"。韩愈考的就是进士。他二十多岁考中，已经相当了不起了，虽然他前面考了好几次，这也很正常。

（陕西师范大学教授　于赓哲）

也是在这一年的考场上，韩愈结识了一生的好友孟郊。两人年龄相差十七岁，却一见如故。孟郊第一次参加科举，不幸落第，心情压抑而愤懑。韩愈在这次中第之前，也曾有三次失败的经历，因此他非常理解孟郊的苦闷，写下《长安交游者赠孟郊》来劝慰他。

> 长安交游者，贫富各有徒。
> 亲朋相过时，亦各有以娱。
> 陋室有文史，高门有笙竽。
> 何能辨荣悴，且欲分贤愚。
>
> ——韩愈《长安交游者赠孟郊》

相传第四次考试前，韩愈曾在长嫂的见证下成婚了。妻子卢氏出身于范阳的一个官吏家庭，自幼饱读诗书，与韩愈志趣相投。金榜题名、新婚燕尔，这算得上是韩愈人生中一段难得的轻松愉快的时光了。不过，韩愈并不敢沉溺于此，公元 793 年，韩愈再次奔赴长安。他打算一鼓作气，拿下博学宏词科考试。

结果，韩愈考试失败，郁闷加孤独，令他倍加思念妻子。他给妻子写下了一组动人的情诗。

其一

> 青青水中蒲，下有一双鱼。
> 君今上陇去，我在与谁居？

其二

> 青青水中蒲，长在水中居。
> 寄语浮萍草，相随我不如。

其三

> 青青水中蒲，叶短不出水。

妇人不下堂，行子在万里。

——韩愈《青青水中蒲三首》

不久，韩愈回到河阳老家为祖坟扫墓，却与扶母灵柩来河南安葬的韩十二郎相遇。韩愈生命里的另一面墙也塌了。他想起韶州的奔波、宣州的求学，想起长嫂郑氏的养育之恩。长嫂如母，郑氏用女性的温暖养育着韩愈，生活清苦却不失坚毅品行。这些年，韩愈在外考试，屡败屡战，却从未想过放弃，就是为了早日获得一官半职，好报答长嫂，但终究还是慢了一步。

将长嫂与兄长合葬之后，韩愈长跪在墓前，虽然礼法没有要求，韩愈依然坚持为长嫂守孝五个月。回到长安，韩愈虽继续在考场上坚持不懈，但再次失败，他依旧是那个一事无成、空有进士文凭的无业游民。

如果说，最初韩愈想要入仕是为了实现心中抱负，为行道、为明道，而如今，这番抱负里却掺杂了些许的现实因素。入仕对他来说，不仅仅是为了实现个人理想和抱负，更是为了生活。他需要赚点银子，才能让自己在这座繁华的长安城里，显得不那么局促。

后来他在给友人李翱的书信中，回忆起那段日子。他这样写道：

仆在京城八九年，无所取资，日求于人以度时月，当时行之不觉也，今而思之，如痛定之人思当痛之时，不知何能自处也。

——韩愈《与李翱书》节选

在第三次博学宏词科考试失败后，韩愈决定不再被动等待命运的安排，他要主动出击。于是，他做了一个大胆且疯狂的决定——上书当朝宰相。他似乎很着急，四十多天内，连写了三封信。

第一封，他言辞恳切，引经据典，向对方进行自我推荐。

今有人生二十八年矣，名不著于农工商贾之版，其业则读书著文歌颂尧舜之道，鸡鸣而起，孜孜焉亦不为利；其所读皆圣人之书，杨墨释老之学无所入于其心。

——韩愈《上宰相书》节选

韩愈说：圣上和宰相您，能长育天下英才。那您看看每日闻鸡鸣而起的我，看看读遍先贤书的我，我就是您要找的人。韩愈满怀期待递出了这封信，焦急等待了十九天，却没能收到回信。

第二封信，他声泪俱下地痛陈绝境，自比为在火灾中挣扎呼喊的人，希望得到对方的救助。

愈之强学力行有年矣。愚不惟道之险夷，行且不息，以蹈于穷饿之水火，其既危且亟矣，大其声而疾呼矣，阁下其亦闻而见之矣，其将往而全之欤？

——韩愈《后十九日复上书》节选

二十九天后，韩愈依然没有等到回信。第三封信，他言辞激烈地批判对方：周公为相时，天下大治，尚且求贤若渴，您面对人才却如此傲慢，难道比周公还要厉害？

愈闻周公之为辅相，其急于见贤也，方一食三吐其哺，方一沐三捉其发。

…………

而周公以圣人之才，凭叔父之亲，其所辅理承化之功又尽章章如是，其所求进见之士，岂复有贤于周公者哉？

——韩愈《后廿九日复上书》节选

唐朝才子的自我推销，早已成为知识分子间的风气。虽然他们才华横溢、小有名气，但这样的人在日理万机的宰相面前，仍然难以得到应有的重视。韩愈的愿望落空了，他的三封信如泥牛入海，再无音信。

万般无奈之下，韩愈将心中所有的压抑之情诉诸笔端。十年科举的坎坷让韩愈深刻地认识到：人才固然难得，懂得赏识和发现人才的人更是难得。

世有伯乐，然后有千里马。千里马常有，而伯乐不常有。

——韩愈《马说》节选

这是韩愈的呐喊，也是千百年来多数怀才不遇之人的心声。

千里马，就在你身旁，就看你能不能发现它。问题就在于，世上有很多千里马，但是世上最缺的就是伯乐。

（陕西师范大学教授　于赓哲）

此时的韩愈已经将近而立之年，在长安苦读应考的十年光阴，已经把初来京都时那个满腹经纶、桀骜不羁的翩翩少年，变成一个怀才不遇、愤世嫉俗的落魄书生。

在一次次碰壁之后，韩愈决定离开长安，思考未来的出路。

第二节　天下无马

公元796年，安史之乱被平定已有三十多年了，却留下了藩镇割据的毒瘤。地方节度使大权在握，俨然一个个独立王国。他们求贤若渴，发动了"抢人大战"。

韩愈考中了进士，但未能通过吏部的博学宏词科考试，无法在朝廷担任官职。然而，在藩镇中，他这样的人才却非常抢手。宣武军节度使董晋，奏请韩愈为宣武节度使观察推官，使其作为自己的幕僚就职汴州（今河南开封）。

在汴州做幕僚的近三年时间里，韩愈收获了弥足珍贵的友谊。工作之余，他常常与生命中最重要的三位朋友相聚：诗歌上的挚友孟郊，古文上的挚友李翱，道义上的挚友张籍。尤其是与张籍的结识，二人颇有相见恨晚之感。初遇时，韩愈便说："此日足可惜，此酒不足尝。舍酒去相语，共分一日光。"意思是，这一天实在值得珍惜，酒宴耽搁时间，不值得品尝；姑且放弃酒宴，去和张籍探讨学问，来共度这美好的一天。

公元 799 年初春，董晋逝世，韩愈护送董晋灵柩离开汴州。四天后，汴州发生兵变，军中大乱，没有离开的僚属都被杀害。韩愈幸运地躲过了这一劫，后来辗转到了徐州，成为徐泗濠节度使张建封的幕僚。还是同样的职位，只是工作还没开始，小吏就拿来了幕府的规章制度：本年九月至来年二月，都要早晨上班、晚上回家，中间除非有疾病事故，否则一律不得外出。

虽然韩愈已经三十二岁，但与其他幕僚求赏识不同，他遇到不合理的事情就正面指出，哪怕得罪领导。韩愈发现张建封规定的上班制度，自晨及昏，整天要工作十二个小时。他说，你要求的工作时间太长，而且"打卡制度"也太严格了吧。

（陕西师范大学教授　于赓哲）

韩愈对此无法接受，仅早起晚归这一条，就是他万万做不到的。九月的第一天，他就给张建封上书抗议。他表示，要是勉强照着制度行事，自己一定会发疯的。

古人有言曰：人各有能有不能。若此者，非愈之所能也。抑而行之，必发狂疾。

——韩愈《上张仆射书》节选

所以韩愈给了个建议，说我们这个上班的时间能不能分成两段，中间呢，还有个休息的时间。韩愈对张建封说，你看中我，看中的是才华，而不是因为我是个加班的人才。关于任用人才，好的领导是什么特点呢？愿意与手下共同成长，也愿意听别人的劝。可是不好的领导呢，他不要人才，他只要听话的人。现在的工作制度，你就是要那种听话的奴才，而不是真正的人才。

韩愈试图凭一己之力整顿职场，但并没有多少效果。张建封本来就不喜欢韩愈的行事直率，因此这封直言的上书被他忽视了。韩愈对幕府生活愈发不满意，他向往的是能自由驰骋的广阔天地，而不是在这个不起眼的小官职上苦熬。

这年冬天，韩愈以幕僚身份前往长安朝正。在长安，他遇见了与自己同年考中进士的欧阳詹，欧阳詹在国子监任四门助教。他试图举荐韩愈为四门博士，但未能成功。韩愈写下《驽骥》送给欧阳詹："人皆劣骐骥，共以驽骀优。喟余独兴叹，才命不同谋。"这世界上有吃高山谷子的千里马，也有随便吃一把路边野草的劣马。可人们看不上千里马，认为劣马才是好的。只有我独自感慨，有才未必有命，有命未必有才。

天下无人能识千里马，天下无人能知韩愈。

此次再入长安，韩愈也想再为自己找些机会。然而多日下来，韩愈虽接触到了不少达官贵人，但由于地位悬殊，他根本没有开口自荐的机会。满肚子的话，韩愈无处可说。

昨者到京城，屡陪高车驰。
周行多俊异，议论无瑕疵。
见待颇异礼，未能去毛皮。
到口不敢吐，徐徐俟其罅。

——韩愈《归彭城》节选

那个不平则鸣的楚狂小子，如今化身不敢直言的透明人。这对韩愈来说，无疑是痛苦的。

但在诗的结尾，他又写道："遇酒即酩酊，君知我为谁。"对长安的向往仍埋在心底，他的心声不言而喻。

公元 800 年初夏，韩愈终于无法忍受幕僚的工作，离开徐州。不久后，徐州兵变，韩愈再次侥幸逃脱。更幸运的是，第二年，他顺利通过吏部铨选，得到了留在长安的机会，被任命为国子监四门博士。虽然官职不大，但韩愈早已在京城的文化圈内小有名气，很多学子慕名而来。韩愈也开始慢慢向世人所熟知的那个文坛大家转变。

韩愈任职的国子监共有六学，培养不同的人才。六学里的规定是什么呢？你家是什么背景，你就可以在哪个部门学习。国子监本身讲究门第、家庭出身。所以在他们的文化圈里，认的是家庭背景。不管学习成绩与能力，时机成熟了，都有你一个官职。所以这些有门第、有背景的士大夫，看不起整天皓首穷经、好好在那儿学习的人，因为他们根本不用经历这个痛苦的过程。在这种背景下，韩愈身边有一个孩子叫李蟠，愿意跟着他好好学，结果被别人嘲笑。韩愈为他打抱不平，于是写文鼓励李蟠，同时对当时的社会乱象提出批评。

（郑州大学教授　王士祥）

古之学者必有师。师者，所以传道受业解惑也。

——韩愈《师说》节选

这篇流传千古的《师说》，是韩愈写给李蟠的，也是写给天下人的。韩愈不顾流俗，吹响了勇为人师、敢为人师的号角。一句"是故弟子不必不如师，师不必贤于弟子，闻道有先后，术业有专攻"，掀起了长安城中的倡学之风。

在《师说》里边有一个很重要的观点，就是"师不必贤于弟子"，也就是说，师生完全可以互相提携，共同成长，教学相长。为师者也要保持一个谦卑的心态，第一，你要不断地进步；第二，如果弟子当中有比你更擅长的专长，有比你更突出的优点，你也要勇于去学习，不必拘泥于自己的身份，不要去摆架子。在现实生活中，韩愈也是这么做的，比如仕途上，孟郊比自己差，但是他觉得孟郊诗写得好，甘心以孟郊为师。除此之外，韩愈本身一生反佛，但是对待曾经出家的贾岛，他也甘心以其为师，因为他觉得贾岛诗写得好。

（陕西师范大学教授　于赓哲）

《师说》写好之后被广泛传阅，对社会产生了震撼力，柳宗元也写文章应和。进京参加考试的考生，大多会先来求见韩愈让其把关，可知韩愈当时的社会影响力。

（郑州大学教授　王士祥）

这年春天，韩愈把先前安顿在洛阳的家小接来身边，一家人得以在长安相聚。但一家人的生计，只靠韩愈一人做教书先生的微薄薪资来支撑，实在难以度日。

韩愈有个生财的门路，就是给人写墓志。那个时候墓志写得好，报酬不菲。墓志是有格式套路的，比如谁谁谁，哪里人，名叫什么，号叫什么，生在哪里，长在哪里，什么时候去世的，活了多大岁数，几乎都是这样写下来的。既然这样，你给老王写可以这样写，给老李写，把老王的名字替下来不就行了吗？相关的事给他替换一下不就可以了吗？韩愈写墓志不这样，用我们今天的话说，叫"量身定制"。

（郑州大学教授　王士祥）

韩愈写的墓志，渗透出他的世界观和价值观，以及他对人物的评价，并且言之有物。在文采飞扬的同时，又能让人感觉到情真意切。所以韩愈对于墓志这种文体的变革，应该是起了相当大的作用。

（陕西师范大学教授　于赓哲）

公元 803 年，农历五月，韩愈收到一封报丧信：十二郎去世了。十二郎是哥哥韩会的孩子，论辈分，跟韩愈是叔侄；论年龄，两人自幼一起长大，是形影不离的童年玩伴。

零丁孤苦，未尝一日相离也。

——韩愈《祭十二郎文》节选

幼时亲密无间，长大聚少离多。上次与十二郎相见，还是前些年韩愈在汴州工作时，十二郎前去看望。之后兜兜转转，两人竟再没有相见的机会，只能通过书信保持联系。两人曾经约定：年少时为了心中理想奔赴远方，暂且离别；但未来，他们定要长久地在一起。

吾与汝俱少年，以为虽暂相别，终当久相与处。

——韩愈《祭十二郎文》节选

上一年十二郎给韩愈来信，说最近患上了软脚病，韩愈安慰他说：这种病在江南很常见，不要为此事忧心；反而是自己，不到四十岁已经视力模糊、牙齿松动。想起家族父兄都是在盛年早早去世的，韩愈不禁担心自己也不会长寿。但他万万不敢相信，十二郎竟会先死。

少者强者而夭殁，长者衰者而存全乎？未可以为信也！

——韩愈《祭十二郎文》节选

韩愈自责对十二郎关心太少，以至于不知道十二郎是何时生病、何时离世的。

呜呼！汝病吾不知时，汝殁吾不知日。

——韩愈《祭十二郎文》节选

定是神明在惩罚自己，才令十二郎与自己天人永隔，甚至死后也不来入梦。

自今已往，吾其无意于人世矣！

——韩愈《祭十二郎文》节选

在这篇文章里，韩愈把两个人共同经历的家庭琐事一一罗列出来，不需要煽情，情已经在了。人跟人相交的过程中，记住的都是大事，选择性忘记的都是小事，但是韩愈记的偏偏都是小事、细节的东西。所以读了这篇文章之后，你会发现心里酸酸的。韩愈是用情写的，每个字都蘸着血泪。

（郑州大学教授　王士祥）

失去十二郎的悲恸尚未缓解，四门博士的任期也将满，一家人的生计压在韩愈一人肩上，找工作迫在眉睫。韩愈把目光投向了当时的京兆尹李实。

韩愈为了干谒，曾经也写过一些违心的文章。比如他写给李实的一封书信，里面曾说，天下的这些公卿，未有赤心事上忧国如家如阁下者，这个话就给予了李实极高的赞誉。但那时的韩愈对李实还不够了解，这个评价就像见面打招呼一样。

（陕西师范大学教授　于赓哲）

韩愈的马屁拍得很有水平，没过多久，他就被任命为监察御史。官职不高，却有监察百官的权力。这个职位让韩愈有了施展抱负的机会。上任不久，他写下一首《利剑》，毅然表明自己铲除奸臣的决心。

我心如冰剑如雪，不能刺谗夫，使我心腐剑锋折。决云中断开青天，噫！剑与我俱变化归黄泉。

——韩愈《利剑》节选

如果不能像一把利剑一样铲除谗臣，还不如死去算了。只是，韩愈没想到，他这把利剑，第一个刺向的官员就是李实。

第三节 传道授业

公元803年，关中长安地区从正月到七月没有下过一滴雨，旱情严重；到了秋天，又遭遇了霜灾，庄稼颗粒无收，百姓不堪重负，生活困苦难言。朝廷原本已经下令，要免除当年的租税。但身为工部尚书、司农卿兼京兆尹的李实为了彰显自己的政绩，故意隐瞒真实灾情，上奏朝廷："今年虽旱，而谷甚好。"

于是朝廷不但没有赈灾，反而加紧催收田租地税。老百姓被逼得没办法，只好卖儿鬻女，拆房卖屋。百姓的惨状并不是没有其他官员看见，但他们选择了沉默。韩愈也看见了，他心里有一杆秤，一端是提携自己的李实，另一端是在苦难中挣扎的百姓，以及自己的良心。

李实是唐朝的宗室，曾经是唐德宗面前的红人，位高权重。唐德宗刚上台的时候，雄心万丈，要削平藩镇，结果接二连三地遭遇挫折，所以最后唐德宗养成了两个特点，第一是任人唯亲，第二是敛财。而偏偏李实能满足他的这两个需求。第一，任人唯亲，什么样的人值得信赖？自己的亲戚嘛，李实是宗室；第二，李实被唐德宗委任为京兆尹之后，就展现了他在敛财方面的"才华"，比如五坊小儿、宫市、地方供奉等，搞得老百姓怨声载道。所以这时候韩愈就要履行自己的职责，他是一定要弹劾李实的。

（陕西师范大学教授 于赓哲）

不久，一封《御史台上论天旱人饥状》呈到了皇帝面前。韩愈在文章中详细描述了灾情的严重程度，而李实瞒报灾情，借机盘剥百姓，大发国难财，人祸比天灾更可怕。

弹劾李实的上书呈上去十天后，韩愈没等到减免租税的消息，却等来了自己被贬的诏书。唐德宗不但不追究李实大发国难财和欺君罔上的罪名，反而降罪于韩愈，将其贬谪为连州阳山县令。接过诏令的那一刻，他甚至还没有反应过来。

朝为青云士，暮作白头囚。

——韩愈《赴江陵途中寄赠三学士》节选

宣布被贬的当天下午，朝廷就派使者催逼韩愈立即离开京城，动身去阳山赴任，片刻都不得逗留。韩愈的妹妹久病卧床，得知哥哥要远去岭南，知道重逢无望，十分悲痛。她哭着哀求使者多给些时间好好话别，但被拒绝了。

朝廷派来的官员催了一遍又一遍，妻子抱着年幼的儿子，只能将韩愈送行到门口。十二月，眼泪混着凉气，消融在离别的悲痛中。还能不能回来？还能不能再见到眼前的亲人？韩愈不知道。

长安到阳山，相隔数千里，即使驾上马车不眠不休，韩愈也要走上两个月。渡过洞庭湖之后，到达汨罗江畔，韩愈不禁想起了屈原。屈原一生忠心为国，最后落得个投江自尽的可怜下场，一代忠良死于非命。又想到自己因言事遭贬，与屈原何其相似，满腔愤懑地写了《湘中》一诗缅怀屈原：

猿愁鱼踊水翻波，自古流传是汨罗。
苹藻满盘无处奠，空闻渔父扣舷歌。

——韩愈《湘中》

渔父熟悉的歌声飘在江上，江边不得意之人换了一茬又一茬。唐代的阳山地处骑田岭山脉南侧，东临韶州，西接贺州。公元804年春，韩愈抵达阳山。自从去年冬天十二月被逐出京师，韩愈几乎是日行百里才来到阳山的，这时已是二月中下旬了。

韩愈不是第一次来岭南了，二十多年前，他曾到过距阳山不足四百里的韶州。在那里，有哥哥、嫂嫂，还有一起长大的侄子十二郎。虽然生活困顿，但一家人在一起。岭南的月亮好像比北方看起来更亮一些，可阴晴圆缺，如今只有韩愈自己看了。少时岭南的生活记忆已不再清晰，但当年兄嫂的照拂让小小的韩愈无须直面异乡的不适。今天，所有的风雨，韩愈都要自己体会。

> 远地触途异，吏民似猿猴。
>
> 生狞多忿很，辞舌纷嘲啁。
>
> 白日屋檐下，双鸣斗鹎鹍。
>
> 有蛇类两首，有蛊群飞游。
>
> ——韩愈《赴江陵途中寄赠三学士》节选

当时的阳山就是穷乡僻壤。韩愈到了之后，在自己的文章里写了这么一句话："阳山，天下之穷处也。"当地人的相貌跟中原人也有区别，用他的诗来说，看着跟猿猴似的，说话也听不明白，跟鸟叫似的。除此之外，地上毒蛇乱窜，饮食上提心吊胆……就是无论是生活条件、工作条件，还是与人交往的人文环境，对韩愈来说，都是极尽折磨。

（郑州大学教授　王士祥）

韩愈是阳山历史上首位有名字记载的县令。他的到来对阳山，甚至对整个岭南来说，都是一件大事。远在广州的读书人听说韩愈来到阳山的消息，专门乘船赶来，跟随韩愈读书学习。

韩愈对于求学的士子非常热情。他在阳山兴办学堂，亲自传道授业，将中原成熟的文化和先进的农耕技术传播到当地，推动阳山的开化与发展。

阳山因为韩愈，一改蛮荒贫穷的面貌；韩愈也因为在阳山的基层工作经历，在思想上走向了成熟。这一年，韩愈撰写了以《原道》为首的五篇散文，这是他道统思想理论的集大成之作，标志着他儒家思想的真正形成，由此确定了韩愈在中国思想文化史上的大儒地位。

远离长安官场，做一个偏地县令，久违的轻松自在重拾心头。韩愈甚至在这里培养出了钓鱼的新爱好。阳山迷人的自然风光，也让他忘记了被贬谪的痛苦。岭南的夏季湿热而漫长，城郊北边不远的牧民山是个纳凉的好去处。《阳山县志》中描述，牧民山"中峰耸立，金峰冈峦，横列如屏，环县治后"。

韩愈经常到牧民山西麓的岩洞里读书游玩。后来，人们将此洞称作"游息洞"。游息洞下十多米的山岩里流出一脉山泉，泉水清甜可口，沁人心脾。在三伏天里，上山砍柴的村民或路过的游人都会喝上一捧泉水解渴，韩愈为此特意写了一首诗：

> 所乐非吾独，人人共此情。
> 往来三伏里，试酌一泓清。

——韩愈《题游息洞》

韩愈在阳山的时间不长，仅一年零两个月。公元805年八月，二十八岁的唐宪宗李纯即位，新皇登基，大赦天下，韩愈因此离开了阳山。后来阳山人民为了纪念他，把原来的牧民山改名为"贤令山"，山旁的城北水库也改名为"贤令湖"，山脚下更是修建了韩愈纪念馆，以供后世缅怀。

公元806年，韩愈回到长安，担任国子博士。此后八年间，韩愈的官职有升有降，但他在文学上的地位日渐巩固。韩愈博学多才，名气也很大，因此每天都有很多学子慕名而来，希望得到他的认可和指点。

公元808年，一个年轻的士子拿着自己的诗文赶赴洛阳拜谒韩愈。韩愈翻开他的诗集，第一篇是《雁门太守行》。

韩愈大喜，断言这个叫李贺的年轻人此后的人生将是一片坦途。然而，现实却给二人玩了一把黑色幽默，才华横溢的李贺连参加科举的资格都没有。

韩愈听说此事，大为愤怒。他写下了《讳辩》替李贺打抱不平。

可惜，即便如韩愈这般名声在外、影响力颇大的文坛领袖为李贺打抱不平，依然改变不了李贺不能参加进士考试的命运。送别李贺后，韩愈继续投身教育事业中。他时刻谨记自己那些无法出头的日子，因此努力充当一位好伯乐，尽己所能地提携青年后进，为寒门学子发声，为大唐文坛培养了一大批古文运动继承者。

六朝时期流行的骈体文辞藻华丽，满纸锦绣，但内容空洞、全无情节。安史之乱后，中央权威衰弱，忠君思想薄弱。韩愈倡导的古文运动，首先就是有感而发，跟当时的局势密切相关，要体现出士大夫的价值观。所以我们现在来评价古文运动，一定要看到当时的时代局面。

（陕西师范大学教授　于赓哲）

韩愈之所以能够在文学方面取得这么大的成就，有两方面的原因：一个是从理论上，他能够提出来我们应该怎么做，我们写文章的目的是什么，文以载道，师古人之义，而不师古人之辞。第二也是最重要的一点，他自己也去做，理论联系实际，韩愈写了很多非常优秀的流传后世的文章。所以通过理论、实践两方面的努力，当时流传的四六骈文，阵地越来越小。皇帝写的诏书里面出现了单行散体的古文句式，说明古文运动已经影响到了上层。

（郑州大学教授　王士祥）

业精于勤，荒于嬉；行成于思，毁于随。

——韩愈《进学解》节选

《进学解》这篇短短九百字的文章，不仅将儒学道义阐明清楚，总结了韩愈自己的治学思想，而且为后世创造了众多成语。韩愈不仅整顿了文风，对当时的诗坛也有一些与众不同的意见。在盛行王孟和元白诗风的中唐时期，李白和杜甫的诗歌成就往往不被重视，甚至还受到一些人的贬损。为此，韩愈在给好友张籍的诗中热情地赞美李白和杜甫的诗文。

李杜文章在，光焰万丈长。

不知群儿愚，那用故谤伤！

蚍蜉撼大树，可笑不自量。

——韩愈《调张籍》节选

公元 815 年，四十八岁的韩愈终于进入上层统治集团，晋升为中央最高权力机关中书省的中书舍人，官居正五品上。吃不饱穿不暖的生活已经成为过去式。这一年，他终于能够在京城长安买下一处大宅子。他写下一首诗送给儿子，他的前半生好像都在前四句诗里。

始我来京师，止携一束书。

辛勤三十年，以有此屋庐。

…………

有藤娄络之，春华夏阴敷。

东堂坐见山，云风相吹嘘。

松果连南亭，外有瓜芋区。

西偏屋不多，槐榆翳空虚。

…………

恩封高平君，子孙从朝裾。

开门问谁来，无非卿大夫。

不知官高卑，玉带悬金鱼。

问客之所为，峨冠讲唐虞。

——韩愈《示儿》节选

接下来，他用更多的字句介绍他的屋舍，搬出他的门客，字里行间难掩愉悦。后世人读到这首诗时往往颇多争议，明明是劝诫儿子读书的诗，却满是利禄之事。

可韩愈很少写这般带着炫耀气息的诗，或许是回想起了少年时跟着兄嫂的千里奔波，或许是回想起了青年时一封封无人回复的自荐信，又或许是回想起了壮年时被贬阳山的一路崎岖。成功来之不易，需要被捧出来讲讲。那颗被埋在泥沙下的金子，终于闪耀出了它原有的光芒。这一刻，它值得被人看见。

第四节　退之不退

公元816年，安史之乱已经过去五十多年，但这场战乱给唐王朝带来的余震还未完全消散。

安史之乱之后，唐朝表面上平定了叛乱，实际上留下了一个大问题——藩镇割据。一个个割据的藩镇，实际上就是一个个独立的小王国，节度使父死子承，比如淮西，就是藩镇当中的一个刺儿头。淮西节度使吴少阳死了以后，他的儿子吴元济秘不发丧。什么目的呢？就是等到自己权势巩固之后，好逼迫朝廷承认自己任节度使留后。

（陕西师范大学教授　于赓哲）

吴元济领军后，公开和朝廷叫板。唐宪宗欲发兵讨伐，但当时吴元济的势力也很强，两方相持不下。为了打击朝廷平定藩镇的决心，淄青节度使李师道竟派刺客在长安刺杀主战派的领袖人物，宰相武元衡当街毙命，裴度被刺伤。一时间主和派势力抬头，朝廷在战与和之间摇摆不定。

身为文官的韩愈挺身而出，写了一篇《论淮西事宜状》的奏折呈给皇帝。

韩愈分析了淮西的形势，分析了利与不利。最后，他提出的主张与武元衡、裴度等人的观点是一致的，那就是一定要杀鸡儆猴，一定要在淮西的问题上采取强硬的态度。

（陕西师范大学教授　于赓哲）

《论淮西事宜状》坚定了皇帝出兵的决心，显露军事家风范的韩愈被任命为行军司马，随宰相裴度去讨伐淮西。就这样，从未带兵打过仗的韩愈跨上战马，奔向了未知的前方。在途中，韩愈得到情报，吴元济的精兵强将都被派去了前线，他驻守的蔡州城如今防御空虚。这是出兵的好时机，韩愈向裴度提出，希望能带领一支精兵，夜袭蔡州，捉拿吴元济。

这是一个大胆且冒险的想法。也许是考虑到韩愈缺乏实际作战经验，也许是担心夜袭的计划还不够缜密，裴度拒绝了韩愈。直到几天后，裴度收到了一封密信，写信的人是裴度手下的大将李愬，他在信中列出了一份奇袭计划，与韩愈的建议不谋而合。只是这次，裴度同意了。

平定淮西的过程，其实我们很多现代人都非常熟悉，因为《资治通鉴》当中有一段精彩的描述，曾被收录到中学语文课本里面，就是《李愬雪夜入蔡州》，吴元济被生擒了。这是唐朝在平定藩镇的过程当中取得的一次重大胜利，可以说是一个里程碑式的事件。

（陕西师范大学教授　于赓哲）

十二月，韩愈回到长安，升职为刑部侍郎。如果没有接下来的"迎佛骨"事件，他或许会更早走上仕途巅峰。

公元 819 年，唐宪宗李纯的削藩计划已经进行到了尾声：陷于强藩多年的河南、山东、河北、四川和淮西等地，重归中央政府管辖，唐王朝复归一统。这是自安史之乱之后，唐王朝迎来的第一次中兴。当人的外在需求被满足时，其精神层面的追求就会变得异常强烈。

唐宪宗此时开始沉迷佛道。淮西刚刚平定，他就下诏征求方士，炼丹制药，寻求长生。同时，他又向佛教表示自己的虔诚，认为这样可以延长寿命。这年正月，唐宪宗派人到长安西北的凤翔府（今陕西宝鸡）法门寺中迎接佛骨。

迎佛骨是唐朝皇室的一个传统活动。这个佛骨，就是佛指舍利，藏于陕西的法门寺。法门寺在唐朝的诸多寺庙当中，地位是相当高、相当特殊的，就是因为它藏有佛指舍利。唐朝每隔几十年就要打开一次地宫，然后把佛指舍利迎到长安城去供养。据说，只要打开地宫，迎出佛指舍利，就可以国泰民安、风调雨顺。

（陕西师范大学教授　于赓哲）

这节佛骨受到了唐宪宗的高规格礼仪对待。由宦官带领三十个宫人，手捧香花，至法门寺迎出，送进宫中。在宫里供奉三日，再送至长安各大寺庙公开展览。一时之间，整个长安城为这节佛骨轰动起来，甚至出现了疯狂的信佛风潮。

每次迎佛骨，不仅靡费钱财，而且整个社会都会出现一种癫狂的现象。有的人在迎佛骨的时候，自断一只胳膊，供养到佛指舍利前；还有的人焚顶燃指，在自己的头顶上放一坨油，然后把它点燃，或者把自己的手指头点燃。百姓们用这种苦刑的方式，来表达自己的虔诚。所以韩愈非常反感这种现象。

（陕西师范大学教授　于赓哲）

这些疯狂的信奉行为让韩愈不解，甚至愤怒。一群人的狂欢里，只有他皱着眉头。他必须说些什么，向皇帝、向百姓、向自己心中的道义。唐宪宗喜迎佛骨，许愿长生不老；韩愈洋洋洒洒写下一篇言辞犀利的文章，直言：信佛者，不见得活得久。

韩愈曾在夜里犹豫过，真的要写下这封不知道会为自己带来什么后果的奏章吗？忤逆皇帝的后果，是他这个努力了三十多年才在长安真正安家的人能承受的吗？何况，向皇帝谏言，不是他这个刑部侍郎分内的事。如果知道递上这封奏章后，刚刚住进的大宅子、刚刚升任的官职都会失去，韩愈还会这么做吗？

韩愈这回属于越职言事，他也知道会有后果，这就是儒家学者的一个追求，求仁得仁。

（郑州大学教授　王士祥）

很快，皇帝迎完佛骨，就迎来了韩愈的谏书——《谏迎佛骨表》。这样一篇直言不讳的谏言，唐宪宗读后暴怒，当即便要对韩愈施以极刑。

这封奏章最得罪唐宪宗的是什么呢？韩愈列举了历史上很多信佛的皇帝，然后指出这些人要么是命不好，要么是命不长，所以，唐宪宗就非常恼怒。

（陕西师范大学教授　于赓哲）

在君王至上的时代，韩愈批龙鳞逆圣听，皇帝一开始确实是要杀了他的，但由于裴度、崔群等人为韩愈求情，最后把他流放到了潮州，任潮州刺史。

（郑州大学教授　王士祥）

公元819年正月，在一年中最冷的时候，在长安最热闹的节庆里，韩愈再一次被赶出了长安。

傍晚，韩愈已行至蓝田关口，这是横亘秦岭的千年古道。唐代时，从长安去往南方，往往都要从这里经过。这条路，曾迎接过数不清的被贬官员。驻足蓝关，山间大雪纷飞，天地苍茫。

侄孙韩湘追来，为韩愈送行。两人相对无言，无声胜有声。

一封朝奏九重天，夕贬潮州路八千。

欲为圣明除弊事，肯将衰朽惜残年！

云横秦岭家何在？雪拥蓝关马不前。

知汝远来应有意，好收吾骨瘴江边。

——韩愈《左迁至蓝关示侄孙湘》

唐朝时，被贬谪官员的每日行程是有规定的，要求一天要走多少个驿站。总而言之就是不能慢，这种情况下，如果拖家带口就很不方便。所以，一般都是被贬谪的官员自己先出发，家眷随后跟上。就在韩愈被贬谪到岭南的路上，他的妻子带着孩子出发了。然后，韩愈的小女儿就去世了，夭折在路上。

（陕西师范大学教授　于赓哲）

直到一年后，韩愈遇赦北归长安，路过女儿所葬之地，含泪写下一首悼亡诗，诗名很长，足足四十七个字：《去岁自刑部侍郎以罪贬潮州刺史，乘驿赴任，其后家亦谴逐，小女道死，殡之层峰驿旁山下，蒙恩还朝，过其墓留题驿梁》。

　　数条藤束木皮棺，草殡荒山白骨寒。
　　惊恐入心身已病，扶舁沿路众知难。
　　绕坟不暇号三匝，设祭唯闻饭一盘。
　　致汝无辜由我罪，百年惭痛泪阑干。

　　她是韩愈最小的女儿，出生在韩愈最好的年纪。明明不久前，她还在韩愈膝下与他嬉闹，却因为韩愈的罪责被连累得惨死，甚至埋尸荒野，连像样的祭品都没有。小女儿去世于元和十四年（819 年）二月二日，而这天的韩愈还奔走在上任潮州的途中，妻女音信全无。

三月底，韩愈到了潮州。这是他第三次踏上岭南的土地。他不像当年在阳山那般消沉，直接实施"以德礼为先，辅以政刑"的治理策略，为潮州百姓做实事。潮州的学堂荒废已久，为了让更多学子接受教育，韩愈几乎捐出了自己全部的俸禄来办学。在他的启蒙下，潮州渐渐脱离了蛮荒的桎梏。

兴办学堂，兴修水利，韩愈尽自己所能改善民生。仅仅半年，潮州就变了模样。他甚至还为潮州人民驱走了凶狠的鳄鱼。那是潮州的初夏，飙升的气温裹挟着热浪，袭击着这座城里的每一个人。百姓告诉韩愈，恶溪的潭水中常常有鳄鱼出没，捕杀百姓的牲畜。韩愈怎能任鳄鱼作乱？他决心要驱逐它们。在潭水边，韩愈用文人的方式与鳄鱼展开对决。

被贬到潮州，韩愈仍然是带着一个士大夫的责任感去的，就是移风易俗。表面上赶走的是鳄鱼，实际上赶走的是当地的迷信风气。岭南当时好巫鬼重淫祀，所谓淫祀，就是国家正典之外的对那些鬼怪的祭祀。当地人迷信得不得了，这个也拜那个也祭，这些鳄鱼伤害牲畜，对人有害，怎么能把它们当作神明来祭祀呢？韩愈作了一篇《鳄鱼文》，劝诫鳄鱼搬迁。其实文章是写给当地百姓看的，以正风气。

（陕西师范大学教授　于赓哲）

据说当晚恶溪潭中起了雷暴，没几日，潭水突然干涸，鳄鱼不见了踪迹。无论真相如何，在潮州人的眼里，鳄鱼就是被韩愈所驱。为了纪念韩愈成功驱鳄的功绩，潮州百姓在他当年设坛祭鳄处建起鳄渡秋风亭。

韩愈在潮州的日子不足一年，潮州却用它的山水回应了韩愈一千二百多年。这里的山水记住了他，从此有了新的名字。很多年后，宋代诗人苏轼路过潮州，见到那里的山改名为韩山，看到那里的水改称为韩江，又见那里的学堂中满是对韩文公的怀念与称颂。他提笔为韩愈撰写碑文，赞扬道："文起八代之衰，而道济天下之溺；忠犯人主之怒，而勇夺三军之帅。"

可当时的韩愈，或许根本就没有想到这些身后虚名。他只是在给孟郊的信里写道，自己"仰不愧天，俯不愧人，内不愧心"。

韩愈被贬潮州的第二年，唐宪宗为宦官所害。迎佛骨并没有给他带来好运，他在寻求长生的期望中闭上了双眼，终年四十三岁。不久，新皇唐穆宗即位，韩愈重新回到长安。第二年，镇州兵变。镇州兵马使王廷凑杀害朝廷派去的节度使，要求长安政府承认他新任镇州节度使的身份，随后又围住了河北深州，把心怀大唐的重要将领、深冀节度使牛元翼困在了城中。

当时王廷凑又演出了唐代藩镇的传统戏码，鼓噪将士，然后胁迫朝廷承认他的现有地位。在这种情况下，朝廷对待藩镇都是先礼后兵的，能说服其归顺是最好不过的了，实在不行再用兵。那派谁去宣抚呢？在很多人的建议下，皇帝决定派韩愈前往镇州。在韩愈上路之前，元稹就说"韩愈可惜"。为什么这么说呢？因为很多人觉得这是个九死一生的任务，如果把韩愈给派出去，他很可能就回不来了。之前是有先例的，当年的老臣颜真卿去李希烈的军营当中劝说李希烈，结果被杀害了。

（陕西师范大学教授 于赓哲）

现在韩愈走的不就是颜真卿的老路吗？那肯定是有生命危险的，唐穆宗一听有点顾虑：万一回不来，我就成罪人了，因为是我派他去的呀。所以，皇帝私下捎了个信儿说，外边转两圈回来就行了，做个样子就行了。

（郑州大学教授 王士祥）

韩愈接到诏令时，已经在去往镇州的路上。"止，君之仁；死，臣之义。"尽管所有人都劝他后退，但他仍决意逆流而上。抵达镇州，韩愈快马加鞭直奔王廷凑军营。军营外，王廷凑的部下早已将弓上弦，刀剑也出鞘待命。韩愈穿过全副武装的兵马，心中多少还是有些忐忑的。当年平定淮西，韩愈无须打头阵且身后有千军万马；今天，韩愈却是孤身上阵。

在来镇州的路上，韩愈曾写下一句诗："翩翩走驿马，春尽是归期。"大概春天就能回长安了吧，至于是走着回去还是躺着被送回，那就不知道了。无论在军营外有过多少忐忑，见到王廷凑后，韩愈的气势还是很足。

韩愈怎么劝告王廷凑的呢？先是列举了很多前面藩镇失败的例子，问他："像你这样去作乱的藩镇，有没有好下场？"绝大多数都没有好下场，此其一。其二就是，你与神策军对抗有没有必胜的把握？等于是动之以情谈判结束后，王廷凑设宴招待韩愈，并下令围困深州的军队撤回镇州。就这样，韩愈凭一己之力，说服了王廷凑撤军，解救了牛元翼，并且保全了自己，全身而退。

第二年的早春随着暮雨悄然而至。在青草渐盛的节气里，韩愈邀请老友张籍一同看那满城春色。

天街小雨润如酥，草色遥看近却无。
最是一年春好处，绝胜烟柳满皇都。
——韩愈《早春呈水部张十八员外二首（其一）》

站在春日里，韩愈想起了他的十七岁，那是少年最好的时光。四十年过去，他身上最好的东西从未消逝。他的一生，就像十七岁在宣州时笔下那朵绽放的芍药：它不争艳，不斗俏，扎根在土地里，只做自己。

公元 824 年的冬天，韩愈的身体状况越来越糟糕。自从三十几岁掉第一颗牙齿时，他就开始担心自己还能活多久。如今，这一天终于到来了。因为病弱没有精力，韩愈拒绝了大部分探望的友人，只有张籍被允许进入他的病室。

十二月二十五日，这一天，韩愈的精神比平日好一些。他与张籍笑谈了几句，并且委托他记录自己的遗言：在他死后不许用当时盛行的佛、道仪式来祭奠他，而是要按照儒家礼法安葬。这是他最后一次向世人宣告他的态度。

这一生，韩退之终究没有退过一步。

刘禹锡在连州刺史任上，广开学校，大办教育。在唐代，广东共有四十八名进士，连州就有十二名；至北宋时期，广东共有进士一百二十七名，连州就占了四十三名。可以说，刘禹锡以贬谪之身，开启了连州的千年文脉。如今在连州中学旁边的燕喜山上，连州人为刘禹锡修建了纪念馆，竖立起一尊铜像。每逢课间，孩子们穿过燕喜牌坊，行走于秀丽的山间，在刘老师的注视下来来往往，时光仿佛重回千年之前。

第十章　刘禹锡

千帆过尽万木春

第一节 晴空一鹤

秋风萧瑟，草木摇落。在这个容易感时伤怀的季节里，每当人们回想起千年前的诗人刘禹锡，伤感的秋意就变得振奋起来：

> 自古逢秋悲寂寥，我言秋日胜春朝。
> 晴空一鹤排云上，便引诗情到碧霄。

——刘禹锡《秋词二首（其一）》

刘禹锡用豪迈放歌，明媚了后世的每一个秋天。但是谁又能想到，写下这样诗句的他，此时的人生刚刚经历了从巅峰摔落谷底的劫难。

贞元二十一年（805 年）正月，唐德宗李适驾崩。原本做了二十多年太子的李诵，终于可以顺理成章地继承皇位了，但就在四个月前，他突然中风，瘫痪在床，口不能言。把持朝政的宦官们认为太子病重，不适合继承大统，但唐德宗生前并没有指定其他的继承人。

朝廷中暗流汹涌，一场争权夺位的血腥政变一触即发。就在此时，令人难以置信的事情发生了，已经中风瘫痪整整一个冬天的太子李诵，竟以惊人的毅力站了起来，被人搀扶着召见百官，有惊无险地完成了皇权的交接，史称唐顺宗。

顽强的意志和改革的决心支撑着中风后的李诵登上了皇帝宝座，但这位新天子只能在卧榻之上主持国事，相传只有身边的牛昭容（妃子）能听懂他中风后含糊的话语。

当时的大唐宦官权力膨胀，藩镇虎视眈眈，原本低调的太子党成员成为皇帝唯一可以倚仗的力量。在不到两个月的时间里，他们就针对过去的弊政，以内抑宦官、外制藩镇为核心，提出并实施了一系列的改革措施，成为名副其实的革新派。所有政事都要由革新派传递给皇帝身边的李忠言（宦官）和牛昭容，再以此获得圣意。

在《新唐书·刘禹锡传》中，我们看到了这样的记载：太子即位，朝廷大议秘策多出叔文，引禹锡及柳宗元与议禁中，所言必从……人不敢指其名，号"二王、刘、柳"。

"二王"一个是王叔文，一个是王伾。唐顺宗还是太子的时候，他们就跟在他身边了，侍读东宫，陪他下棋、读书。这说明两个人通过自己擅长的事情，参与了太子李诵的成长。

（郑州大学教授　王士祥）

　　"二王"的上位，不是靠才学、门阀，完全是凭借太子对他们的欣赏及信赖。在其他朝臣看来，这些都属于奇技淫巧。所以，这两个人成为改革的领袖级人物，自然难以服众。当然毫无疑问，刘禹锡、柳宗元是饱学之士，可是奈何他们听从于"二王"，所以在他人看来属于投靠权贵。结果，朝臣、宦官、藩镇都不服他们。

（陕西师范大学教授　于赓哲）

　　尽管根基不稳，"二王、刘、柳"依然在改革弊政的政治舞台上呼风唤雨。其中，实际策划人王叔文负责决断，王伾负责联络沟通，宰相韦执谊负责行政文书，刘禹锡、柳宗元等人则一同参与政策制定。那是一段怎样的日子？在短短的一百多天里，推行了七项重大措施，就连站在保守立场上的韩愈，在后来记载这段历史时，也用了百姓相聚、欢呼大喜、人情大悦等语句。

　　此时的刘禹锡对实现大唐中兴充满了信心，他写下一首《春日退朝》，来表达自己澎湃的内心：

　　　　紫陌夜来雨，南山朝下看。
　　　　戟枝迎日动，阁影助松寒。

　　　　　　　　　　　　　　——刘禹锡《春日退朝》节选

　　与满朝的元老重臣相比，年纪轻轻便进入国家权力中心的刘禹锡，既没有显赫的门第，也没有资深的履历，他能出头凭借的是在科举考场上连登三榜的实力和运气。

　　公元 772 年，是中国诗歌史上不平凡的一年。白居易、李绅、崔护等才子纷纷降生。在苏州嘉禾驿的一户刘姓人家里，也诞生了一个将会名留千古的孩子，他就是刘禹锡。"忆得童年识君处，嘉禾驿后联墙住。垂钓斗得王馀鱼，踏芳共登苏小墓。"这是多年后与好友叙旧时，刘禹锡对童年的回忆。他的父亲刘绪因躲避安史之乱，带着整个家族东迁，在嘉兴定居下来，为浙西从事兼盐铁副使。刘禹锡出生时，母亲卢氏已年过四十，作为家中独子，他自然备受宠爱。

从刘禹锡的七世祖往下数，一直到他的父亲，都没有什么大官。他父亲就任过盐铁副使，搞（地方）经济的，算是经济专家。

刘禹锡是老两口老来得子。有文献记载，他母亲做了个梦，怀了这个孩子，所以叫"梦得"。另外他叫"禹锡"，其实这个"锡"有个通假字，通"赐"，"禹锡玄圭，告厥成功"，跟大禹有关系。

（郑州大学教授　王士祥）

虽然祖辈没有为刘禹锡传下可以倚仗的门第，但家人给了他一个充实快乐的童年。他很小的时候就已经开始学习《诗经》和《尚书》了，这使得他不仅态度恭谦，气质上还显得与众不同。

父亲带他遍访学者，常常去吴兴拜访著名诗僧皎然、灵澈，或是去苏州向文学家韦应物学习。聪敏好学的他深得老师们的赞赏，人人夸他孺子可教。

"子刘子，名禹锡，字梦得。其先汉景帝贾夫人子胜，封中山王……子孙因封为中山人也。"这是很多年后刘禹锡在自传中自报家门的话。实际上，在他流传后世的许多诗文里，他都常常以中山靖王刘胜的后裔自称，而他的朋友们也十分知趣地称呼他为"中山刘梦得""彭城刘禹锡"。

刘禹锡有时候自称彭城刘氏，刘邦就是彭城的，整个刘姓都称自己为彭城刘氏，这个不奇怪。另外他自称为中山靖王之后，这个说法极大程度上不可信。中国历史上姓刘的，好多都自称为中山靖王之后，包括刘备也是如此。

因为中山靖王是汉朝历史上一个以妻妾众多著称的诸侯，而且他的儿子特别多，因此冒充他的后代安全系数比较高。卞孝萱先生对刘禹锡的身世进行过一个考证，认为刘禹锡甚至有可能是匈奴人，准确来讲是南匈奴人。因为汉朝的时候，南匈奴依附于汉朝，整个民族都改姓为刘，所以在刘姓当中，有相当大一部分人实际上是匈奴人之后。

（陕西师范大学教授　于赓哲）

在看重门第出身的唐代，即便文才如"诗仙"李白，也要给自己追溯"陇西布衣"的名号加持，想在豪门望族把持的朝堂里找到自己的位置。刘禹锡自称皇族后裔的动机，似乎也不难理解。公元791年，二十岁的刘禹锡离开滋润了他童年的水乡，重回祖辈所居的中原。他游学洛阳、长安，很快就名动两京。

> 我本山东人，平生多感慨。
> ············
> 结交当世贤，驰声溢四塞。
> ——刘禹锡《谒柱山会禅师》节选

两年后，二十二岁的刘禹锡迎来了人生第一次进士考，他不仅一考即中，还在同榜进士中结识了比他小一岁的柳宗元。两位叱咤考场的风云人物，从此成为一生的好友。

不久，柳宗元由于父亲病逝，回家守孝，刘禹锡则继续参加了博学宏词科的考试，同样一举成功，第二年又顺利通过了吏部取士的考试。在不到三年的时间里"三登文科"，每科一考即中，这样的壮举在大唐的历史上绝无仅有，但刘禹锡十分低调，他写下一首《华山歌》，表明自己的志向。

高山固无限，如此方为岳。

丈夫无特达，虽贵犹碌碌。

——刘禹锡《华山歌》节选

博学宏词科很难的，能考上的人不多，但是刘禹锡再次榜上有名，他在短时间内拿到两个"学位"，这就更值得吹嘘了。

（郑州大学教授　王士祥）

公元 795 年，二十四岁的刘禹锡获得仕途的第一个职务，是崇文馆的太子校书。作为东宫属官，他的主要职责是校对勘误崇文馆的书籍。他在这里结识了一位对他今后仕途影响巨大的朋友——太子侍读王叔文。也许就是在这时，他开始发现，那位看上去弱不禁风的太子，颇有一番革除弊政的雄心。

任职崇文馆的第二年，刘禹锡的父亲刘绪于扬州病故。他辞官回乡丁忧，后来与母亲一起迁居洛阳。居家服丧的日子是平静的，但是大唐的政局却一刻也不曾平稳。

贞元十六年（800 年），徐泗濠节度使张建封病逝，徐州军乱，朝廷委派淮南节度使杜佑领兵讨伐。战火蔓延中，结束了孝期的刘禹锡受到了杜佑的邀请，加入节度使幕府，就任掌书记一职。几个月的戎马生涯，给刘禹锡增添了极为珍贵的人生阅历，他后来在《刘氏集略说》中有着这样的回忆："会出师淮上，恒磨墨于楯鼻，或寝止群书中。"经年累月的前线工作，将他的才思锻炼得更加敏捷，尽管军务繁冗，他却依然昼夜展卷，不废攻读。

但令人遗憾的是，杜佑的讨伐行动并未取得成功，畏惧藩镇的朝廷只能向强横的叛军妥协，从而使战火暂时得以熄灭。两年后，年迈的杜佑意欲辞镇归朝，刘禹锡也回到了长安，不久后调任监察御史。第二年，与他同科登第的柳宗元也被调回长安，进入御史台，任监察御史里行。

相识了近十年的刘、柳二人，正式进入国家政治中心，并在这段朝夕相处的时光中，和同为监察御史的韩愈结下了深厚的友谊。

公元 805 年初，唐德宗去世，唐顺宗即位，"二王、刘、柳"为首的革新派开始登上历史舞台。刘禹锡很快从正八品上阶跃升到从六品上阶，任户部屯田员外郎、判度支盐铁案之职，参与国家财政的管理。看起来这应当是属于刘禹锡的大喜之年，他才三十多岁，仕途就如同晴空一鹤，直冲云霄。

刘禹锡约三十三岁娶了薛謇的女儿，那时候他已经位高权重。官场的婚姻，一定会看门第和前途。所以他能够娶得高门第的女子，应该与他当时的身份地位密切相关。

（陕西师范大学教授　于赓哲）

记录唐、五代时名人逸事的《云仙杂记》一书，对刘禹锡当时炙手可热、日理万机的情形，有着这样的描述："顺宗时，刘禹锡干预大权，门吏接书尺，日数千，禹锡一一报谢。绿珠盆中，日用面一斗为糊，以供缄封。"

上下来往的信件，一天能有数千封，刘禹锡不仅要亲自看，还要亲自回复，他每天粘的胶水（我们今天叫胶水，当时是糨糊）就用盆装，一斗面拌成糨糊。按说一斗面相当于一个成年男人一天的食量，用来粘信封，生生能用完，你就说他这个工作量有多大吧！

（郑州大学教授　王士祥）

就在刘禹锡踌躇满志之时，被革新触动利益的朝臣、藩镇和宦官也展开了联合反击，大臣窦群第一个在朝中公开弹劾刘禹锡。他说刘禹锡挟邪乱政，不宜在朝廷任职。王叔文立刻将窦群免职，后来他又将与刘禹锡等人政见不合的武元衡调离御史台。这样的行为令许多还算正直的官员对把持朝政的王叔文一党也开始心生质疑，朝中开始出现早日立储的声音，要求立广陵王李纯为太子。

在这个节骨眼上，王叔文的母亲突然去世，他不得不回去守丧，这成了压倒革新派的最后一根稻草。

"二王、刘、柳"认为，太子人选问题应该缓议，但是反对派就一定要把广陵王扶上来当太子。宦官们采取了一招将计就计："二王、刘、柳"是通过别人来传达皇帝的旨意，我们也可以利用这一点。他们绕过了牛昭容和姓李的宦官，由俱文珍（宦官）写了个字条，直接传给了病榻之上的唐顺宗，问立广陵王（李纯）为太子可不可以。而唐顺宗竟然批示了同意。

唐顺宗怎么会同意？这个无从解释。因为唐顺宗当时终日昏昏沉沉，他的心智已经不足以做出清晰的判断，他甚至都不知道自己这一点头意味着什么。

（陕西师范大学教授　于赓哲）

在位仅一百八十六天的唐顺宗，甚至连自己的年号都没来得及拥有，便以太上皇的身份徙居兴庆宫。二十八岁的太子李纯在宣政殿即位，史称唐宪宗。为期一百四十六天的"永贞革新"，如同昙花一现，黯然收场。三天后，新皇帝就迫不及待地宣布废除新政，并针对革新派人士展开了全面的清算。

一个月后，刘禹锡从被倚重的朝廷要员，陡然跌落至罪不可赦的逐臣，等待他的是漫长的贬谪生涯。

改革错了吗？给老百姓减轻赋税，停止扰民的五坊使，停止地方的进俸，打击宦官的势力，抑制藩镇，哪里错了呢？

这些改革针对时弊并没有错，问题在于为首的王叔文和王伾，无论是能力、为人、出身各个方面，都没有获得大多数人的认可，只有刘禹锡、柳宗元这些人支持他们。

他们以为改革只要皇帝支持就可以了。改革没这么简单，中间夹着官僚集团、既得利益集团。改革需要协调各方的利益，而他们呢，损伤一个集团的利益，满足另一个阶层的利益，这样一来，改革失败可以说是板上钉钉了。

（陕西师范大学教授　于赓哲）

刘禹锡踏上了南行的道路，从庙堂之高到江湖之远，从此，中国历史上少了一位"贤臣"，多了一位"诗豪"。

第二节　心如砥柱

永贞元年（805年），注定是中唐历史上不平凡的一年。仅在这一年里，大明宫中就换了三位皇帝，唐德宗、唐顺宗、唐宪宗。第二年正月十九日，宫里忽然传出太上皇李诵暴毙的消息，李诵终年四十六岁，死因成为历史疑案。而这一切，都与刘禹锡积极参与的那场历史上著名的"永贞革新"有关。

公元805年八月，唐顺宗退位，李纯登基，轰轰烈烈的"永贞革新"宣告失败。王叔文首当其冲，被贬为渝州司户；王伾被贬为开州司马；革新派的其他成员也如同惊弓之鸟，等待厄运降临。一个月后，刘禹锡、柳宗元等人在萧瑟的秋风中踏上了万死投荒的远贬之路。

谪在三湘最远州，边鸿不到水南流。
如今暂寄樽前笑，明日辞君步步愁。
——刘禹锡《赴连州途经洛阳，诸公置酒相送，张
员外贾以诗见赠率尔酬之》

十一月，就在刘禹锡赶赴连州（今属广东）的路途中，让他"步步愁"的消息接踵而至："朝议谓王叔文之党……贬之太轻"，将刘禹锡由连州刺史再贬为朗州（今湖南常德）司马。

唐朝的朗州，不仅人口少、地方偏，经济也不发达，被称为下州。朗州相当于今天的一个市级单位，管理武陵、龙阳这两个县。

（郑州大学教授　王士祥）

朗州，就是今天的湖南常德，东据西洞庭湖，西依湘西山地，是一处依山傍水的风水宝地。但在唐代，这处后来变得风韵雅致的"潇湘之地"，却还是遍布丛林、沼泽、瘟疫、毒草、野兽的危险之地。

来自中原的刘禹锡和当地人语言不通，也适应不了"潇湘之地"的阴湿环境。经过一番波折，他暂时在城南鼓楼旁的高地落脚。这里靠近沅水，风光不错，旁边还有一处枫树林，时而可听到鹧鸪的叫声，颇有情趣。

更重要的是，此地还与名胜招屈亭相邻。自古以来，逐臣骚客自比屈原就是一种悠久的文学传统。在理想破灭、仕途失意的痛苦和谪居荒僻之地的孤独中，楚地的山川给了刘禹锡诗文创作的无尽灵感。

灵均何年歌已矣，哀谣振楫从此起。
…………
曲终人散空愁暮，招屈亭前水东注。
——刘禹锡《竞渡曲》节选

斑竹枝，斑竹枝，泪痕点点寄相思。
楚客欲听瑶瑟怨，潇湘深夜月明时。
——刘禹锡《潇湘神·斑竹枝》

贬谪的苦闷并没有使他意志消沉，反而磨炼着这个昂扬倔强的生命。

司马一职是地方官的副手，但刘禹锡、柳宗元等人被贬的官职全称是"司马员外置同正员"，意味着基本上就是个赋闲的官。这种官职，一般是给被贬的官员准备的。官员去了之后拿闲钱，没有多少具体负责的事务。

（陕西师范大学教授　于赓哲）

作为被贬官员，刘禹锡只能在某个区域内活动。地方官员仅保证其不致冻饿而死，物质条件很一般。

（郑州大学教授　王士祥）

《砥石赋》是刘禹锡初到朗州时创作的作品。在小序中，他说自来南方后，天气潮湿，随身带的一把宝刀因生锈而拔不出鞘，只能破鞘拔剑，朋友送给他一块磨刀石，才使生锈的宝刀重现锋芒。

　　既赋形而终用，一蒙垢焉何耻？
　　感利钝之有时分，寄雄心于睖视。

——刘禹锡《砥石赋》节选

在刘禹锡看来，他被贬谪就如同这宝刀蒙垢，不足为耻，因而时时提醒自己要砥砺志节，保持雄心，再图进取。

公元 806 年，唐宪宗改元元和，诏令大赦天下。身在朗州的刘禹锡得知这一消息，满怀"报国松筠心"，给往日赏识并提携过自己的老上司杜佑写了一封两千五百余字的长信。他向这位长辈倾诉内心的苦楚和委屈，说自己问心无愧，坚信"日月至焉，而是非乃辨"。刘禹锡请求杜佑能"降意详察，择可行者处之"，在合适的时候伸出援引之手，帮他跳出这个地方。

信写到最后，刘禹锡情绪激动，甚至"伏纸流涕，不知所云"。然而长信投出，杳无音信。春节刚过，他等来的竟是太上皇李诵驾崩的消息。

杜佑的心态应该是自保，当年"二王八司马"把朝中所有的派系都得罪了一个遍，在这种情况下，为他们当中的任何一个人说话，都会给自己带来祸患，所以杜佑保持了沉默。

至于唐顺宗之死，对刘禹锡来说相当于一个晴天霹雳！估计刘禹锡心中还有一个希冀，太上皇什么时候身体能够好起来，重新起用他们，能够让改革继续进行下去。但是唐顺宗一死就意味着这一切永远不可能再实现了。而且，他甚至怀疑唐顺宗之死是阴谋，于是他把唐顺宗之死比喻为楚义帝之死。

（陕西师范大学教授　于赓哲）

刘禹锡个性耿直，敢怒敢言。一个得罪了皇帝的贬官，不仅不肯低头，甚至还将自己怀疑唐顺宗被害的隐情写成铁一般的文字。这种行为，无论在当时还是后世的许多人看来，都有些不可思议。

就在唐顺宗猝死后不久，王叔文也在这一年被唐宪宗"赐死"。一时间，朝中对于他们这些革新旧人的诋毁之声犹如蚊蝇般席卷而来。

> 我躯七尺尔如芒，我孤尔众能我伤。
>
> ——刘禹锡《聚蚊谣》节选

同年八月，一个更坏的消息传来，唐宪宗下诏"左降官韦执谊、韩泰、陈谏、柳宗元、刘禹锡、韩晔、凌准、程异等八人，纵逢恩赦，不在量移之限"。这意味着，只要唐宪宗在位，他们就是永久的罪人。这该是多么绝望！

谪居在城郊高地的刘禹锡，时常俯瞰着窗外，感时伤怀。他在《楚望赋》中说自己："眸子不运，坐陵虚无。岁更周流，时极惨舒。"

这应该是他当时心态的真实写照。与此同时，身在永州的柳宗元状况更加糟糕。他的母亲、女儿先后去世，连他自己也"百病所集"，精神恍惚。虽然两人都在湖南，但有四百多公里的山川阻隔，更何况作为被贬的罪臣，他们不能离开贬谪之地半步。

得知柳宗元的近况，刘禹锡很担心好友的健康状况，不仅写信安慰，还常常寄去自己创作的诗文和研究的药方。

> 少年负志气，信道不从时。
>
> 只言绳自直，安知室可欺？
>
> 百胜难虑敌，三折乃良医。
>
> 人生不失意，焉能慕己知？
>
> …………
>
> 不因感衰节，安能激壮心？
>
> ——刘禹锡《学阮公体三首》节选

> 我今误落千万山，身同伧人不思还。
>
> ——柳宗元《闻黄鹂》节选

倚楹遂至旦，寂寞将何言。

——柳宗元《中夜起望西园值月上》节选

骥骑非无势，少卿终不去。
世道剧颓波，我心如砥柱。

——刘禹锡《咏史二首（其一）》

刘禹锡和柳宗元本非同胞兄弟，但如今这两位同病相怜的诗人就像一对相濡以沫的难兄难弟。虽然革新失败，但他们彼此扶持，将经受的苦难化作灿烂的华章，照耀着中唐的诗坛。

朗州的冬天是阴冷潮湿的，待到春暖花开，这里却是一番欣欣向荣的景象。农人下田耕地，沅江春水荡漾，两岸树枝绽芽，这里也是东晋诗人陶渊明描绘过的武陵桃花源之所在。

刘禹锡刚到朗州，就曾写下《武陵书怀五十韵》，他在引言里说道："顾山川风物皆骚人所赋，乃具所闻见而成是诗。"

在接下来的时光里，刘禹锡将大唐郎州的奇山异水和四季风物都融入了诗中。

白马湖平秋日光，紫菱如锦彩鸳翔。
荡舟游女满中央，采菱不顾马上郎。

——刘禹锡《采菱行》节选

尽管诗人有时也会流露出"一曲南音此地闻，长安北望三千里"的感慨，但大多数时候，他的诗句中已经看不到怨愤凄惨的笔调。

绿水风初暖，青林露早晞。
麦田雉朝雊，桑野人暮归。

——刘禹锡《初夏曲三首（其三）》节选

人生多艰，也要把苦难化成欢乐放歌；壮志难酬，更要保持赤子的本色。刘禹锡的豪情万丈不仅照亮了自己，也给了身在永州的柳宗元信心与支撑。在谪居穷守的凄凉岁月里，他常常与朋友来往唱和，在朗州创作的赠答诗歌竟有四十一首，几乎占这一时期诗歌总量的一半。

刘禹锡为遭遇贬谪的元稹打抱不平，赠给他一只文石枕，元稹则以竹鞭回赠。远在长安的白居易，更是捎来自己的诗作一百首，请刘禹锡校正。被贬朗州的第四年，"八司马"之一的程异被召还回京。刘禹锡不仅托程异带信，请求援引，还写诗叮嘱程异："一朝复得幸，应知失意人。"

时光在希望与失望的交错中流逝，刘禹锡一直在等待着属于自己的机遇。只是还没等来好消息，在朗州的第七年，他的妻子薛氏就因病离世，留下三个未满十岁的儿女。

刘禹锡夫妻恩爱，刘禹锡走到哪儿，妻子就陪到哪儿，两个人感情深厚之外，还是彼此的知己。薛氏家里面曾经出过一个权倾天下的大太监——薛盈珍。如果薛氏去替刘禹锡求个情，至少他的境况不会这么惨，但是薛氏知道刘禹锡不屑于去做这些事，所以她懂他。对刘禹锡来说，那个既爱重又敬重的人没了，这个打击实在是太大了。

（郑州大学教授　王士祥）

邑邑何邑邑，长沙地卑湿。
楼上见春多，花前恨风急。
猿愁肠断叫，鹤病翅趾立。
牛衣独自眠，谁哀仲卿泣？

——刘禹锡《谪居悼往二首（其一）》

此后半生，刘禹锡都未再正式续弦，世间的一切都使他触景伤情。他无比期盼能尽早带着家人脱离苦海，因而从未放弃过重回朝廷的努力。对于朝中故旧，他都一一致信表明心志，就连对革新派怀有敌意的宰相武元衡，他也写信请求援引。

人在屋檐下，不得不低头。如果还想实现自己的人生理想和抱负，那必须得回到长安，而回到长安只有一个办法，就是让当朝权贵点头。所以刘禹锡也曾经试图与武元衡达成一种和解。但是，武元衡很明显没有帮他这个忙。

（陕西师范大学教授　于赓哲）

被贬朗州的第九年，刘禹锡终于等来了好消息，他和柳宗元几乎同时接到了回京的诏书，此时的刘禹锡已经四十多岁了。

> 雷雨江山起卧龙，武陵樵客蹑仙踪。
> 十年楚水枫林下，今夜初闻长乐钟。
> ——刘禹锡《元和甲午岁诏书尽征江湘逐客，余自武陵赴京，
> 宿于都亭，有怀续来诸君子》

他的生命终于在困顿中突围，心灵更如砥柱般坚定。待他重返长安，已是第二年的春天。

第三节　吹尽狂沙

> 十年毛羽摧颓，一旦天书召回。
> 看看瓜时欲到，故侯也好归来。
> ——刘禹锡《酬杨侍郎凭见寄》

公元 815 年的春天，刘禹锡、柳宗元等五位"永贞革新"中被贬谪的司马，在阔别十年后奉诏还京。也许等到牡丹盛放的时候，他们就能重回朝堂了。但此时，一首观赏桃花的小诗正在默默发酵，即将引来一场震动朝野的风波。

> 紫陌红尘拂面来，无人不道看花回。
> 玄都观里桃千树，尽是刘郎去后栽。
> ——刘禹锡《游玄都观》

刘郎是刘禹锡在诗中的自称。这首名为《游玄都观》的小诗，还有一个面面俱到的名字：《元和十年自朗州至京，戏赠看花诸君子》。十年的放逐，未能消磨刘禹锡的耿直。

刘禹锡目睹了新贵们的专权显赫，回首当年革新遭贬，不管是有意还是无心，诗句中透出的怨愤和牢骚都刺痛了朝廷新贵们敏感的神经，也许

更触动了那位通过"逼宫"登上皇位的唐宪宗内心深处的隐秘。

刘禹锡被贬了近十年，回来之后，他的脾气如旧。当时长安城有一座著名的道观，叫玄都观。观里的道士种了很多桃花，每到春季桃花盛开的时候，长安城万人空巷，都跑去玄都观看桃花。刘禹锡也去了，然后就来了个"玄都观里桃千树，尽是刘郎去后栽"，意思就是说，你们这些花开得如此妖艳、花枝招展，你们啊，都是我老刘被贬到外地之后才出现的，山中无老虎，你们现在是猴子称霸王。当时当权的武元衡等人，本来就反对革新派，刘禹锡这首诗骂的就是这些人，所以这些人一怒之下，又在皇帝面前弹劾，导致刘禹锡等人再度被贬。

（陕西师范大学教授　于赓哲）

政坛的险恶多变让刘禹锡始料未及。长安的春天还没过完，四处的诋谤声就蜂拥而起。

这一年三月，朝廷迅速下发了诏书，以刘禹锡为播州刺史、柳宗元为柳州刺史、韩泰为漳州刺史、韩晔为汀州刺史、陈谏为封州刺史。

刘禹锡在《谢中书张相公启》中，表达了自己痛彻心扉的感慨："昨者诏书始下，惊惧失次。叫阍无路，挤壑是虞。"几位满怀希望回京的"司马"，在短暂的长安一月游后，又一次被逐出了京城，这就是轰动一时的"桃花诗案"。

刺史是州一级的长官，五个人看似从原本的六品司马提升为四品刺史，但他们要去的地方都属于极偏远的下州，可以说是官虽高而地更远。

刘禹锡要去的播州是几人中最偏远的，唐朝时不仅荒凉，还有战乱。他上有八十多岁的母亲，下有年幼的孩子，去那儿之后不知道要面对什么样的九死一生。这个时候柳宗元挺身而出，他上书求情，要和刘禹锡交换贬谪地，用自己条件稍好的柳州换刘禹锡的播州。

裴度在唐宪宗面前反复地劝说，意思就是说，你把刘禹锡贬到播州，他得带着老母亲一起去，恐怕老太太也就命不久矣了，这个于孝道有亏。其中有一句话特别能够打动唐宪宗，裴度说：咱们唐朝是以孝治国，您呢，现在又在奉养太后，以己度人，是不是也能在刘禹锡身上展现一下您的仁慈？

（陕西师范大学教授　于赓哲）

裴度的话打动了皇帝，唐宪宗顺水推舟，把刘禹锡改贬到第一次想贬而没去成的连州，让他把新贬之痛与旧贬之伤合二为一，一起吞下苦果。刘禹锡与柳宗元，此时一个四十四岁，一个四十三岁。从贞元九年（793 年）两人初相识算起，已有二十二年的时间。和刘禹锡的乐观豁达不同，柳宗元更为清高孤傲，接连的打击使得他身体虚弱、意志消沉，但他仍不忘提醒好友，要收敛锋芒。

> 直以慵疏招物议，休将文字占时名。
> 今朝不用临河别，垂泪千行便濯缨。
>
> ——柳宗元《衡阳与梦得分路赠别》节选

> 去国十年同赴召，渡湘千里又分歧。
> 重临事异黄丞相，三黜名惭柳士师。
>
> ——刘禹锡《再授连州至衡阳酬柳柳州赠别》节选

这二十二年中，他们一起做官，一起革新，一起被贬，共同体验着跨越五岭、南溯沅湘的人生历程。只是这一次，他们的目的地更加遥远。

> 二十年来万事同，今朝岐路忽西东。
> 皇恩若许归田去，晚岁当为邻舍翁。
>
> ——柳宗元《重别梦得》

> 弱冠同怀长者忧，临岐回想尽悠悠。
> 耦耕若便遗身老，黄发相看万事休。
>
> ——刘禹锡《重答柳柳州》

两人结伴而行，从都城长安一直走到湖南衡阳。但送君千里，终须一别，刘禹锡要越过岭南下连州，而柳宗元要沿湘江而上，去往柳州。两位不再年轻的老友，又一次走到分别的岔路口。

> 信书成自误，经事渐知非。
> 今日临岐别，何年待汝归。
>
> ——柳宗元《三赠刘员外》

> 年方伯玉早，恨比四愁多。
> 会待休车骑，相随出爵罗。

> ——刘禹锡《答柳子厚》

中兴大唐，光耀门楣，仿佛是年少时做的一场梦，但十年饮冰，难凉热血，两人又一次踏上各自的征途，万千感慨，唯有一句"何年待汝归"。

连州地处如今的广东省清远市，三面环山，少数民族聚居。韩愈当年被贬到连州的阳山县，叫苦不迭，地方语言都不通，交流全靠在地上写字。但刘禹锡倒是乐得身处江山风物间的自在，他在连州四年多的时间里，共写下二十五篇散文、七十三首诗歌。

> 莫瑶自生长，名字无符籍。
> 市易杂鲛人，婚姻通木客。

> ——刘禹锡《莫瑶歌》节选

这是刘禹锡对当地少数民族生活的观察与记录。"剡中若问连州事，唯有千山画不如。"这是刘禹锡赞叹连州的山水景色之美。"几度欲归去，回眸情更深。"这是刘禹锡对连州山水人文的深情眷恋。

刘禹锡来连州之前，岭南的人很少出岭北，信息不通。这里的读书人，只是单纯地读写，并不知道科举考试，还闹出了个笑话。刘禹锡来连州为刺史，第二天很多人拿着名片来拜见刺史，名片上面都写着"进士某某某"，他们以为读了书就是进士了。刘禹锡一看，这个地方有那么多进士吗？后来一查，一个都不是。他才知道连州是个还没开化的地方，所以他就在湟川边上建了几间茅屋，白天从政，晚上教书。

（连州刘禹锡纪念馆馆长　曹春生）

刘禹锡在连州刺史任上，广开学校，大办教育。两年后，一位名叫刘景的年轻人考中进士，他是连州历史上考出的第一个进士，刘禹锡以诗歌相赠：

> 湘中才子是刘郎，望在长沙住桂阳。
> 昨日鸿都新上第，五陵年少让清光。

——刘禹锡《赠刘景擢第》

在唐代，广东共有四十八名进士，连州就有十二名；至北宋时期，广东共有进士一百二十七名，连州就占了四十三名，时称"连州科第甲通省"。也可以说，刘禹锡以贬谪之身，开启了连州的千年文脉。如今在连州中学旁边的燕喜山上，连州人为刘禹锡修建了纪念馆，竖立起一尊铜像。每逢课间，孩子们穿过燕喜牌坊，行走于秀丽的山间，在刘老师的注视下来来往往，时光仿佛重回千年之前。

刘禹锡自述"愚少多病"，他从小身体就不好，所以常常钻研医书。连州曾出现疫情，"罕罹呕泄之患"，他搜集历代医家良方和民间验方，编成医书《传信方》，抄录成卷，发给百姓使用，据说此书具有很强的实用性。柳宗元在柳州因情绪忧郁、水土不服，生过三场大病，三次都起死回生。他把亲身试验的药方寄给刘禹锡，这些药方也被收录于《传信方》，称作《柳柳州救三死方》。

刘禹锡在《连州刺史厅壁记》结尾时写自己的政治理念，"功利存乎人民"。他都自身难保了，还想为人民做点事，所以历史记住了他。

（连州刘禹锡纪念馆馆长　曹春生）

刘禹锡来到连州的第四年，由于母亲病故，他卸任北还，准备送母亲返乡归葬，谁知才到衡阳，他又收到了柳宗元客死柳州的噩耗。三年前，四十多岁的柳宗元才有了第一个儿子，取名周六。当时刘禹锡还写诗开玩笑地说："闻彼梦熊犹未兆，女中谁是卫夫人？"

两人前几天还在通信，如今却是天人永隔。柳宗元留下了一封遗书，他把自己毕生的书稿以及年幼的孩子全托付给了刘禹锡——这个他最信任的人。

"呜呼子厚，卿真死矣。终我此生，无相见矣。""天丧斯文，而君永逝。"

忆昨与故人，湘江岸头别。
我马映林嘶，君帆转山灭。
马嘶循古道，帆灭如流电。
千里江蓠春，故人今不见。

——刘禹锡《重至衡阳伤柳仪曹》

刘禹锡没有辜负老友的托付，他将柳宗元的遗孤当成自己的孩子抚养教育，他们后来和柳宗元一样，高中进士。不仅如此，他还夙兴夜寐地为柳宗元整理遗稿。五年后，《唐故柳州刺史柳君集纪》三十卷编撰完成，他又全力筹资刊印，柳宗元留下的文字得以流传至今。

公元 820 年春节，唐宪宗的心情很好。即位十五年来，他发动了一次次削除藩镇的战争，一步步地完成了大唐的"元和中兴"，成为安史之乱以来最霸气的大唐皇帝。正月二十七，这位操控无数人命运的帝王心满意足地睡去，再也没有醒来。

> 庚子，（宪宗）暴崩于中和殿，时人皆言内侍陈弘志弑逆。其党类讳之，不敢讨贼，但云药发，外人莫能明也。
>
> ——司马光《资治通鉴》节选

唐宪宗和他的元和时代正式成为历史，这对刘禹锡来说，似乎并不是一桩坏事。一年后的冬天，他被调任为夔州刺史，带有升迁的性质。他一路颠簸，抵达夔州时，便立即写下《夔州刺史谢上表》。也许随着唐宪宗的驾崩，刘禹锡在政治上的不幸会彻底成为过去。

> 杨柳青青江水平，闻郎江上唱歌声。
> 东边日出西边雨，道是无情却有情。
>
> ——刘禹锡《竹枝词二首（其一）》

春和景明，杨柳青青，江上传来动人的歌声。诗歌里的景象，来源于诗人与自然接触的生活体验。刘禹锡采集民歌，改造民歌，创造民歌。受到屈原《九歌》的启发，他写出了《杨柳枝词九首》《浪淘沙词九首》等组诗。旖旎的四季、雄壮的高山、怒吼的长江，以及明月杨柳，甚至乡村田野、巴山楚水，荡涤着一个诗人被贬遭弃的苦涩心灵，更触发了他的诗兴与诗情。他把自己的经历和信念都融入其中，这不仅是诗歌，更是他的人生。

> 莫道谗言如浪深，莫言迁客似沙沉。
> 千淘万漉虽辛苦，吹尽狂沙始到金。
>
> ——刘禹锡《浪淘沙词九首（其八）》

第四节　前度刘郎

如果不是"永贞革新"的朋党牵连，以刘禹锡的才华，他可能早就成为朝廷重臣了，但历史没有如果。

公元 821 年的一天，一位僧人朋友向刘禹锡讲述自己路过永州时探访了柳宗元的愚溪故居，之前建造的房屋院落已经找不到了，愚丘仿佛从来没有人居住过，依然是蒹葭茅草、一片荒芜。这是柳宗元离开永州后的第七年，也是他去世后的第三年，那个曾经踔厉风发的人，留下的痕迹越来越少了。

溪水悠悠春自来，草堂无主燕飞回。

隔帘唯见中庭草，一树山榴依旧开。

——刘禹锡《伤愚溪三首（其一）》

故人已逝，自己也远离朝堂，当刘禹锡登临白帝城，蜀汉往事在他心中激起层层波澜。他的第一层身份不是诗人，而是大唐王朝的官员，如今朝中朋党倾轧，身为夔州刺史的刘禹锡，为国家的前途甚感忧虑，但这忧虑又有什么用呢？

天地英雄气，千秋尚凛然。

势分三足鼎，业复五铢钱。

得相能开国，生儿不象贤。

凄凉蜀故妓，来舞魏宫前。

——刘禹锡《蜀先主庙》

很难说刘禹锡的这首怀古诗是否有针砭时弊的意思，毕竟在穆宗长庆元年（821 年）时，本已平定的河朔三镇再次陷入了割据的局面，唐宪宗历时十五年取得的政治成果灰飞烟灭。

唐宪宗去世之后，刚刚被平定的藩镇降而复叛。继任的唐穆宗，既没有唐宪宗的能力，也没有他的格局，完全听任大臣们的摆布，比如：命令藩镇削兵。

安史之乱以后，在藩镇当中，养成了一种特殊的阶层，就是衙兵衙将。衙兵衙将都是各藩镇的职业军人，可以说是子承父业，他们只有一种选择，就是当兵，他们也只懂得打仗。朝廷要削兵，把他们变为平民，那他们怎么生活呢？他们也不懂得生产，更何况谁给他们土地呢？这些问题，决策层都没有考虑，粗暴地把他们当作逃兵处理。结果这些职业军人就被迫落草为寇，等到藩镇的那些藩将叛乱的时候，这些落草为寇的职业军人，马上回归到各藩镇，经过这一番折腾，他们对唐中央更加憎恨。

（陕西师范大学教授 于赓哲）

尽管朝堂纷争不断，但远离政治中心的刘禹锡却有心无力，他只能努力尽到一个地方官的责任。在夔州的三年间，他对当地地形进行了反复的勘察和思考，向朝廷写了两份《夔州论利害表》，对地方的利弊进行了分析和评论。

长庆四年（824 年）秋，就在刘禹锡准备将心中构思付诸实践时，他意外地被改授和州（今安徽和县）刺史，开始了生命中的又一次漂泊。

人世几回伤往事，山形依旧枕寒流。
今逢四海为家日，故垒萧萧芦荻秋。

——刘禹锡《西塞山怀古》节选

"山不在高，有仙则名。水不在深，有龙则灵。斯是陋室，惟吾德馨。苔痕上阶绿，草色入帘青。"相传这篇流传千古的《陋室铭》就创作于刘禹锡在和州任刺史期间。但有趣的是，在他流传后世的文集中，并没有收录这篇文章。

学界一直认为《陋室铭》这篇文章未必是刘禹锡写的。北宋有个法师叫释智圆，他曾经编了一本《闲居编》，在这本书里，他对这件事用了两个字"谬矣"。释智圆的观点得到了卞孝萱老先生的支持。卞老先生认为《陋室铭》里有一句"无案牍之劳形"，也就是整天不干工作，躺平了。而刘禹锡实际上是什么人呢？光粘信封，每天能用一盆糨糊，他不是躺平的性格。所以就从这一句，或许可以推断这篇文章不是他写的。

但是这篇文章究竟是谁写的，学术界到目前没有定论，我们习惯性地安到了刘禹锡的名下。

（郑州大学教授　王士祥）

此时的刘禹锡已经年过半百，他的诗文中开始更多地出现对世事变迁、人事代谢的思考和总结。

余少为江南客，而未游秣陵，尝有遗恨。后为历阳守，跂而望之。适有客以《金陵五题》相示，逌尔生思，欻然有得。

——刘禹锡《金陵五题·并序》节选

刘禹锡自小在江南长大，却从来没有去过金陵（今江苏南京），总觉得有些遗憾。后来在安徽和州做官，恰好有朋友给他看自己写的《金陵五题》，他看后感慨万千，突然就有了灵感。

朱雀桥边野草花，乌衣巷口夕阳斜。
旧时王谢堂前燕，飞入寻常百姓家。

——刘禹锡《乌衣巷》

谁能想到，写下这些令人拍案叫绝的千古名句时，他本人并没有到过南京呢？当刘禹锡用最普通的语言道出天翻地覆的历史变迁时，情景交融的《金陵五题》也成了中国文学史上永不褪色的景致。

长庆四年（824年）十一月，朝堂上突然传来未满三十岁的唐穆宗服金石之药而死的消息。很快，宦官和朝臣拥立他的长子李湛即位。谁知在位仅仅两年后，李湛又被宦官所杀，终年十八岁，庙号敬宗。

皇帝接连暴毙，宰相不断更换，唯独刘禹锡还在东南西北的路途中辗转漂泊，走马上任。任职和州刺史两年后，朝廷发下诏书，要刘禹锡卸下执事，回洛阳待诏。他一路北还，途经扬州，与唱和已久的白居易不期而遇。两位同样五十四岁的老人，都是离京罢任回京，历尽宦海浮沉、人世沧桑，此时一遇，更是感慨万千。

同样多次被贬的白居易，为刘禹锡的遭遇打抱不平。

> 为我引杯添酒饮，与君把箸击盘歌。
> …………
> 亦知合被才名折，二十三年折太多。
>
> ——白居易《醉赠刘二十八使君》节选

二十三年寒暑，刘禹锡从热血青年变成须发见白的老者，折了多少青春才华！诗中有赞美，有戏谑，有安慰，也有同情。而刘禹锡只是开怀畅饮，醉中大笑：

> 巴山楚水凄凉地，二十三年弃置身。
> 怀旧空吟闻笛赋，到乡翻似烂柯人。
> 沉舟侧畔千帆过，病树前头万木春。
> 今日听君歌一曲，暂凭杯酒长精神。
>
> ——刘禹锡《酬乐天扬州初逢席上见赠》

三十多岁时，刘禹锡面对人生的大起大落，是晴空一鹤的潇洒壮阔；五十多岁的刘禹锡，阅尽千帆，乐观不改。白居易由衷地感慨："彭城刘梦得，诗豪者也。"这位大诗人后来在《刘白唱和集解》中说："'沉舟侧畔千帆过，病树前头万木春'之句之类，真谓神妙，在在处处，应当有灵物护之。"

两人结伴而行，一路诗歌唱和。第二年春天他们抵达洛阳时，十八岁的唐敬宗已被宦官杀害，大唐皇帝换成了唐文宗李昂。宦官擅权的危害，刘禹锡早在德宗年间便已经意识到了，并在"永贞革新"时尽力加以削弱，没想到唐宪宗死后，宦官的权势已经发展到可以决定天子生杀废立的地步。

当时的大唐，内有宦官专权，外有藩镇割据，一时间各地烽烟四起，兵荒马乱。

> 阉寺专权，胁君于内，弗能远也；藩镇阻兵，陵慢于外，弗能制也；士卒杀逐主帅，拒命自立，弗能诘也；军旅岁兴，赋敛日急，骨血纵横于原野……
>
> ——司马光《资治通鉴·唐纪六十》节选

当"牛李党争"初露端倪，官员变动更是如同儿戏，刘禹锡只好在洛阳赋闲，这一等就是一年的时间。一年后，五十六岁的刘禹锡终于在裴度的援引下被召回长安，任职主客郎中。又到一年赏花季，长安还是熟悉的长安，不知十四年前那个招来大祸的玄都观还好吗？

> 百亩庭中半是苔，桃花净尽菜花开。
> 种桃道士归何处？前度刘郎今又来。
>
> ——刘禹锡《再游玄都观》

如果说当年那首《游玄都观》暗含讽刺，那么这首《再游玄都观》则是赤裸裸的挑战和毫无掩饰的宣言——他错过了无数个长安的春天，经历了最困苦的磨难，兜兜转转，只有他，这个自信高傲、铁骨铮铮的刘郎，又一次回到了这里。

如今没有人再迫害他，这个倔强的老者扬言，以后还要再回来看看，看看这玄都观还会变成什么样。

据孟启《本事诗·情感》记载，当时任职司空的李绅因为欣赏刘禹锡的才名而在家设宴款待，席间，李绅让一名貌美的歌姬演唱了一曲《杜韦娘》，刘禹锡当即吟成一首《赠李司空妓》：

> 高髻云鬟宫样妆，春风一曲杜韦娘。
> 司空见惯浑闲事，断尽苏州刺史肠。
>
> ——刘禹锡《赠李司空妓》

这首诗给我们留下了一个典故，也是个成语，叫"司空见惯"。主要意思是说，李绅平常见到的就是这些女孩子、这些美人，可是对我刘禹锡来说，是第一回见，所以我羡慕你啊！其实这首诗多多少少也有点讽刺，当这么大官就干这事啊，你还写过《悯农》呢。所以李绅给我们留下的人设跟实际上是不符的。

（郑州大学教授　王士祥）

公元 831 年，六十岁的刘禹锡再次被调离长安，任苏州刺史。这一生，他翻过崇山峻岭，穿过惊涛骇浪，所幸能在满头白发时重回十九岁那年离开的家乡。当时的苏州一带刚刚经历了水患，刘禹锡到任后并没有时间游山玩水，而是视察灾情，赈恤灾民。

他不仅多次上书请求朝廷赈灾，还缩减地方行政开支，给灾民必要的救济，以解燃眉之急。在刘禹锡的斡旋下，朝廷减免了苏州当年的赋税，调拨了十二万担大米，按户口平均分发给饥民，苏州的灾情得以消除。此后不久，他还发动民工开掘汉塘，既为沿河两岸带来农桑之利，也为华亭盐碱地的灌溉提供了水源。

由于刘禹锡不舍昼夜地苦心治理，百姓对他十分敬仰和拥戴。朝廷优诏嘉奖，特赐他紫服金鱼袋，以示鼓励和恩荣。

在调离苏州后，刘禹锡又辗转汝州、同州任职刺史。"甘露之变"，宦官们在长安大开杀戒；"牛李党争"，朝廷一片乌烟瘴气。但对于这些，无论是德高望重的裴度、明哲保身的白居易，还是壮志难酬的刘禹锡，他们的身影都已经淡出。在这些老臣看来，大唐已经病入膏肓，无可救药了。

刘禹锡已经远离政治中心多年了，他只有在"永贞革新"的时候，才是政坛的核心人物。他被贬到外地这么多年，然后又被放外任。我们关注他的这段生平和经历，因为他是大诗人，而非政坛的重要人物。对刘禹锡来说，这时候的长安，举目四望，仇敌也好，朋友也好，死的死，远离的远离，失联的失联，一切恩怨都已经烟消云散。

（陕西师范大学教授　于赓哲）

公元 836 年的秋天，这位刷新了中国古代文人遭贬期限最长纪录的老臣，在繁华的东都洛阳定居下来，享受起了诗酒交游的生活。

青年时期，白居易和元稹是好兄弟，并称"元白"；刘禹锡和柳宗元是患难与共的朋友，并称为"刘柳"。在柳宗元和元稹离世后，刘禹锡和白居易常常在一起切磋诗技，互相欣赏，互相勉励，合称为"刘白"，那时他们两人都已经是年近古稀的老人了。

晚年的白居易在挚友相继辞世后悲吟道："长夜君先去，残年我几何。秋风满衫泪，泉下故人多。"刘禹锡劝慰他说："芳林新叶催陈叶，流水前波让后波。"

面对生活，他依然昂扬骄傲，在唱和白居易叹老的诗中，刘禹锡这样写道：

人谁不顾老，老去有谁怜。
…………

> 莫道桑榆晚，为霞尚满天。
>
> ——刘禹锡《酬乐天咏老见示》节选

开成四年（839 年），六十八岁的刘禹锡在太子宾客分司东都的职位上，又被加上了尚书的头衔。朝廷不打算起用他，只是不断地给这位大名鼎鼎的诗人加上一些虚名。刘禹锡的身体越来越衰弱了，他身子瘦瘦的，头发稀疏，由于经常在灯烛下长久地看书写字，视力也不好。

在他的文集中，越来越多地出现了追悼故人的诗句。那些年的人和事，都像走马灯似的在脑海里萦绕，他等待着人生大限的到来。

"子刘子，名禹锡，字梦得。其先汉景帝贾夫人子胜，封中山王，谥曰靖，子孙因封为中山人也。"这篇自传中，没有涉及评价自己文学、哲学等个人成就的内容，却用三分之一的篇幅为王叔文辩诬，为"永贞革新"辩护，这是中国文化史上一篇罕见的政治自传，也是一篇刘禹锡非写不可的自传。刘禹锡要对若干历史问题留下自己的注解，表明他至死不渝的志节，这也是他临终前的肺腑之言。

> 天与所长，不使施兮。
>
> 人或加讪，心无疵兮。
>
> 寝于北牖，尽所期兮。
>
> 葬近大墓，如生时兮。
>
> ——刘禹锡《子刘子自传》节选

公元 842 年秋，这位倔强的"刘郎"与世长辞，享年七十一岁。如同他预期的那样，死后归葬于河南荥阳檀山原的祖茔。延续二百八十九年的大唐，历经了二十一位皇帝的统治，而刘禹锡的一生，就见证了其中的八位。

"眼前名利同春梦，醉里风情敌少年。"终其一生，他不过是那个豁达又豪迈的"刘郎"而已。

刘禹锡去世六十五年后，大唐，亡。

公元 815 年，柳宗元和刘禹锡几乎同时收到了让他们回京的诏令。春花已开，他四十三岁，赶回长安一展抱负应该还来得及。

在等待任命的时间里，柳宗元忙着祭拜父母与亡妻，打扫祖宅，收拢散落各处的家传典籍。谁能想到，仅仅一个月后，柳宗元再次被贬。十年的凄苦谪居，四千里的欣喜狂奔，换来的却是长安一月游。

漂泊何惧，柳州种柳

第一节　河东先生

一千二百多年前，某个秋日的午后，年迈的柳宗元又一次登上柳州的鹅山，眺望故乡的方向。目之所见，依旧只有群山莽莽。

他，可能再也回不去了。

> 一身去国六千里，万死投荒十二年。
>
> ——柳宗元《别舍弟宗一》节选

他的半生漂泊，还要从那年的雁塔题名说起。

公元 793 年，初春。长安大慈恩寺里，三十多名新科进士正春风得意地登上慈恩寺塔，题诗留名，期盼日后能宏图大展。其中最年轻的一位，名叫柳宗元，年仅二十一岁。如此年轻就高中进士，放眼整个大唐王朝都属奇迹。但对柳宗元而言，这份荣耀还是来得太迟了些。

雁塔题名日，人生得意时。作为家中独子，柳宗元迫切地需要早日步入仕途，振兴一个衰败已久的家族——河东柳氏。黄河自北而南，流经今天的山西省境内，古时人们将这块黄河以东的地区称为河东。自北朝起，河东柳氏就是著名的门阀士族、世代显宦。

> 柳氏的祖上，往前追溯可以到柳下惠。
>
> （郑州大学教授　王士祥）

经过数百年的传承，到了唐高宗时期，柳氏族中有二十多人都在尚书省担任要职。柳宗元的四代祖柳奭（shì），作为王皇后的舅父，更是位列宰相。但随着武则天得宠，王皇后被废，柳氏家族的命运也急转直下。

武则天要上位，就得扳倒王皇后和萧淑妃，而柳奭是王皇后的舅舅，自然要给王皇后出谋划策对抗武则天。结局大家都知道，王皇后和萧淑妃惨败，所以从那个时候开始，河东柳家开始走下坡路。等到柳宗元出生，柳家应该只能称得上是一个比较普通的家庭了，起码他们这一支是。

（陕西师范大学教授　于赓哲）

公元 773 年，安史之乱结束的第十年。一直为仕途四处奔波的柳镇，在军旅和府县中做着地位不高的小官。三十四岁这一年，他终于迎来了自己的第一个儿子。怀着振兴家族的期许，他给儿子取名宗元，字子厚。

尽管柳镇仕途坎坷，调动频繁，但柳家在长安的善和里尚有一所祖传的旧宅，里面藏有昔日皇帝赐书三千卷，每一卷都彰显着先辈的辉煌。作为八岁就能写诗的神童，柳宗元被这个不再显赫的家族寄予了厚重的期望。但是时代已经注定，他无法拥有优渥、安定的童年。

柳宗元儿时，唐朝正乱成一锅粥。当时唐德宗当政，一心想要铲除藩镇割据，重归中央集权。但他没有一支强有力的中央军，所以就用藩镇打藩镇。但是藩镇也有自己的想法，这里就藏了很多的隐患。

（陕西师范大学教授　于赓哲）

公元 781 年，成德节度使李宝臣之子起兵，让本就风雨飘摇的唐王朝又一次陷入大规模的战乱之中。两年后，一批原本被朝廷调去镇压叛乱的泾原士卒到达长安后突然哗变，酿成了历史上有名的"泾原兵变"。

面对混乱的局面，唐德宗李适仓皇出逃，躲到了汉中，成为唐代历史上第三个逃离长安的皇帝。当时十一岁的柳宗元，很可能是因为避祸，才不得不离开京城，逃到父亲任职的夏口（今湖北武昌）。

背井离乡的流亡生涯，成就了柳宗元人生中第一次长途漫游。他随父亲公务，到达过今天的湖南长沙、江西九江的广大地区，目睹了各地节度使割据一方、挑动内战，百姓难以谋生的现实境况。

夏口就是今天的武昌，自古以来就是兵家必争之地，是军事重镇。本来柳宗元到那个地方是为了避难，寻求平安，结果又经历了当地的战乱。

看到的是水深火热之中的百姓，这些经历都成了他写作的素材。

（郑州大学教授　王士祥）

　　亲历战乱后，柳宗元变得早熟，他立志像古代杰出人物那样建功立业，有朝一日改变这个动荡的世界。他在父亲的指导下更加刻苦地学习，常常把《史记》《汉书》等经典著作当成模仿写作的对象，对西汉诗赋的研究更让他在写作方面形成了自己独特的文风。

　　过人的聪慧和才华，让柳宗元在父辈的圈子里备受瞩目，当时著名的文人杨凭甚至愿意将九岁的女儿许配给这位少年。公元 785 年，朝廷终于平定了叛乱。一位姓崔的高官想要写封贺表呈献给皇帝，便找到了好友柳镇的儿子柳宗元代笔。

　　这篇不过数百字的《为崔中丞贺平李怀光表》，字字掷地有声，表达了对反叛势力的斥责和渴望国家统一的心愿，让读到它的皇帝和文武大臣都赞赏有加。

　　这个表究竟是不是柳宗元写的，现在还没有定论。早在宋明时期就有人怀疑过，从人物关系及文风来看，都不像是一个十三岁的人能够写得出来的。而且查证柳宗元十三岁时候的行迹，他根本就不在崔中丞那里。

（陕西师范大学教授　于赓哲）

一篇庆功的文书并不能改变大唐藩镇割据愈演愈烈的局势，却让十三岁的柳宗元从此成为名震京师的"奇才"。他自己也无比确信：终有一天，河东柳氏的孩子会凭借实力步入仕途，与父亲一起回到先祖们曾经站立过的宣政殿，指点江山。

公元 789 年，执掌刑法纠察的柳镇，因为坚持平反冤狱，得罪了宰相窦参，被陷害而贬为夔州司马。柳宗元为年迈的父亲送行，从长安一直送到百里外的蓝田。父子二人依依惜别时，柳镇只给儿子留下了一句郑重坚定的话语："吾目无涕。"

柳镇为什么不哭？一方面，在儿子面前，父亲是顶梁柱，要给孩子树立个榜样；另一方面，如果柳镇哭了，代表了向恶势力屈服，我咬碎牙往肚里咽，我不向你们屈服。

所以说柳镇的性格是这样的，导致柳宗元后来进入官场之后也非常刚直。这件事也让柳宗元看出来，我们家真的是没有后台了，我得抓紧时间成长起来。

（郑州大学教授　王士祥）

三年后，宰相窦参因受贿被贬，柳镇也收到了平反的诏书，并被提拔为六品侍御史。文书上这样称赞他："守正为心，疾恶不惧。"这八个字让五十三岁的柳镇老泪纵横……在父亲平反的第二年，柳宗元进士及第，年仅二十一岁就成了大唐几百年间最年轻的新科进士之一。

但柳宗元自己却觉得为时已晚，因为父亲柳镇已卧病在床，时日无多。就在他考中进士后不到半年，柳镇病逝。父子二人并肩合力重现家族荣光的美好憧憬，只能化为沉重的叹息。

为父亲守孝三年期满，柳宗元似乎陷入了一种害怕来不及的焦虑中，他不愿再耽搁一刻光阴。在接下来的几年里，他不但迎娶了少时便有婚约的礼部郎中杨凭之女为妻，还两次主动应考了可以更快授官的博学宏词科，成为"集贤殿书院正字"，相当于皇家图书馆的校对管理员，负责编校典籍、勘正文字。

当很多人还在寒窗苦读，在严酷的科举中一次次失利的时候，二十五

岁的柳宗元，迅速又完美地达成了成家、立业这两大人生目标。

有时候皇帝会不定时举办一个制科的考试，选拔某一类的人才，如果考中了，授官的速度会比较快，如柳宗元担任的集贤殿书院正字。这样的官职，级别并不高，但前途光明。为什么呢？因为这样的官职，必须得从新科进士当中挑选特别有才华的，而且是大家所公认的人才。所以担任这样的官职之后，除了有良好的声誉，自己的前途也是比较光明的。

（陕西师范大学教授　于赓哲）

作为多场残酷考试的胜利者，在给一位高官的信件中，柳宗元云淡风轻地说道：每个人的追求都不一样，科举和做官对我来说不过是小事，考上了我不觉得荣耀，落榜我也不难过，即使因此而出名，对我的远大理想来说，又有什么帮助呢？"始仆之志学也，甚自尊大，颇慕古之大有为者"！

也许，能够"励材能，兴功力，致大康于民，垂不灭之声"才是他真正的追求。很快，年轻的柳宗元就在政坛崭露头角。

公元 798 年秋天，太学生们集体罢课，激烈抗议朝廷将他们的教授阳城远贬道州（今湖南道县），而他被贬仅仅是因为请一位远遭贬谪的学生喝了一杯，就被判为"结党"。

这件事的爆发，源自朝廷复杂的党派斗争。此时的柳宗元，还只是一名官场新人，很难左右事件的发展。

正直的人遭受诬陷，这遭遇也曾经降临在他的家族、他的父亲身上。为这个国家除去弊病、肃清政坛，与实现家族复兴一样，都是他义不容辞的责任。他感动于学生们追求道义的勇气，甘冒祸及自身的风险，实名发表了一篇《与太学诸生喜诣阙留阳城司业书》，旗帜鲜明地表达自己的看法。

仆尝读李元礼、嵇叔夜传，观其言太学生徒仰阙赴诉者，仆谓讫千百年不可睹闻，乃今日闻而睹之，诚诸生见赐甚盛……

——柳宗元《与太学诸生喜诣阙留阳城司业书》节选

我今天看到太学生们为老师阳城请命的一幕，仿佛看到千百年前太学生们为李元礼、嵇康求情的样子，这是历史该记住的一幕，所以我要把这件事记录下来……

柳宗元从这个事件里面看到，如果说以个人之力想改变点什么，有点难。阳城也好，那个被贬的学生也好，他们是出于道义及正义，但这两人被贬最终成为事实，是利益战胜了道义。柳宗元这么积极地去努力也是想改变这种生态。

（郑州大学教授　王士祥）

不久，柳宗元又相继写下了《梓人传》《种树郭橐驼传》等文章，看似是为木料匠人杨氏、姓郭的驼背种树人等小人物立传记，实则蕴含着他心目中为官治民的理念。假如宰相能像木匠一样，成为百官的"大脑"，指挥得当；像种树人一样，按照"养树"的法则，顺应民意而为，何愁国家不能长治久安呢？柳宗元呼吁宰相应该"不炫能，不矜名，不亲小劳，不侵众官"，意指一些钩心斗角、夸夸其谈的人根本不懂为官的道理。

这样犀利的言论，是对当权者赤裸裸的挑衅，但才华横溢的年轻人，哪个没有锋芒呢?

公元 803 年,三十一岁的柳宗元顺利进入朝廷监察机构御史台,担任监察御史里行。这个岗位素来有着"八品宰相"之称,负责监察百官,还可以直接参与朝政,常常得到皇帝的召见。更令人不可思议的是,仅仅一年左右的时间,柳宗元再次得到晋升,成为尚书省礼部员外郎,正式步入了国家权力的核心。

从二十五岁到三十二岁,短短七年,柳宗元就凭借实力通过了科举及第、基层锻炼等一系列考验,做到了他的父亲奋斗一生才取得的六品官职,成为皇帝的左膀右臂,开始实现自己的治国理想。当命运之轮开始转动,还没有人知道,这位仕途平步青云、堪称人生赢家的"河东先生",即将迎来怎样的命运巨变。

第二节　千万孤独

从人生的苦难中淬炼出动人的诗意,这似乎就是成为一个伟大诗人的必经之路。如果没有"永贞革新",柳宗元的人生很可能会是另一番光景。公元 803 年,他成为前程似锦的政坛新星,与他同时晋升的还有和他同榜进士、只比他年长一岁的刘禹锡。此时,参加了四次科举、四次博学宏词科考试的韩愈,经过多年曲折的攀爬,也抵达了监察御史的位置。

在御史台,三人常常聊到如何改变国家现状,就社会问题、朝廷大事各执己见。个性的不同没有影响三人的友谊,改革是那个时代有理想的年轻人共同的目标。

不过,到了第二年,韩愈因为一篇《御史台上论天旱人饥状》,上奏揭露京兆尹李实隐瞒灾情一事,被贬谪为广东阳山县令。在漫漫长路中,他对这两位年轻的同事——柳宗元和刘禹锡,心生嫌隙。因为他们非但没有受到任何影响,反而很快拥有了风光无限的权力。

韩愈认为，皇帝不会因为自己的这一封上书暴怒，肯定是李实在皇帝面前进谗言了。这封上书李实是看不到的，那谁告诉了他？韩愈把矛头对准了柳宗元和刘禹锡。为什么呢？两个原因：第一，韩愈在上书之前，把草稿给这两位朋友看过；第二，李实很器重柳宗元和刘禹锡，他们私交还不错。因此韩愈怀疑，可能是这两位朋友泄的密。不管真相如何，三个人友谊的小船翻了。

（陕西师范大学教授　于赓哲）

公元 805 年正月，唐德宗驾崩。太子李诵已中风偏瘫，但还是在几位亲信的架扶下，有惊无险地走上了皇帝的宝座，史称唐顺宗。在此之前，李诵已经在太子的位置上苦熬了二十六年。

几度差点被废的他，只能收敛锋芒，与陪他下棋、读书的翰林待诏王伾、王叔文，悄悄网罗在朝中没有背景的青年才俊，规划着唐德宗死后的政治革新。柳宗元、刘禹锡与他们一见如故，两人愿意追随这位在当时并不得志的太子，为实现大唐的中兴赌上一把。随着唐顺宗的成功即位，革新派改革的步伐加快，锋芒所向，直指专权的宦官和割据一方的藩镇势力，史称"永贞革新"。

充满梦想的革新派夜以继日地谋划着大计，如醉如狂。柳宗元被升迁为礼部员外郎，专管诏书和奏章一类的重要事务。这个国家需要改革的问

题太多了……后来，负责修撰这段历史的韩愈，在《顺宗实录》里写道："并有当时名欲侥幸而速进者陆质、吕温、李景俭、韩晔、韩泰、陈谏、刘禹锡、柳宗元等十数人，定为死交。"

当时的刘禹锡和柳宗元，冲在了"永贞革新"的前头。这个改革的核心内容是什么呢？就是打击宦官，先是罢宫市、罢五坊使，而且停了一部分宦官的俸禄，并且他们剑指当时宦官专权的基础——神策军。

神策军原本是唐朝边防军当中的一支，后来握在了宦官的手里，而宦官把这支神策军变成了宦官专权的一把利剑。革新派采取措施，就是要把军权夺回来。如果唐顺宗身体健康，那么改革也许能够持久地进行下去。

（陕西师范大学教授　于赓哲）

唐顺宗的病症使得他对正常上朝接见官员，已经有心无力。《新唐书》记载："太子即位，朝廷大议秘策多出叔文，引禹锡及柳宗元与议禁中，所言必从。"当时人们不敢直呼其名，时称"二王、刘、柳"。那一年，柳宗元三十三岁，已经开始尝试改变一个国家的命运。

在柳宗元和刘禹锡步入政治权力中心的时候，韩愈依然在广东阳山做着县令。此时，瞒报灾情的京兆尹李实已经被撤职，因批判他而被远贬的韩愈却迟迟没被召回，于是韩愈写下这样一首诗作：

> 同官尽才俊，偏善柳与刘。
> 或虑语言泄，传之落冤仇。
>
> ——韩愈《赴江陵途中寄赠三学士》节选

朝堂中，对刘、柳二人的不满和猜忌并不少见。在很多人眼中，他们不过是凭着一点点的运气，就获取了别人几十年也无法触及的权力。

当时的政坛确实一团糟，稍微有点正义感的人都渴望能够做点事情，但是未必都有这个机遇。柳宗元和刘禹锡得到了王伾、王叔文的赏识。他们被重用后，大受鼓舞，立志要一展宏图。

（郑州大学教授　王士祥）

此时的柳宗元只有满腔的参政热情，但革新派的行动很快就遭到了反击。改革有个巨大的短板——唐顺宗偏瘫的身体。这个破绽很快被利益受损的宦官和藩镇抓住，他们以皇帝身体不佳为由，拥立李纯为太子。

这立即成为革新派的巨大威胁，他们极力反对册立太子，但唐顺宗此时的身体状况根本无法给予他们强有力的支持。

更糟糕的是，王叔文的母亲在这时突然去世，按照规定，他不得不辞官守丧，革新派彻底失去了首脑。这一年八月，李纯正式登基，史称唐宪宗。

> 唐宪宗相当有才干，而且他对藩镇割据深恶痛绝。不过唐宪宗在身为皇子的时候，就讨厌"二王"的为人。"二王"出身不正，行事或跋扈或贪鄙，的确令人诟病。另外，唐宪宗在身为皇子的时候，和宦官的关系就非常密切，在立太子以及自己当皇帝的这个过程中，他是被宦官全力托举的。
>
> 因为改革有一个方向，就是要革除宦官专政。所以从这点上来说，唐宪宗的上台应该称得上是宦官集团反击的一次胜利。
>
> （陕西师范大学教授　于赓哲）

轰轰烈烈的"永贞革新"，一共维持了一百四十多天，以高调的政治理想开始，以革新者的惨败结束。唐宪宗对当初反对册立太子的王叔文等人早已怀恨在心。他在即位后的第三天，就迫不及待地对革新派人物进行贬黜。

王叔文和王伾最先被贬离京。一个月后，柳宗元和刘禹锡等革新派成员也都踏上了远贬之路。

> 改革失败源于"二王"手里没有太多的实权。受重用的这些年轻人有政治激情，但是策略性不足。宦官和藩镇有兵也有权，可以拒不执行文人制定的政策。
>
> （郑州大学教授　王士祥）

柳宗元本来要去邵州（今湖南邵阳）任刺史，虽然路途险远，好在去了还算一州之长。但就在赴任途中，新一轮的惩罚又追了上来：柳宗元加贬为永州（今湖南永州）司马，刘禹锡加贬为朗州司马，其他几位革新派要员也全部加贬为远州司马，这就是历史上著名的"二王八司马"事件。

司马这个职位，到了地方上不是主官，上面还有大领导。柳宗元本身是戴罪之身，所以他说什么话也没人听。他在朝中就是一个改革的年轻人，也没后台，被撵到地方上，剩下的只有委屈了。

（郑州大学教授　王士祥）

确切地说，柳宗元的官职是"永州司马员外置同正员"，没有公务，更没有官舍，专为贬谪出京的官员设置。当柳宗元带着年近七旬的母亲和其他家人跋涉三千多里，颠簸至永州的治所零陵时，只能寄居在城内龙兴寺的西厢房里。

谪居寺院的生活是平静的。家人所住的西厢房空间狭小，仅有一扇北窗，光线阴暗，潮湿闷热。于是柳宗元在西边的墙上开了一道门，门外修了一道有栏杆的长廊。站在长廊上凭栏而望，能够俯览日夜奔流的潇水，眺望连绵起伏的群山。在谪居龙兴寺的时光里，或许柳宗元也曾片刻陶醉在这远离官场的世外桃源中。

大唐的永州，是一个人烟稀少的荒僻小州，瘴疫厉行。人们居住的房屋多用漫山遍野的竹子为建筑材料，虽然经济实用，但也有一个最大的缺点——容易发生火灾。柳宗元所住的龙兴寺，发生了好几次火灾。火势一起，墙倒屋毁，他们一家逃命出来，狼狈不堪。

柳宗元的母亲卢氏出身书香门第，一辈子都住在繁华的长安，如今年过花甲，流落南荒，这让柳宗元如何能不痛心自责呢？但母亲安慰他说："明者不悼往事，吾未尝有戚戚也。"意思是说，明智的人不会沉湎于过去的事，我不曾有忧伤的时候。

柳宗元小时候到处逃难，母亲自然是一直在身边跟着。后来被贬永州期间，母亲更是义无反顾地随行，也等于给柳宗元带来了精神支撑。母亲的善良及认可是柳宗元坚持理念的动力。

（郑州大学教授　王士祥）

母亲的教诲让柳宗元终生铭记，就算在汹涌的宦海中跌至谷底，他也不曾有一刻放弃自己的信念和立场。更何况，"永贞革新"里施行的政策都是为了政治清明、百姓安居，并没有错。他把自己的万千执念凝结成隽永的箴言：省而不疚，虽死优游。

由于天气潮热，缺医少药，在抵达永州半年后，柳宗元的母亲在病痛中与世长辞。她尚有诰命在身，曾被封为河东县太君，按照唐朝礼制，丧礼应当庄严隆重，不过这个时候只能将就。这个名义上的"永州司马"，实际上如同囚徒，没有朝廷许可，不能离开永州半步。就连母亲过世，灵柩需要运回老家的祖坟安葬，他作为家中独子，竟都无法亲自护送。

灵车远去而身独止，玄堂暂开而目不见。
孤囚穷絷，魄逝心坏。苍天苍天，有如是耶？
——柳宗元《先太夫人河东县太君归祔志》节选

十三年前，父亲病故；七年前，妻子杨氏离世。才过而立之年的柳宗元，已经一次又一次地经历死别的痛苦，只是这一次，格外刻骨铭心。柳宗元得了严重的痞病，"行则膝颤，坐则髀痹"，但他只能靠自己硬撑下去。革新派的领导者王叔文被唐宪宗赐死，王伾也病死在了贬所。

昔年交游的朋友都已杳如黄鹤，即便是亲友，也因害怕受到牵连，连书信也不敢写。谁会愿意赌上自己的前途去沾染一个得罪了当朝皇帝的罪人呢？谪居永州的第五年，柳宗元十岁的女儿因病离世。她出生在柳家长安的祖宅，名叫和娘，来永州后一直生病。

小小的和娘对佛祖说："佛，我依也，愿以为役。"但即使改名为佛婢，她的病也没有好。永州地处南方，很少下雪，但有一年的冬天格外寒

冷，大雪来得猛烈又突然，漫天飞雪，越过五岭，覆盖南越数州。孑然一身的柳宗元，在这无边无际的寒冷和孤独中，写下了这样的诗句：

千山鸟飞绝，万径人踪灭。
孤舟蓑笠翁，独钓寒江雪。

——柳宗元《江雪》

第三节　长歌之哀

柳宗元仍怀揣着重返朝堂的期望。唐宪宗即位后，打击藩镇割据、严禁宦官干政……许多举措都与曾经的革新派如出一辙。他通过一次次的战争，让大唐恢复了名义上的统一。在此期间，唐宪宗曾数次大赦天下，就连死刑犯都可以被赦免，但柳宗元等"永贞革新"中牵涉的人员被排除在外。

这似乎意味着，只要唐宪宗在位，他们就永远不能翻身。

刘禹锡所在的朗州治所武陵，距离柳宗元所在的永州治所零陵，并不遥远。当初到达朗州，他的第一封信就写给了柳宗元。

刘禹锡时常给柳宗元寄去自己研习的药方，治疗肾虚、脱发、脚气等。为了避免客死永州，柳宗元也开始向田夫野老请教，搜集民间的草药偏方，自己采晒、炮制药材……他的身体慢慢好了起来。

> 晨起自采曝，杵臼通夜喧。
> 灵和理内藏，攻疾贵自源。
>
> ——柳宗元《种仙灵毗》节选

永州地处潇水和湘水的交汇处，古称零陵。据《元和郡县图志》记载，永州元和初，仅有八百九十四户人家。州城仅局限于潇水东岸的一小片区域。因为环境极其艰苦，所以这里是唐代安置罪臣犯官的首选之地。但人烟稀少处，往往风景绝佳。元和二年（807 年），吴武陵、袁克己、李幼清等官员陆续被贬永州。

这群被权力抛弃的人，拥有大把的空闲时间。他们一同上高山、入深林、穷回溪，踏遍各处的幽泉怪石，寻找"与万化冥合"的乐趣。柳宗元创作出了代表唐代散文顶尖水平的《永州八记》。

> 以为凡是州之山水有异态者，皆我有也……悠悠乎与颢气俱，而莫得其涯；洋洋乎与造物者游，而不知其所穷。引觞满酌，颓然就醉，不知日之入。
>
> ——柳宗元《始得西山宴游记》节选

在柳宗元到来之前，永州这座城市几乎毫无名气可言，更别提这小城里的一条小溪、一座小丘、一处小石潭了。

> 从小丘西行百二十步，隔篁竹，闻水声，如鸣珮环，心乐之。伐竹取道，下见小潭，水尤清冽。全石以为底，近岸，卷石底以出，为坻，为屿，为嵁，为岩……潭中鱼可百许头，皆若空游无所依，日光下澈，影布石上。怡然不动，俶尔远逝，往来翕忽，似与游者相乐……坐潭上，四面竹树环合，寂寥无人，凄神寒骨，悄怆幽邃。
>
> ——柳宗元《小石潭记》节选

在《小石潭记》的末尾，柳宗元写道："以其境过清，不可久居，乃记之而去。"这无人问津的小石潭，何尝不像被流放的自己？

《永州八记》共八篇小散文，这些场景真的很美吗？也不是。其实就是某一块未经开发的荒地，有这么一个小水坑、一个小土丘。既然实际上不

美，为什么到了柳宗元的笔下就那么让人心动呢？因为他融入了自己的经历，读者看到的不是景物，而是柳宗元。

（郑州大学教授　王士祥）

公元 809 年，是柳宗元来到永州的第四年。他的住处遭遇了数次火灾，以至于墙倒屋毁，书籍散乱。他也从龙兴寺迁居到了地势更高的法华寺。

> 少时陈力希公侯，许国不复为身谋。
> 风波一跌逝万里，壮心瓦解空缧囚。

——柳宗元《冉溪》节选

柳宗元用无情的嘲讽宣泄着满腔的孤愤，他要为自己年轻时的"愚蠢"买单，从此放弃回京的奢望。他接受了自己要长居永州的命运，决心在此安家。经过几番寻找，他下定决心买下了一座风景独特的小丘。

小丘很小，不到一亩。

它那么美，只卖四百文钱。它被卖了好多年，却总也卖不出去，直到它遇到柳宗元。永州这样的山水太多了，可千百年来，它们只能被抛弃在偏荒的山地，埋没了自己的风采。柳宗元同情小丘的命运，把一篇《钴鉧潭西小丘记》写在石碑上，用来祝贺自己和小丘的遇合。之后，他便和几个朋友平整土地、盖房子、建池塘，还给这片独属于自己的天地加上了一个统一的姓氏——愚。

> 愚溪之上，买小丘，为愚丘。自愚丘东北行六十步，得泉焉，又买居之，为愚泉。愚泉凡六穴，皆出山下平地，盖上出也。合流屈曲而南，为愚沟。遂负土累石，塞其隘，为愚池。愚池之东为愚堂。其南为愚亭。池之中为愚岛。嘉木异石错置，皆山水之奇者，以余故，咸以愚辱焉。

——柳宗元《愚溪诗序》节选

五天之后，"八愚"派出了冉溪的水神，进入柳宗元的梦乡。"子何辱予，使予为愚耶？"水神质问他为什么要给自己起名为愚，向他表达对这个名字的强烈不满。柳宗元说，有我这么愚蠢的人住在这儿，且独喜欢你，你又怎么回避得了这个名字呢？"敢问子之愚何如而可以及我？"在《愚溪对》里，他写下了与溪水之神的对答，以戏谑之笔发泄自己遭贬的愤懑。

如今的愚溪不再默默无闻，因为柳宗元的命名，世界各地的人都慕名而来，只为一睹这条小溪的风采。大智若愚的平静，让柳宗元在永州难挨的日子变得缓和下来。春暖花开，他笔下的渔翁不再独钓寒江之雪。

渔翁夜傍西岩宿，晓汲清湘燃楚竹。
烟销日出不见人，欸乃一声山水绿。
回看天际下中流，岩上无心云相逐。

——柳宗元《渔翁》

在隐居愚丘的日子里，柳宗元成了一个憨态十足的书痴，他的日常功课就是读书、写作、学禅。他自说自笑，累了就睡，醒了又读……他在古今的文卷中窥探世事，细查历史的波澜。他伸个懒腰，诗句就脱口而出。

久为簪组累，幸此南夷谪。
闲依农圃邻，偶似山林客。
晓耕翻露草，夜榜响溪石。
来往不逢人，长歌楚天碧。

——柳宗元《溪居》

柳宗元写下《溪居》，是想效仿陶渊明，希望能安然地待在这山水风景之中。但事实上，他还是做不到。有从京城来的人看到柳宗元整日寄情山水，便对他说：没想到你状态这么好，本打算安慰你，看来要改为祝贺了。柳宗元的回答克制而隐忍，他说："嘻笑之怒，甚乎裂眦；长歌之哀，过乎恸哭。"

那个从小颇慕古之大有为者、以利安元元为己任的柳宗元，从来就不是一个想要隐居的人。谪居永州的第五年，柳宗元意外收到了父亲的故交、京兆尹许孟容的来信，许孟容在信中透露出些许助他"复起为人"的想法。

被贬五年，从没有故旧大臣愿意主动给他来信。喜出望外的柳宗元，立即给许孟容回复了一封千字长信，详细陈述了自己被贬后的贫病凄苦，解释了当初被谤获罪的原因，希望得到援引。最重要的是，请求故人替他寻觅一个合适的妻子。他从前忙着做官，忙着革新，妻子杨氏过世之后，根本没有时间考虑续弦。如今身处蛮荒之地，求一个合适的婚配以传宗接代，竟成了人生最大的奢望。

柳宗元的老婆孩子都去世了，再娶吧，谁敢嫁给他呢？有官身的柳宗元必然想娶到一个书香门第的女子，可是那些缙绅之家没有一个敢把姑娘许配给他的。

（郑州大学教授　王士祥）

柳宗元之所以对子嗣这件事特别上心，甚至把它作为自己人生后半阶段的第一等大事，就是因为河东柳氏这一支到了他这儿，本来就有些家道中落，如果再没有一个子嗣的话，相当于彻底衰落。柳宗元不想看到这个局面。

（陕西师范大学教授　于赓哲）

为了得偿所愿，重回长安，他给每一位可能帮忙的权贵写信，请托说情，不惜吹捧尚书赵宗儒"德量弘纳，义风远扬"；又给革新派的敌人、时任宰相的武元衡写信，说对方"以含弘光之德，广博渊泉之量"。他向亲朋故交诉说自己遭受的苦难，反复思考当初获罪的原因。"仆未之罪，在年少好事，进而不能止。俦辈恨怒，以先得官……性又倨野，不能摧折，以故名益恶，势益险……"

我年少进取，早早便得到高官和权势，那些想从我这里得到好处却求而不得的人，便对我造谣诋毁……我生性孤傲，不能摧折，传言中关于我种种不堪的恶语，我觉得不知所云，也不愿解释，以为时间能让一切大白于天下。然而现在已经过去这么久了，朝廷中嗔骂我的人仍喋喋不休……可悲啊！人生少有能活到六七十岁的，而我如今已三十有七，不过再有数十年，世间就没我这个人了……说得越多，罪责就越大，是非荣辱，何足道哉？！

这些信件读来令人动容，但大多数时候只能等回几句泛泛的安慰。也有人会热情洋溢地给他回信，十有八九是他的好兄弟——刘禹锡。

在永州期间，柳宗元和身居要职的韩愈曾展开过一场哲学论战。韩愈认为"夫为史者，不有人祸，则有天刑"，暗示"永贞革新"的失败其实是"天"的惩罚。作为一个坚定的无神论者，柳宗元立即回复了一封《天说》，对韩愈的观点一一反驳。他认为，天地、阴阳、元气都是物，没有意志，人的行为是由自己决定的，只有愚者才会受困于所谓的天意。

此时，不甘寂寞的刘禹锡也写下了三篇《天论》声援应和。他在开头这样写道：我的朋友柳宗元写了《天说》来驳斥韩愈，文章写得好，但是过于激动，不够详尽，所以我写下《天论》来帮他策应。但柳宗元认为刘禹锡写得不好，把问题复杂化了。

柳宗元的回复言辞犀利、毫无顾忌，但并没有惹怒刘禹锡。而韩愈也接受了柳宗元的批评，觉得"诚中吾病"。在共患难的岁月里，这样的君子之交给了刘、柳二人支撑下去的勇气和动力。谪居永州的三千多个日夜，成就了柳宗元笔下的三百多篇绝世诗文。

他在《捕蛇者说》里揭露苛政，对劳动人民深表同情；在《封建论》里剑指分裂，呼吁国家统一。他提出"文以明道"的写作法则和"仁民爱物"的民本思想。除了《永州八记》这样的山水游记，他还写下大量的寓言故事，嘲讽时政的黑暗和年少轻狂的自己。这些作品不仅阐述了他超越时代的思想和主张，也奠定了他在"唐宋八大家"中不可取代的地位。

公元 815 年，柳宗元和刘禹锡几乎同时收到了让他们回京的诏令。

> 十一年前南渡客，四千里外北归人。
> 诏书许逐阳和至，驿路开花处处新。
> ——柳宗元《诏追赴都二月至灞亭上》

春花已开，他四十三岁，赶回长安一展抱负应该还来得及。

第四节　柳州种柳

唐宪宗元和十年（815 年），时过境迁。当年的"二王八司马"，如今活着回京的只剩下五人。朝廷与藩镇的斗争日益激烈，正是需要人才的时候。听说当权者正在商议，打算让诏回的几人重回尚书省。

在等待任命的时间里，柳宗元忙着祭拜父母与亡妻，打扫祖宅，收拢散落各处的家传典籍。谁能想到，仅仅一个月后，柳宗元再次被贬。十年的凄苦谪居，四千里的欣喜狂奔，换来的却是长安一月游。传言这样近乎残酷的任命，只是来源于刘禹锡的一首不合时宜的诗作。

"玄都观里桃千树，尽是刘郎去后栽"这两句诗，直接惹得武元衡等当权者勃然大怒。被贬这么多年，回来仍然不服。于是政敌发动了第二轮打击。柳宗元和其他人因此被牵连，再度被贬官出京城。

（陕西师范大学教授　于赓哲）

在同时左迁的几个人中，刘禹锡受到的责罚最重，被贬至最为险远的播州。受到牵连的柳宗元，在得知消息后大哭道："播州非人所居，而梦得亲在堂……且万无母子俱往理。"刘禹锡的老母亲八十多岁了，怎能禁得住前往那荒蛮、动乱之地的折磨？在永州痛失母亲的柳宗元，又怎能忍心看老友经历同样的困厄？"愿以柳易播，虽重得罪，死不恨"。

他向朝廷表明请求，愿以自己条件稍好的柳州作为交换，代替刘禹锡前往九死一生的播州。柳宗元情真意切的上书打动了当时的宰相裴度，在两人的力争之下，刘禹锡最终被改贬为连州刺史。

就柳宗元愿意并主动用自己去的地方跟刘禹锡换，这件事不管落实不落实，他都是伟大的。

（郑州大学教授　王士祥）

两个"四千里外北归人"再次踏上了更为漫长的路途，他们要去的地方，一个在今天的广西柳州，另一个在广东连州。两人结伴而行，一直到达衡阳。传说这里是大雁南飞的终点，宋代的秦观曾写下"衡阳犹有雁传书，郴阳和雁无"。意思是说，过了衡阳之后，就连书信都再难收到了。而此刻的两位难兄难弟，却不得不在这里把酒话别。

二十年来，我们共同经历宦海浮沉、人世沧桑，如今又要分别，不知再见会是何年。如若圣上开恩，允许咱们告老归田，就相约做两个比邻而居的老翁吧！柳宗元连作三首别离诗，刘禹锡也写诗唱和。幸好那时的他们还不知道，这一别将会是永诀。

今天的柳州，是广西最大的工业基地，舟车辐辏，商业繁荣。但在一千二百多年前，它却是另一番模样。这里处于中央统治力量薄弱的岭南地区，对于这里特殊的环境以及诸多少数民族的风土人情，中原人士甚至闻所未闻。

柳宗元抵达柳州，是在元和十一年（816年）的夏天。在寄给友人的诗中，他这样描述当地的情况：

> 阴森野葛交蔽日，悬蛇结虺如蒲萄。
> 到官数宿贼满野，缚壮杀老啼且号。
>
> ——柳宗元《寄韦珩》节选

除了路途中经历的种种险境，对柳州气候、饮食的诸多不适应，让柳宗元的身上长出了怪疮。后来他又染上了霍乱，肚子里像刀戟乱搅，差点丧命。刚刚四十岁出头，他竟须发皆白，瘦得连筋骨都暴露了出来。

在永州结识的好友吴武陵，得知柳宗元的境遇后，在朝中言辞激烈地为他打抱不平：古人说，人的一世有三十年，那么柳宗元已经被贬谪十二年了，这已经半世了呀！就算是急雷暴雨，一个早上也就结束了，可是现在的君主，怎么能够一世都去憎恨人臣呢？

> 古称一世三十年，子厚之斥十二年，殆半世矣。霆砰电射，天怒也，不能终朝。圣人在上，安有毕世而怒人臣邪？
>
> ——《新唐书·吴武陵传》

大病初愈的柳宗元，结合自己治病的切身体会，把有效的药方记录下来，在百姓间推广。后来这些良方更是帮助刘禹锡医治了连州的瘟疫，被收录进医书《传信方》中。无论如何，柳州的春天，在他亲手种下一棵木槲树后，开始了。

在柳州，柳宗元作为刺史是一州之长，拥有实权。他不再苦于羁留永州十年的坐而论道，开始在这片更偏远、更蛮荒的土地上实现自己的政治理想。柳州的春天，开始了。

> 柳州柳刺史，种柳柳江边。
> 谈笑为故事，推移成昔年。
> 垂阴当覆地，耸干会参天。
> 好作思人树，惭无惠化传。

——柳宗元《种柳戏题》

柳宗元本就姓柳，又被贬至柳州，于是写下这首调侃自己在柳州柳江边种植柳树的小诗。他废除奴俗、解放奴婢、兴建学堂、提倡文教，还破除巫术、推广医术，掘井取水、植树开荒……这些在狭小天地里的作为，也许不足以被书写进伟大的史书，但对柳州的百姓而言，却都是实实在在的善政。

他觉得自己还是做得太少，又在柳州城的西北角亲手种下柑树二百棵。也许有一天，后人看到他种下的树，还会想起他这个种树的人吧。

柳宗元自幼为天下苍生谋福利的抱负，应该说得到了局部的实现。当地有一个严重的现象，就是良民被卖为奴婢。因为当地很穷，所以搞借贷的人很多，结果还不上钱，当地的风俗就是你还不上钱就把妻子、儿女典当给债主，所以很多人丧失了人身自由。柳宗元来了之后就要改变这种情况。

他召集当地比较有钱的人，要求他们高抬贵手，这是其一；其二是想尽办法筹钱帮助大家还债，有的人实在没钱还债，就用打工的方式折算工资，最后把人给赎出来。

通过柳宗元的运作，据说得到释放重获自由的人有千人以上。而且柳宗元还在当地设办学校，因为他觉得要想移风易俗，教育实在是太重要的一件事情了。

（陕西师范大学教授　于赓哲）

柳宗元的一生，经历了显赫世家的书香遗韵，经历了家道衰落的尴尬无力，经历了少年显达的高歌猛进，也经历了"永贞革新"后的失意消沉，至少在柳州能实实在在做些事情。

在永州十年苦等之后，他迎来了再贬南荒的彻底绝望，但他用脍炙人口的诗文名篇记录下自己挣扎苦楚的心路历程。来到不惑之年，他终于用自己毕生的才华和心血，照亮了一方荒芜的天地。

是他最早点亮了柳州的文明教化之光，被百姓世代尊称为"柳柳州"。辗转半生，他终于可以知行合一，践行自己的利民思想，成为他年轻时在文章里所写的"种树人"。一座座陡然耸立的孤峰，点缀在城区之间，这是柳州最独特的风光。

刚到柳州时，柳宗元就曾给四位共患难而天各一方的"永贞革新"旧友——韩泰、韩晔、陈谏、刘禹锡，写下一封诗信。

> 城上高楼接大荒，海天愁思正茫茫。
> 惊风乱飐芙蓉水，密雨斜侵薜荔墙。
> 岭树重遮千里目，江流曲似九回肠。
> 共来百越文身地，犹自音书滞一乡！
> ——柳宗元《登柳州城楼寄漳、汀、封、连四州刺史》

这首诗可谓是柳宗元的一声悲鸣。当年的"八司马"已经有三位故去，剩下五个人天各一方。一般人们看到自己的同伴相继故去的时候，一定会想到自己也到了人生最后的阶段。

而且他们被流放的这些地区，在当时人们的心目中，是经济落后、文化落后的瘴疠之地，所以到了这儿的人一般都怀着一种必死的心态。寄漳、汀、封、连四个州，真的能寄到吗？不见得。他这几位朋友有的人可能终其一生都没有见到过这首诗。这只能是寄托一种情怀。我觉得他在这首诗当中说的是友情，表达的是无奈，"犹自音书滞一乡"。

（陕西师范大学教授　于赓哲）

"不孝有三，无后为大"，这是柳宗元心中的至痛。由于缺乏史料，关于他的婚姻之谜没有完全解开。基本事实是，柳宗元的发妻杨氏去世之后，他已然无法在这南荒之地明媒正娶，但曾与一位地位较低的女子在一起，并有了子嗣。恶劣的环境使得他的身体和心情变得越来越糟糕。在柳州期间，柳宗元的游记只有一篇《柳州山水近治可游者记》，这篇散文远不如《永州八记》那样有名。繁忙的政务和虚弱的身体，都让他很难再像以前那样到处游历了。

> 海畔尖山似剑铓，秋来处处割愁肠。
> 若为化得身千亿，散上峰头望故乡。
> ——柳宗元《与浩初上人同看山寄京华亲故》

柳宗元常常朝着长安的方向登高远望，那是他可能再也无法回归的故乡。此时，他的朋友吴武陵正在京城奔走，唐宪宗似乎已经有意诏他回京了。元和十四年（819年），刘禹锡的母亲病故。柳宗元派人送去书信，和他约好在多年前分别的衡阳相见，亲自吊唁。当刘禹锡到达衡阳，等来的却是老友去世的噩耗和一封绝笔信："我不幸，卒以谪死，以遗草累故人。"

母亲和好友先后离世，双重的打击让刘禹锡失声痛哭。

刘禹锡带走了柳宗元的遗稿，还收养了他的长子——柳周六。他知道，这是老友最牵挂的两件事。这一年，再次遭到贬谪的韩愈也听闻了噩耗，他为柳宗元撰写墓志铭，回顾他的一生，在无情流逝的时光里，为我们永

远留下了柳宗元的故事：

> 子厚，讳宗元。……
>
> 子厚少精敏，无不通达。……
>
> 贞元十九年，由蓝田尉拜监察御史。顺宗即位，拜礼部员外郎。遇用事者得罪，例出为刺史。未至，又例贬永州司马。……
>
> 元和中，尝例召至京师；又偕出为刺史，而子厚得柳州。……
>
> 子厚以元和十四年十一月八日卒，年四十七。……
>
> 子厚有子男二人：长曰周六，始四岁；季曰周七，子厚卒乃生。女子二人，皆幼。其得归葬也，费皆出观察使河东裴君行立。……
>
> 铭曰："是惟子厚之室，既固既安，以利其嗣人。"
>
> ——韩愈《柳子厚墓志铭》节选

后来，刘禹锡用二十几年将柳宗元的遗孤抚育成人，编订了整整三十卷《唐故柳州刺史柳君集纪》，并亲撰序言。他也真的等到了告老归田的那一天，在繁华的东都洛阳，和白居易等人一起，享受起了诗歌唱和的"邻舍翁"生活。

柳宗元未能完成的心愿，他的朋友用尽余生都替他一一实现了。

鱼玄机以她的才情、美貌、风流，在长安城内声名远扬。她不避礼俗，主动相人择人，渴望能像男人一样主动掌控自己的身体和命运。而在那个时代，她这种几近疯狂的报复行为，挑战着大唐芸芸众生的视听神经。

鱼玄机从爱情的泥沼中一路走来，爱与自由是她一生所求。千年以来，她一直等待着那个能真正懂她的人。

一生所求不过爱和自由

第一节　梦为蝴蝶也寻花

谁能想到，一千多年前，一个十六七岁的女子离开家乡只身远行，跋涉于山川江湖之上，是为了爱情。然而，当她终于抵达丈夫所在的鄂州，竟被通知只能同他隔江而居。这是一个为了爱情变得无比勇敢的女人，此刻，她却满眼忧伤。

> 江南江北愁望，相思相忆空吟。
> 鸳鸯暖卧沙浦，鸂鶒闲飞橘林。
> 烟里歌声隐隐，渡头月色沉沉。
> 含情咫尺千里，况听家家远砧。
>
> ——鱼玄机《隔汉江寄子安》

没有人想到，后来艳名远播的女冠诗人鱼玄机，曾是如此稚嫩痴情。对那时的鱼玄机来说，李亿是她唯一且深爱的丈夫。她渴望两人能如成双成对的候鸟一般，朝夕相伴。

她的相思绵延到天际，恍惚间，她仿佛又回到了他们初次相遇的日子。

李亿，字子安，生卒年不详，关于他的记载几乎都与鱼玄机这段情事有关。明代《玉芝堂谈荟》中提到，他是唐宣宗大中十二年（858 年）的状元。

李亿是个饱学之士，出身恐怕不低，他肯定是权贵阶级，因为唐朝的科举不糊名，所以考生的名声地位、出身对录取与否有很大的影响。当然了，状元一般是皇帝钦定的，所以在这种情况之下，李亿极有可能就出身于权贵之家。

（陕西师范大学教授　于赓哲）

　　唐人中进士后有"曲江流饮""雁塔题名"之说，皇帝赐宴新科进士于皇家庭苑曲江之畔，其间有曲水流觞，人各赋诗。也许就是在这一年，才子佳人一见钟情。

　　唐代的婚姻观念，一方面，特别重门第，两家彼此的身份要基本相当，不能相差悬殊；另一方面，婚姻非常讲门阀，"五姓七家"就格外受欢迎，甚至连皇家有时候都竞争不过"五姓七家"。

（陕西师范大学教授　于赓哲）

　　关于鱼玄机的出身，史料记载不详，仅有"鱼玄机，字幼微，一字蕙兰，长安里家女。喜读书，有才思"的描述。但是我们可以做一个推测。首先，史料说她是长安人且有才华，她极有可能出生于一个书香门第世家。因为那个年代，能够接受教育的人数是有限的，必须家庭有条件，子女才能够接受教育，更何况她还是个女孩。但是，还有一种可能是鱼玄机家道中落了，这种现象在唐朝屡见不鲜，一旦家里的顶梁柱去世，家里人的生计无着落，就等于是身份阶级降级了。无论是鱼玄机的出身，还是她当时的状况，在婚姻中全都不占优势。

（陕西师范大学教授　于赓哲）

　　李亿是前途无量的状元，而鱼玄机仅是长安城里平民人家的女儿，家道中落又没有亲人庇护。悲剧在潜伏，李亿纳鱼玄机为妾。对李亿而言，鱼玄机才貌出众，娶她是他选择的一种生活方式。而对当时年仅十五岁的鱼玄机来说，李亿是她的夫君，更是她的依靠。她唯一的心愿就是能够长久地留在丈夫身边。

　　科举考中进士，并不是马上就有官职。尤其到了唐朝中晚期，考进士的人多，而岗位少，那怎么办呢？很多人考上之后，过了官试，要么待岗，要么去幕府工作。

（郑州大学教授　王士祥）

　　据史料推测，李亿考中状元之后，很可能来到了湖北的鄂州，踏出了他仕途的第一步。这时，才刚刚品尝到爱情的甜蜜的鱼玄机，也初次体味到了相思的痛苦。她做了一个大胆的决定，她要离开家乡，跋山涉水去追随她深爱的丈夫。于是，十六七岁的鱼玄机怀着美好的憧憬，带着自己的坚贞之心，从长安独自南下，开始了她人生中第一次说走就走的旅行。

> 山路欹斜石磴危，不愁行苦苦相思。
> 冰销远涧怜清韵，雪远寒峰想玉姿。
> 莫听凡歌春病酒，休招闲客夜贪棋。
> 如松匪石盟长在，比翼连襟会肯迟。
> 虽恨独行冬尽日，终期相见月圆时。
> 别君何物堪持赠，泪落晴光一首诗。
>
> ——鱼玄机《春情寄子安》

道路很远，车马很慢，但在此刻鱼玄机的心中，山行的艰辛怎能算苦，相思才苦。

鱼玄机应该是个敢爱敢恨的女子，非常勇于表达自己。唐朝女性的社会地位在中国古代各个王朝当中算得上是比较高的，即便如此，鱼玄机的言行也是相当大胆的。在这首诗当中，她表达得非常直白，"比翼连襟会肯迟"，什么时候能跟你再比翼双飞？我对你非常思念，急切地盼望能够看到你，我们现在分离两地，只能赠你一首诗，表达我的爱意。

（陕西师范大学教授　于赓哲）

在那个时代，女子的爱情很少能得到社会的认可和支持。鱼玄机可能会想，认可与否是一回事，我要表达我对爱情的美好追求。

（郑州大学教授　王士祥）

终于，鱼玄机抵达了丈夫所在的鄂州。出人意料的是，她竟然只能同李亿隔江而居。据推测，此时的李亿已经成婚。按照门当户对的原则，他的正室夫人定是出身名门望族，并且此时应当跟随他在鄂州任上。

在唐朝婚姻制度当中，妻、妾的地位极其悬殊。妻子一般是依据父母之命、媒妁之言，通过六礼正大光明地娶进门来；可是妾的来源就相当广泛了，可以是买来的、妻子陪嫁而来的，还可以是从青楼赎出来的。所以，不管是社会风俗还是法律规定，妾的地位都很低。

（陕西师范大学教授　于赓哲）

　　爱情是人生中最美好的情感之一，它令人心醉神迷，也叫人痛苦不堪。日日思君不见君的鱼玄机，常常独自游览汉江，借酒浇愁。李亿偶尔也会找机会与鱼玄机相见，恩情欢爱一如从前。

大江横抱武昌斜，鹦鹉洲前户万家。
画舸春眠朝未足，梦为蝴蝶也寻花。

——鱼玄机《江行》节选

　　忽冷忽热的相处，使得相思时积压的苦楚，在欢聚的短暂时刻瞬间迸发、瓦解，这种感觉令人上瘾。然而，相思才是常态，大部分的时间，鱼玄机只能等待。《唐才子传》中有"为李亿补阙侍宠，夫人妒，不能容，亿遣隶咸宜观披戴"的记载，寥寥几笔冷静的文字，为鱼玄机的婚姻生活画上了句点。

　　在当时的社会，无论男女，婚姻都是一种两家结盟的交换行为，目的是使双方的社会资源最大化。所以，男人期待正妻的门第和财产，他们能够权衡利弊。

士大夫们基本上都会回到妻子身旁去，原因很简单，妻子都是有身份地位的人，当妻妾有矛盾时，必须照顾妻子的情绪，若因为妾委屈了妻子，甚至抛弃了妻子，社会舆论马上就会排山倒海一般压过来。所以对李亿来说，毫无悬念，他肯定会选择妻子这一方。可以说，鱼玄机一开始就立于一个必败之局。

（陕西师范大学教授　于赓哲）

社会留给女性的选项实在太少了，她们的出路寥寥无几。唐朝法律规定，妾是男人的私有财产，可以买卖。最终李亿选择将鱼玄机送入咸宜观，或许这还是一个比较良善的决定。长安城内的咸宜观并不是一般的道观，它本是藩王宅邸，后因唐玄宗和武惠妃最宠爱的女儿咸宜公主入道而改为道观，地处长安城东朱雀门之东的亲仁坊，紧邻艺伎聚居的平康坊，属京城繁华热闹之地。

唐朝时，女子出家的现象很普遍，出家为尼或女道都可以，因为唐朝的宗教信仰氛围相当浓厚。无论是佛寺还是道观，供养人都比较多，除了香火钱的供养，很多佛寺和道观广占福田，都是事实上的地主。所以当时的出家人生活是有保障的，正源于此，出家也就成了很多人的一个选择。当然国家的度牒不是你想要就能给的。从鱼玄机的名字来看，她可能曾经有过道教信仰的背景，再加上她本人才华横溢，所以能够顺利获得这样一个度牒，使得自己的后半生有所保障。

（陕西师范大学教授　于赓哲）

当拖着疲惫破碎的身心来到咸宜观时，鱼玄机也曾希望自己能够平心静气，不再受尘世间的牵绊困扰，去做一个正式入道的女冠。她尝试远离尘世，修身养性，拜访同道……一袭道袍的鱼玄机，开始了全新恬淡的生活。

何处同仙侣，青衣独在家。
暖炉留煮药，邻院为煎茶。
画壁灯光暗，幡竿日影斜。

殷勤重回首，墙外数枝花。

——鱼玄机《访赵炼师不遇》

如若鱼玄机能安于现状，做一个无欲无求的女道士，故事也许是另一番结局。一天，一个邻家女孩来找鱼玄机哭诉，她也被情郎抛弃了。

数千年的中国古代社会发展史几乎是一部父系文化和男权话语独尊的历史。那时，女性似乎一直都是男性的"附属品"，被抛弃了也只能自怨自艾、逆来顺受，并没有积极主动去追求自己作为一个人在爱情和婚姻生活中的平等权利。可在安慰女孩的同时，鱼玄机醒悟了。

羞日遮罗袖，愁春懒起妆。

易求无价宝，难得有心郎。

枕上潜垂泪，花间暗断肠。

自能窥宋玉，何必恨王昌？

——鱼玄机《赠邻女》（一作《寄李亿员外》）

在古代，无论是婚姻制度还是伦理观念，都赋予了男性在爱情和婚姻当中绝对的主导权。作为一名普通女子，鱼玄机渴望与有心郎长相厮守，白头偕老。然而现实是残酷的，在那个讲出身、重门第的时代，她从一开始就输了。

诗里边有一句话，对李亿来说应该是蛮重的，"自能窥宋玉，何必恨王昌"，这句诗恐怕就是鱼玄机对李亿表达了一种威胁，是她力所能及的一种威胁。

（陕西师范大学教授　于赓哲）

宋玉和王昌都是古代的美男子，但是王昌寿命短，死得早。王昌死了，我还可以追求宋玉，我干吗非要绑在一棵歪脖树上啊！中国传统的道德观念要求女性严守妇道，要守住社会对她的一些约束。可是鱼玄机提出来的这个观点，是对这种社会认知的反抗——我就是要追求爱情，追求自己的幸福。好像就是从这首诗之后，鱼玄机确实是这么生活的。通过这首诗，鱼玄机告诉邻家女孩，也是告诉自己：我不是活给这个时代看的，我要活出自我。

（郑州大学教授　王士祥）

这首诗字里行间流露出哀怨，诗末却笔锋一转，大胆直率地向封建礼教发出挑战："自能窥宋玉，何必恨王昌？"此刻的鱼玄机是一名女冠，她要在有限的选择、有限的社会空间里，做最自由的自己。

唐代的佛寺和道观，相当于民间的学校；同时，这也是修行的场所，因为有宗教功能；另外，佛寺和道观也是一种社交的中心。

（陕西师范大学教授　于赓哲）

那一天，鱼玄机的艳名传遍了整个长安城。她成了长安城内最有名的女冠诗人。

诗人需要互相学习切磋，共同成长，所以诗人是需要社交圈子的，一个人自己坐在家里面，向壁虚构，久而久之，脱离社会，是写不出好诗歌的。所以每一个杰出的诗人身旁都有一个庞大的朋友圈。因此在这种情况下，作为一个女冠，鱼玄机有了其他女性没有的社交自由。她的家里往往是当时的文化"沙龙"，很多诗人跟她唱和往来，大家互相学习，互相提

携，互相之间也有个宣传的作用。这种社交活动，帮助鱼玄机在文学方面取得了更高的成就。

（陕西师范大学教授　于赓哲）

此时的鱼玄机二十岁出头，既有少女的妩媚，又有成熟女性的风韵。她以文会友，自由地与天下才学之士诗词酬酢、交游聚谈。寄飞卿、窥宋玉、迎潘岳、赠阮郎，她那些风情万种的诗作，从此不再只有李亿一个读者。

珍簟新铺翡翠楼，泓澄玉水记方流。
唯应云扇情相似，同向银床恨早秋。

——鱼玄机《酬李学士寄簟》

无限荷香染暑衣，阮郎何处弄船归。
自惭不及鸳鸯侣，犹得双双近钓矶。

——鱼玄机《闻李端公垂钓回寄赠》

一首诗来百度吟，新情字字又声金。
西看已有登垣意，远望能无化石心。
河汉期赊空极目，潇湘梦断罢调琴。
况逢寒节添乡思，叔夜佳醪莫独斟。

——鱼玄机《次韵西邻新居兼乞酒》

今日喜时闻喜鹊，昨宵灯下拜灯花。
焚香出户迎潘岳，不羡牵牛织女家。

——鱼玄机《迎李近仁员外》

作为女性，鱼玄机有着属于那个时代的觉醒：男人能做的事，我也能做，男人能携带着妻妾，或者说带一个风月场所的人去游春，我为什么就不能追求自己的幸福、自由，跟别人谈个恋爱呢？在这个地方，我们看到了她心中的渴望，就是作为人的平等。

（郑州大学教授　王士祥）

鱼玄机以她的才情、美貌、风流，在长安城内声名远扬。她不避礼俗，主动相人择人，渴望能像男人一样主动掌控自己的身体和命运。而在那个时代，她这种几近疯狂的报复行为，挑战着大唐芸芸众生的视听神经。

> 恨寄朱弦上，含情意不任。
> 早知云雨会，未起蕙兰心。
> 灼灼桃兼李，无妨国士寻。
> 苍苍松与桂，仍美世人钦。
> 月色苔阶净，歌声竹院深。
> 门前红叶地，不扫待知音。
>
> ——鱼玄机《感怀寄人》

鱼玄机从爱情的泥沼中一路走来，爱与自由是她一生所求。她还在等待那个能真正懂她的人。

第二节　自恨罗衣掩诗句

咸通九年（868年）春，都城长安的咸宜观里发生了一起命案，作案者竟是年仅二十五岁的女冠诗人鱼玄机。此案一出，轰动了整个长安城。世人眼中的"异类""淫妇"，终于要被杀死了。

咸通时代，已至晚唐。整个唐王朝已是江河日下、危机四伏，长安城内依旧太平繁华。人们渴望抓住这颗即将熄灭的星星的最后一缕光辉，尽情狂欢。听说，此时京城长安的咸宜观里，有一位艳帜高张的美女道士，色艺双全。"风流之士，争修饰以求狎。或载酒诣之者，必鸣琴赋诗，间以谑浪……"几乎长安城内所有的男人都想见识一下她的风采。

一日，一位年轻文士来到咸宜观，穿过熙熙攘攘的人群呈上一首诗。在诗中，他穷尽辞藻，把他想拜访的人比作咏雪的才女谢道韫和深居陋巷却品性高洁的颜回。他恭维的对象，就是红透长安的女诗人鱼玄机。

喧喧朱紫杂人寰，独自清吟月色间。

何事玉郎搜藻思，忽将琼韵扣柴关。

白花发咏惭称谢，僻巷深居谬学颜。

不用多情欲相见，松萝高处是前山。

——鱼玄机《和人次韵》

鱼玄机这首诗一扫早期文风的柔和，显得尖酸刻薄，还带有几分戏谑调侃的意味。

鱼玄机很清高，她看不上这些无赖之徒。我虽然作为一名女性，你也应该对我有最基本的尊重，这不是对我个人的尊重，是对个体生命的尊重。

（郑州大学教授　王士祥）

她通过诗句"不用多情欲相见，松萝高处是前山"表达了自己的高洁和坚守。其中"松萝"是指松树和藤萝，在道家语境里多指有道的仙人居住之处。鱼玄机以此抬高自己的身份，想要含蓄地让对方知难而退。

她未必看得上那些前来拜访她的人，但这些人中又有多少人真正尊重她呢？尽管道观中整日高朋满座，她依旧感叹"茫茫九陌无知己"，鱼玄机始终是寂寞的。在她现存的五十首诗中，可见"愁"字十七处，"恨"字十一处。

这一天，她也愁，也恨。不过这一次，不是因为男人和爱情。那天春日放榜，榜单张贴在了崇真观南楼，鱼玄机游春至此。

云峰满目放春晴，历历银钩指下生。

自恨罗衣掩诗句，举头空羡榜中名。

——鱼玄机《游崇真观南楼，睹新及第题名处》

"自恨罗衣掩诗句，举头空羡榜中名。"在唐朝女诗人的作品中，这两句令人印象深刻。诗的意思就是说，我空有一肚子的才华，若能参加科举，我也能像他们一样高中全榜，也能在雁塔的崇真观题名，但现在我满腹的才华被女装给彻底地掩盖了，我只能抬起头来羡慕你们这些中榜的进士。这反映出鱼玄机的女性意识，我们缺的不是才华，而是社会的条件。

（陕西师范大学教授　于赓哲）

鱼玄机渴望像男人一样，有平等的权利，为国家贡献她的力量。这是她对自我能力的一个认知，也是对这个时代、对科举制度的不满，甚至是愤恨。

（郑州大学教授　王士祥）

　　武德、贞观之时，宫人骑马者，依齐、隋旧制，多著羃䍦。虽发自戎夷，而全身障蔽，不欲途路窥之。……
　　永徽之后，皆用帷帽，拖裙到颈，渐为浅露。……
　　开元初，从驾宫人骑马者，皆著胡帽，靓妆露面，无复障蔽。……
　　或有著丈夫衣服靴衫，而尊卑内外，斯一贯矣。

——《旧唐书·舆服志》

　　读书、交游、仕途，是当时社会衡量一位诗人成名的三要素。"与李郢端公同巷，居止接近，诗筒往返。"在元代辛文房的《唐才子传》中，我们看到了对鱼玄机女诗人身份的第一次庄重的认可，"观其志意激切，使为一男子，必有用之才，作者颇赏怜之"。

　　如果可以，她也想在仕途上有一番作为，"自恨罗衣掩诗句，举头空羡榜中名"，一个"恨"字，将男权社会的女性因性别差异而忍受的苦痛描写得淋漓尽致。白居易曾写过"人生莫作妇人身，百年苦乐由他人"，在农业为本、男耕女织的古代社会里，女人在生产劳动中并不占主要地位。经济上的无法独立，注定了她们附庸、从属的社会地位。当时以诗赋取士的科举制度，只是给男性提供了发挥才学的机会，而罗衣女子纵有万般才能也无法蟾宫折桂。

在鱼玄机身上，能够看到唐朝女子的缩影。唐朝才女众多，但是限于性别和当时的社会条件，很多人才华无处去施展，只能在一些犄角旮旯里，畸形地生长。

（陕西师范大学教授　于赓哲）

有才华的女人能做什么呢？鱼玄机曾在与同辈姐妹的诗歌唱和中盛赞光、威、哀三姐妹美如西子、才比文姬，真诚地表达了自己的欣赏，可又感慨，她们拥有这么出众的才华，为何要生为女儿身呢？"恐向瑶池曾作女，谪来尘世未为男。"那么，有才华的女人还能做什么呢？

诗歌，使鱼玄机获得了一条自我情感的宣泄之路。但即便是作为一名女性主体意识已经萌芽的诗人，她还是无法突破男权伦理给女性婚恋设置的牢笼。鱼玄机对婚姻孜孜不倦的追求、在感情之网中的苦苦挣扎，都在她的诗作中反复吟咏。

阶砌乱蛩鸣，庭柯烟露清。
月中邻乐响，楼上远山明。
珍簟凉风著，瑶琴寄恨生。
嵇君懒书札，底物慰秋情。

——鱼玄机《寄飞卿》

西风渐起，竹席生凉，她心心念念的郎君如嵇康一般清俊，却懒于书札。没有他的回信，该拿什么来慰藉秋日里的漫天愁思呢？诗句字里行间流露出不一般的亲昵，她怨嗔的"嵇君"其实正是我们所熟知的"花间词派"鼻祖温庭筠，这是她结交的文人中名气最大的一位。

温庭筠是唐朝诗人中的一个另类。毋庸置疑，他才华横溢，文思敏捷，但是行为放浪不羁。他作文章是又好又快，而且引以为傲，后来他去考场上帮别人答卷。这么放浪形骸的一个人，留恋于风情场所一点都不奇怪。

（陕西师范大学教授　于赓哲）

秋夜寄出的信不知是否收到了，转眼冬至，寂寞萧索的长夜里，女诗人难以入眠，提笔写下了《冬夜寄温飞卿》。

苦思搜诗灯下吟，不眠长夜怕寒衾。
满庭木叶愁风起，透幌纱窗惜月沉。
疏散未闲终遂愿，盛衰空见本来心。
幽栖莫定梧桐处，暮雀啾啾空绕林。

——鱼玄机《冬夜寄温飞卿》

传说凤凰非梧桐不栖，这里诗人比喻自己无处栖身，渴望将自己托付给一个可靠的人。很明显，在鱼玄机的诗作环境里，温庭筠应是位不一般的朋友。然而，在《温庭筠集》里，我们却没有找到关于鱼玄机的只言片语。

没有写过是不是表明温庭筠不重视鱼玄机？我们不要用默证法来研究历史，他当年写了多少诗，总量是多少，我们并不知道，究竟百分之多少留到了现在，我们也不清楚。我们绝对不能因为在现存的温庭筠的诗当中没有发现写给鱼玄机的诗，就说他从来没有给鱼玄机写过诗，我们不好做这样的论断，所以只能说，这件事情暂且搁置不论。不过温庭筠与鱼玄机之间有着个人的交往，这点应该是确凿无疑的。

（陕西师范大学教授　于赓哲）

鱼玄机妒杀婢女绿翘的案件最早被记录在小说《三水小牍》中。这是一部传奇小说集，此书搜集了当时社会上流传的奇人异事、神灵鬼怪等内容。撰者是皇甫枚，他大约生活在大唐中末年至唐朝灭亡后的一段时间，距离鱼玄机生活的时代非常接近。鱼玄机怀疑绿翘有非分之想，绿翘反驳她整日跟男人唱和往来，没有自己洁身自好，于是鱼玄机生气地打绿翘，竟失手将她打死。

鱼玄机出身卑微，在封建门第婚姻制度、妻妾制度的压迫下，遭受着

爱情和婚姻的种种不幸。她虽有才情和美貌，有机会同士大夫交往，但在男尊女卑的封建社会里，人们往往只把她当作风月场所中的相好，即使得一知己，也会碍于种种压力，无法托付终身，每次的真心付出都只换来被抛弃的结局。

绿翘的话，为什么让鱼玄机那么失常呢？别看鱼玄机外在表现似乎很强大，其实她内心非常脆弱敏感。因为她与那个时代格格不入，最后，她只能选择这样的一种生存方式。可是，在世人的眼中，那就是一种离经叛道的生活方式。但是如果当面提出来，就如同揭鱼玄机的伤疤，她就感到痛，她一感到痛，就失去理智，最后导致了自己的悲剧。

（陕西师范大学教授　于赓哲）

在男权社会中反复挣扎碰撞的鱼玄机，最终再也无力反抗。她把心中积压的所有愤恨与不甘，全部宣泄在比她更卑微弱小的同类身上。

诸奴婢有罪，其主不请官司而杀者，杖一百。无罪而杀者，徒一年。

——长孙无忌等《唐律疏议·斗讼》

鱼玄机的案件有一个重要的问题，就是京兆尹为什么一定要杀死鱼玄机？鱼玄机杀人这件事被人揭发了，然后很多人替鱼玄机说情，如朝中大臣、士大夫，这在京兆尹温璋看来，越多的人求情，越要把鱼玄机处死，因为人越多，越证明她这个女子了不得。一个带有青楼色彩的女子，竟然能惊动这么多大人物出面说情，由此可见，鱼玄机危害甚大，所以温璋反倒一定要把鱼玄机处死。越到晚唐，这些士大夫越讲纲常伦理，越是强化儒家的道德价值观。

（陕西师范大学教授　于赓哲）

　　咸通九年（868 年），长安城的西市里，一年一度的"秋斩"如期进行。正史没有姓名，案件扑朔迷离，书上的寥寥几笔便是鱼玄机短暂的一生。幸运的是，她的四十九首作品被收录在一册《唐女郎鱼玄机诗》中。在诗中，她大胆地披露了自己在爱情与生活上的理想、追求、苦恼和怨恨。透过一首首情真意切的诗篇，人们可以一窥她的喜怒哀乐，感受她的感受。

　　这就叫"生不逢时"。这个女子如此聪明、富有才华，而且有那么强的自主意识，如果活在当代，她一定大有作为。她可能会是一个诗人，或者是一个优秀的剧作家，或者是一个女科学家。

（陕西师范大学教授　于赓哲）

世人不解，知音难求，时间在花开最灿烂的时刻停止。

　　　　　临风兴叹落花频，芳意潜消又一春。
　　　　　应为价高人不问，却缘香甚蝶难亲。
　　　　　红英只称生宫里，翠叶那堪染路尘。
　　　　　及至移根上林苑，王孙方恨买无因。

——鱼玄机《卖残牡丹》

海
金
星

我们跨越山海，彼此见证

　　《千古风流人物》这个项目，缘起多年前。2010 年，我们团队做过一部《河南历史文化博览——人物篇》的纪录片，主要拍一些河南的历史名人，如老子、庄子、岳飞、花木兰等；还有一些诗人，如杜甫、白居易、李商隐等。由于当时团队不成熟、技术条件有限等原因，成片留下了不少遗憾。当时想，如果有机会能再拍一遍多好。多年过去了，这个想法我们一直没有放下。

　　之后十多年，团队逐渐成熟，也积累了一些经验，拍摄制作的纪录片多部在中国中央电视台、美国国家地理频道，以及腾讯视频等平台播出。多年前的念头又冒了出来，我们希望重做历史文化名人系列纪录片，弥补当年的遗憾。

　　为什么要拍文化名人的纪录片？因为在历史的发展进程中，人是最复杂、最多元的群体，同时也承载了最多的东西，从他们身上可以看到时代的烙印、社会的变迁、文化的传承、人性的挣扎。我们选的这些名人大多人生坎坷，也就有了更多的故事。好的纪录片一定是充满故事性和人性的。而诗歌作为中国传统文化的重要组成部分，已经深深地融入每个中国人的血脉，因此，诗人成了我们的首选。

　　在创作理念上，我们始终坚信，无论是"诗仙""诗圣"，还是"诗魔""诗鬼"，他首先是一个普通人，有喜怒哀乐和七情六欲。所以我们要做的第一件事就是把诗人还原成普通人，平视他们，而非仰视。这部纪录片的定位不仅仅是人物传记，更是带领观众走进主人公的内心、解读他们的情感和内心世界的精神之旅。只有这样，才能让观众和人物之间产生情感共鸣。

之后很长一段时间，导演团队都在查资料，深入了解这些人物，了解他们人生中具有决定意义的转折点，他们生命里重要的人，他在历史背景下的选择，他的矛盾、痛苦与失落，由此塑造真实的人物画像。然后再补充细节，丰富内容。创作脚本的过程也是一个取舍的过程。我们拍的任何一个人物，人生经历都很丰富，若面面俱到，最后呈现出来的就是一笔流水账。所以需要导演做取舍，保留与核心表达相关的内容，弱化无关紧要的内容。

与此同时，我们还希望这部纪录片不仅仅是就历史说历史，它应有当代视角，与时下观众产生共鸣。如白居易，虽然才高八斗，但在京城里买不起房；杜甫，经历过两次"高考落榜"；李清照，因遭遇家暴而选择离婚……这些内容即使放在当下，也很容易引发话题和讨论，这就让纪录片有了一个更广泛的受众群体。

从前期策划到后期制作完成，《千古风流人物》的前三季用了近三年的时间。我们一共走了 16 个省、30 多座城市，采访了 27 位专家，行程大概有 20 万公里，最终完成了前三季共 50 集的片子。可以说，这部纪录片的创作，我们没有讨巧，也没有偷工减料，每一个环节都尽了最大的努力。

纪录片播出之后，效果超出了我们的预料。前三季 VIP 总播放量过亿，热评点赞 7.3 万次，讨论 5000 多次，评分高达 9.5 分，在近几年播出的国产纪录片中名列前茅。另外，根据纪录片创作的图书《跨山海：14 位古代诗词偶像的真实人生》于 2022 年出版后，多次加印，至今仍在热销榜上。纪录片与图书的成绩让我们真切感受到，好作品会说话，只有真正用心去打造、花时间去打磨的作品，才能真正得到市场和观众的认可。

如今，《千古风流人物》系列纪录片已经做到了第五季，《跨山海Ⅱ：12位古代诗词偶像图鉴》出版在即。在持续创作的过程中，我们离这些诗人的内心越来越近。

之前，在我的心目中，王维一直是一个天之骄子的形象，年纪轻轻就高中状元，才华横溢，诗画双绝，却不曾了解，在安史之乱中，他也曾身陷囹圄，最终为了生存不得不委曲求全接受伪官，而这也成为他一生中无法承受之重。

"千山鸟飞绝，万径人踪灭。孤舟蓑笠翁，独钓寒江雪。"上小学时就学过柳宗元的这首诗，我却不知道写这首诗时的柳宗元被贬永州，回京遥遥无期，妻子、母亲、女儿接连去世，孑然一身，贫病交加，倍感孤独，才成就了这首《江雪》。

而刘禹锡最打动我的是他和柳宗元的友情，两个人一起中榜，一起做官，一起参与"永贞革新"，一起被贬，共同体验着跨越五岭、南溯沅湘的人生历程。柳宗元去世时，遗书托孤于他……

就像我们中的一位导演在导演手记里写的，整部作品我们不致力于夸耀每个人物有多了不起、对中国文学史有多大的贡献，我们只想表达他们作为普通人的一面，感受他们的快乐、悲伤、幸福和痛苦，见证他们的理想、生活、爱别离和求不得，让大家体会到他们并不是书本里冰冷的名字，而是和你我一样真真正正地活过、有血有肉地活过。

也许你会从中找到自己的影子，也许你也像他们一样曾梦想仗剑走天涯，但现实却是柴米油盐和一地鸡毛；你见证了他们的一生，他们也因为你的见证而一直存在。这或许就是《千古风流人物》系列纪录片真正的价值所在吧！

2024 年 11 月

（海金星，《千古风流人物》系列纪录片总导演）